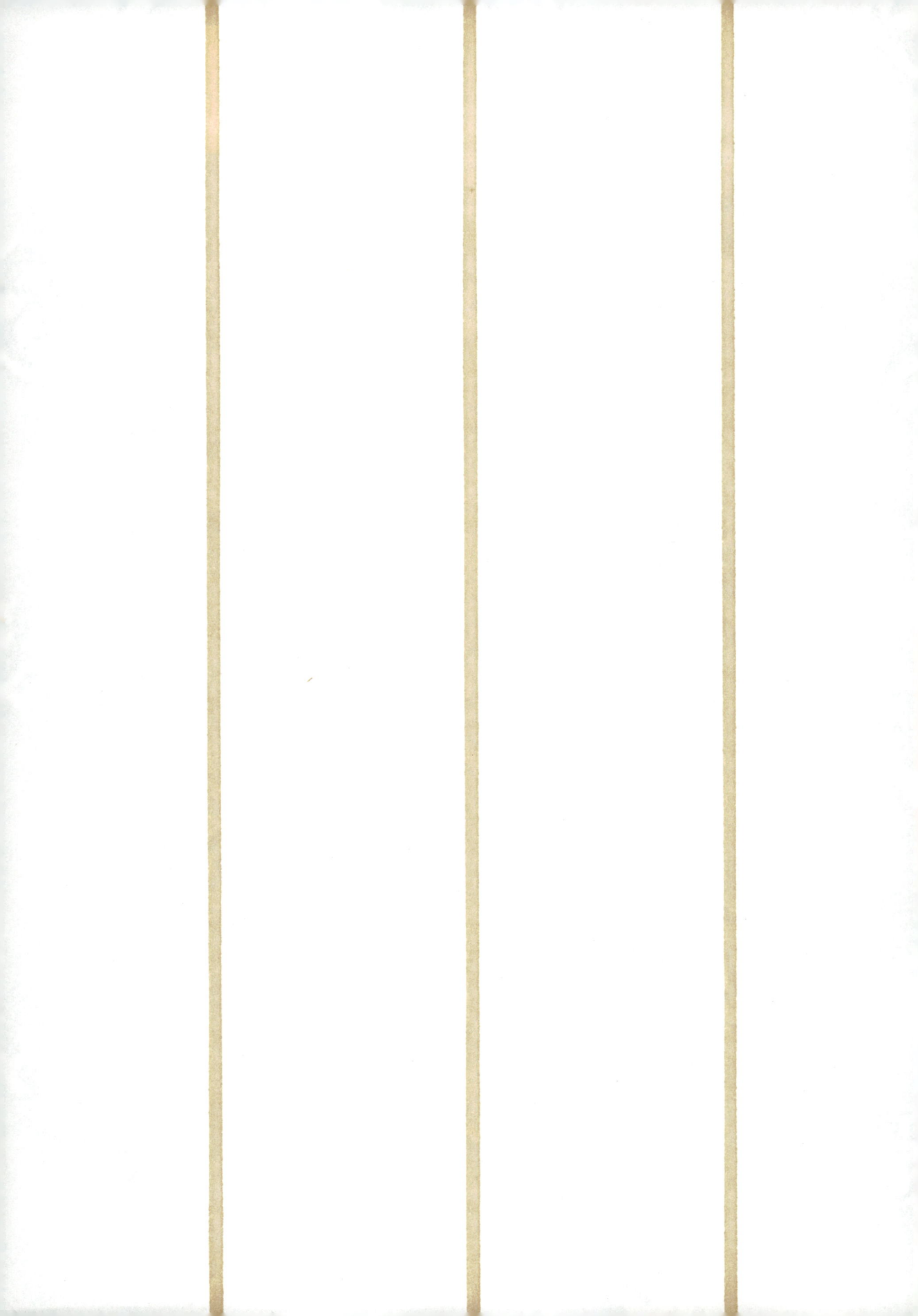

高等学校土木工程学科专业指导委员会规划教材

（按高等学校土木工程本科指导性专业规范编写）

边 坡 工 程

（地下工程专业方向适用）

沈明荣　主编

黄　雨　石振明　副主编

许　强　主审

中国建筑工业出版社

图书在版编目(CIP)数据

边坡工程/沈明荣主编. —北京：中国建筑工业出版社，2015.8
高等学校土木工程学科专业指导委员会规划教材（地下工程专业方向适用）
ISBN 978-7-112-18327-2

Ⅰ.①边… Ⅱ.①沈… Ⅲ.①边坡-道路工程-高等学校-教材 Ⅳ.①U416.1

中国版本图书馆 CIP 数据核字(2015)第 175699 号

本教材根据高等学校土木工程学科专业指导委员会编制的《高等学校土木工程本科指导性专业规范》编写而成。本教材一共分成 6 个章节，主要介绍的内容包括：边坡可能形成的滑坡、崩塌和泥石流等灾害的定义以及这三大灾害的形成机理以及各自的形态特征，影响三大灾害形成的主要因素；典型的滑坡工程实例以及边坡设计中的主要参数与工程费用的关系；边坡工程勘察的具体要求及内容；边坡岩土体的稳定性评价原理和方法；由于开挖而形成的人工边坡的设计原理及方法；边坡加固的主要原理和常用的加固方法。本教材将地质工程中边坡稳定性分析的内容与土木工程的相关设计原理和方法有机地联系在一起，其宗旨是通过本教材的学习能够掌握边坡工程从岩土体的稳定性分析到结合相关的工程了解工程勘察的要点，并在此基础上提出岩土体加固的具体措施等一整套的设计过程。

本教材主要为土木工程专业的本科生而编写，可作为土木工程专业课程的教材，也可作为其他相关专业的参考书。由于本教材具有较强的应用性，也可作为相关专业的教师、研究生以及工程技术人员的参考书。

责任编辑：王　跃　吉万旺
责任设计：陈　旭
责任校对：刘　钰　刘梦然

高等学校土木工程学科专业指导委员会规划教材
（按高等学校土木工程本科指导性专业规范编写）

边 坡 工 程
（地下工程专业方向适用）
沈明荣　主编
黄　雨　石振明　副主编
许　强　主审

*

中国建筑工业出版社出版、发行(北京西郊百万庄)
各地新华书店、建筑书店经销
北京科地亚盟排版公司制版
北京建筑工业印刷厂印刷

*

开本：787×1092 毫米　1/16　印张：13¾　字数：282 千字
2015 年 11 月第一版　　2015 年 11 月第一次印刷
定价：28.00 元
ISBN 978-7-112-18327-2
(27594)

本系列教材编审委员会名单

主　　　任：李国强

常务副主任：何若全　　沈元勤　　高延伟

副　主　任：叶列平　郑健龙　高　波　魏庆朝　咸大庆

委　　　员：（按拼音排序）

陈昌富　陈德伟　丁南宏　高　辉　高　亮　桂　岚
何　川　黄晓明　金伟良　李　诚　李传习　李宏男
李建峰　刘建坤　刘泉声　刘伟军　罗晓辉　沈明荣
宋玉香　王　跃　王连俊　武　贵　肖　宏　徐　蓉
徐秀丽　许　明　许建聪　杨伟军　易思蓉　于安林
岳祖润　赵宪忠

组织单位：高等学校土木工程学科专业指导委员会
　　　　　　中国建筑工业出版社

出 版 说 明

近年来，高等学校土木工程学科专业教学指导委员会根据其研究、指导、咨询、服务的宗旨，在全国开展了土木工程学科教育教学情况的调研。结果显示，全国土木工程教育情况在 2000 年以后发生了很大变化，主要表现在：一是教学规模不断扩大，据统计，目前我国有超过 400 余所院校开设了土木工程专业，有一半以上是 2000 年以后才开设此专业的，大众化教育面临许多新的形势和任务；二是学生的就业岗位发生了很大变化，土木工程专业本科毕业生中90％以上在施工、监理、管理等部门就业，在高等院校、研究设计单位工作的本科生越来越少；三是由于用人单位性质不同、规模不同、毕业生岗位不同，多样化人才的需求愈加明显。土木工程专业教指委根据教育部印发的《高等学校理工科本科指导性专业规范研制要求》，在住房和城乡建设部的统一部署下，开展了专业规范的研制工作，并于 2011 年由中国建筑工业出版社正式出版了土建学科各专业第一本专业规范——《高等学校土木工程本科指导性专业规范》。为紧密结合此次专业规范的实施，土木工程教指委组织全国优秀作者按照专业规范编写了《高等学校土木工程学科专业指导委员会规划教材（专业基础课）》。本套专业基础课教材共20 本，已于 2012 年底前全部出版。教材的内容满足了建筑工程、道路与桥梁工程、地下工程和铁道工程四个主要专业方向核心知识（专业基础必需知识）的基本需求，为后续专业方向的知识扩展奠定了一个很好的基础。

为更好地宣传、贯彻专业规范精神，土木工程教指委组织专家于 2012 年在全国二十多个省、市开展了专业规范宣讲活动，并组织开展了按照专业规范编写《高等学校土木工程学科专业指导委员会规划教材（专业课）》的工作。教指委安排了叶列平、郑健龙、高波和魏庆朝四位委员分别担任建筑工程、道路与桥梁工程、地下工程和铁道工程四个专业方向教材编写的牵头人。于 2012 年 12 月在长沙理工大学召开了本套教材的编写工作会议。会议对主编提交的编写大纲进行了充分的讨论，为与先期出版的专业基础课教材更好地衔接，要求每本教材主编充分了解前期已经出版的 20 种专业基础课教材的主要内容和特色，与之合理衔接与配套、共同反映专业规范的内涵和实质。此次共规划了四个专业方向 29 种专业课教材。为保证教材质量，系列教材编审委员会邀请了相关领域专家对每本教材进行审稿。

本系列规划教材贯彻了专业规范的有关要求，对土木工程专业教学的改革和实践具有较强的指导性。在本系列规划教材的编写过程中得到了住房和城乡建设部人事司及主编所在学校和单位的大力支持，在此一并表示感谢。希望使用本系列规划教材的广大读者提出宝贵意见和建议，以便我们在重印再版时得以改进和完善。

高等学校土木工程学科专业指导委员会
中国建筑工业出版社
2014 年 4 月

前　　言

随着我国经济建设不断发展，由于开挖岩体而形成的边坡工程日益增多，进而使得边坡的稳定评价和边坡的加固措施已成为一项极为重要的工程技术。对于边坡工程的知识体系，已有一些相关的教材按照各自专业领域的特点进行了介绍，其中比较突出的是地质工程专业。然而，近十几年来土木工程的建设项目也越来越多地涉及类似的问题，即由于岩土体的开挖而形成的边坡稳定性以及为了保证边坡稳定所必须采取的工程加固措施等工程技术问题，这已成为工程建设中的一个重要的环节。纵观以往有关的教材，大多将边坡岩土体的稳定性评价作为主要内容，而专门为土木工程专业编写的，且涉及边坡设计的相关教材比较少见。据此，高等学校土木工程学科专业指导委员会依据最新制定的《土木工程本科指导性专业规范》，提出了一套符合当前土木工程建设所需知识体系，并组织编写了包含边坡工程的系列教材。

本课题组有幸承担本教材的编写工作，在教材的编写过程中，教材编写组成员始终抓住边坡工程和土木工程相结合的宗旨，根据总体的知识点自然形成了两条线。一条以地质工程知识点为主线，着重介绍边坡岩土体破坏类型和破坏机理及岩土体稳定性评价的原理和方法；另一条线结合土木工程的勘察和设计，重点介绍边坡工程设计过程中各个阶段的主要内容以及边坡工程加固岩体的常用措施。本教材的最终目的在于通过本科阶段的学习，能够掌握边坡失稳的主要形式和相关机理，并初步掌握依据不同的破坏形式设计出与工程相适应的加固措施。

本教材的编写组由同济大学土木工程学院地下建筑与工程系城市工程地质与环境地质研究所的教师组成。其中第1、2章由沈明荣教授编写，第3章由张清照博士编写，第4章由黄雨教授编写，第5章由石振明教授编写，第6章由石振明教授与张清照博士编写。全书由沈明荣教授负责统稿。在完成初稿后，邀请了成都理工大学的许强教授作为本教材的主审，许强教授提出了许多宝贵意见和建议，在此，对许强教授的无私奉献表示衷心的感谢！

由于本教材编写组成员的水平有限，在教材中必定还存在着一定的错误和不足，希望能得到广大读者的批评指正。也期盼着各学校的教师和学生在使用本教材的过程中及时反馈相关的意见和建议，使得边坡工程教材更趋完善。

编者

2014. 10. 30

目　录

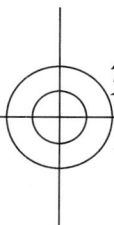

第1章
边坡工程概述

本章知识点

> **知识点**：介绍边坡工程中的基本概念及其对于土木工程的影响；通过典型工程以及工程灾害实例的介绍，了解边坡工程的重要性；扼要地介绍边坡工程的造价与边坡稳定性之间的相互关系；阐述边坡工程研究（设计）的整体思路。
>
> **重　点**：边坡工程中岩土体稳定的重要性，合理地考虑岩土体的稳定与工程造价之间的关系。
>
> **难　点**：在安全的前提下，以最经济的工程造价建设工程。

山地斜坡是自然界最常见的一种地形，而边坡是在交通、能源、采矿等各类工程建设中由于开挖山体而最常用的一种工程措施。因此，无论是边坡还是斜坡构成其介质的岩土体稳定与否将直接影响正常的工程建设和运营，影响人们的生活。斜坡岩土体的失稳是我国常发的主要的地质灾害之一，而由于工程开挖后所形成的边坡，其岩土体的稳定与否又是众多岩土工程中所涉及的重要的工程问题之一。因此，在岩土工程建设过程中，凡进行岩土开挖的工程项目，能否保持其开挖后被遗留下的岩土体的稳定，将直接影响工程的后期施工建设和正常运营。此外，由于边坡的失稳所造成的经济损失与相关工作人员的生命危害，也将产生巨大的社会效应。据此，岩土工程建设包括工程完成正常营运阶段，必须保证由开挖而形成的边坡稳定。由此，在进行相关的岩土工程建设中，应该依据工程的实际情况，充分地掌握工程建设地区的地质条件，提出合理的施工方案，充分地考虑各类影响因素评价边坡的稳定性，并设计出既经济又安全的工程措施，以保证边坡的长期稳定。同时，还应对自然山地的斜坡给予足够的重视，尤其是坡脚下有着人类居住或者经常活动的场所，由于斜坡岩土体的失稳往往速度快，失稳的岩土体方量大，稍不注意将造成巨大的生命财产损失。

1.1　边坡的类型

边坡是人类工程建设中开挖岩土体后，经常采用的一种工程措施，通常也指在长期的自然营力作用下所形成的山体中的一种自然形态。因此，边坡是自然斜坡和人工开挖的边坡的统称，有人也将斜坡作为自然形成的边坡的

2

专用名词。对于边坡形态特征的描述，通常借用地质学中关于岩层的产状的描述方法，即采用走向、倾向和倾角的方法，就可唯一地表述坡面的空间几何形态。所谓的走向是指坡面与水平面交线的方位角（图 1-1 中的 $\alpha\pm90°$）；倾向是指垂直走向顺坡面向下倾斜引出一条直线，该直线在水平面上投影线的方位角（图 1-1 中的 α 角）；倾角是指坡面与水平面夹角（图 1-1 中的 φ 角）。此外，对于边坡几何形态的表述通常可用以下几个专用名词（参见图 1-1），坡面：指边坡倾斜的表面；坡高：指边坡的坡脚到坡顶的高度；坡角：即上述坡面的倾角；坡顶：处在边坡最高位置的顶面；坡底：边坡面最低的表面；坡趾（坡脚）：边坡面与坡底相交的位置；坡肩：坡面与坡顶相交的位置。

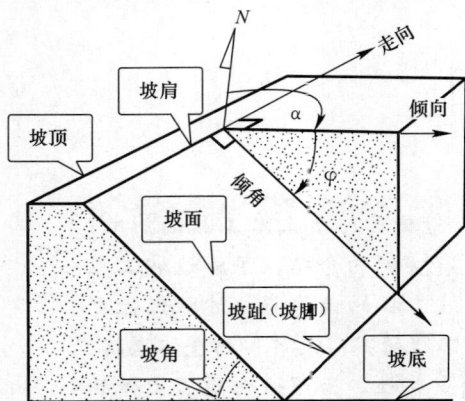

图 1-1 坡面的产状和边坡几何形态示意图

边坡的形态特征与组成边坡岩土体的工程地质条件有着一定的联系。因此，掌握边坡的形态特征，对于采用何种稳定性评价的方法和建议采用何种加固措施都是必不可少的重要资料。人们为了正确地认识边坡的形态特征，通常按边坡所表现出的一定规律，分门别类地划分成不同的边坡类型。边坡的类型根据其不同的外观条件有很多种不同类型的分类方式，其中最常用的有按边坡形成的机理分类；按组成边坡坡体的介质分类；按边坡坡体的高度分类；按边坡岩体结构的分类；按边坡的工程作用分类等方法。

1.1.1 按边坡形成的机理分类

如果按形成边坡的方式进行分类，可以将边坡分成人工边坡和天然边坡。前者是由于工程开挖而形成的边坡，直接与土木工程的建设有关。因此，本教程将着重介绍由于人工边坡而产生的工程问题。人工边坡的形态特征主要取决于岩土体的工程地质条件和岩土体的强度特性。岩土体强度较高时设置的边坡坡角可以大一些，以减少相应的工程量，相反需要减缓坡角，有的甚至需要设置支挡构筑物以保持岩土体的稳定。天然边坡习惯上被称作斜坡，顾名思义是在自然的条件下所形成的边坡。它的形态特征主要取决于岩土体的地质构造的作用。在地质构造相对比较简单的地区，斜坡的坡度一般比较平缓，此时的边坡相对也比较稳定；而在地质构造比较复杂同时又受到河流侵蚀切割的地区，这种类型的边坡大都比较陡，有的形成所谓的悬崖峭壁，该类型的边坡稳定性相对较差，经常会出现一些岩土体失稳的现象。

1.1.2 按组成边坡坡体的介质分类

有时为了评价边坡稳定性的需要，及时地了解边坡的安全系数，将按组成边坡坡体的介质成分进行分类。根据组成边坡坡体的介质不同，可以将边坡分成三大类：岩质边坡、土质边坡和岩土混合边坡。岩质边坡是指坡体的介质由岩体组成，大多数工程建设中所遇到的都属这一类的边坡。根据工程地质条件和岩体的强度特征，岩质边坡的主要破坏模式是沿着岩体中的某些强度很低的结构面产生剪切滑移，而此类的边坡破坏相对规模比较大，危害性也就比较严重。土质边坡是指坡体介质都是由土体组成，由于土体相对比较均质，强度也比岩体要低得多，一般土质边坡的坡高和坡角都不会设置得太大，因此，其边坡破坏的规模一般不会太大。根据大量的工程实践可知，大多数土质边坡的破坏仍然可以按剪切破坏进行计算，此时其土体将在坡体中形成圆弧状滑动面而产生破坏。岩土混合边坡是指边坡坡体的介质同时由土体和岩体组成，由于两种介质混合，造成可能产生的破坏机理相对比较复杂，总体上会按某种占比例较多的介质特征产生破坏，这一切还应依据坡体的工程地质条件确定。

1.1.3　按边坡坡体的高度分类

由于工程建设的需要，有时岩土体开挖后所形成的边坡坡体的高度很高，这会给边坡的稳定性造成很大的影响。因此，为了突出高边坡的安全要求，我国《建筑边坡工程技术规范》GB 50330—2013 提出了高边坡的概念，并按边坡坡体的高度进行一种比较特殊的分类方式。根据规范中对边坡高度的规定，对岩质边坡超出 30m、土质边坡超出 15m 的边坡必须进行专门的认证和特殊的设计。甚至一些大中型城市为了保证工程建设的安全，对于软土地基的开挖深度大于 6m 的基坑都将进行围护结构的合理性论证，通过相应的专家评审后才能进行施工。

目前，在土木工程的建设中，由于建筑场地的限制，许多工程通过开挖而设置高边坡情况越来越多。由于开挖后裸露的岩土体相对比较多，从力学特征上来说，主要表现为坡体变形大，失稳后可能造成的危害大。因此，其稳定性问题也就越发重要。高边坡的破坏机理主要取决于工程地质条件，包括结构面的发育程度、岩土体的强度、地下水的作用状态等。

1.1.4　按边坡岩体结构的分类

在岩质边坡中由于岩体的强度、地质构造的影响和结构面发育程度的不同，使得组成边坡的岩体表现出极为不同的特征，由此会对边坡破坏的机理产生很大的影响。因此，有人依据不同的岩体结构，对所形成的边坡形态进行分类。

所谓的岩体结构是指结构面的发育程度及其组合关系，或者说是结构体的规模、形态和排列形式所表现的空间形态。岩体结构由两大要素组成：即结构面和结构体。中科院地质研究所根据我国实际的地质情况及岩体中结构面发育的状态，提出了岩体结构的分类方法，将岩体分成：块状结构、层状结构、镶嵌结构、层状镶嵌结构、碎裂结构、散体结构。

由于岩体结构的不同，将对边坡坡体的形态特征和边坡岩体的破坏模式造成很大的影响。因此，为便于对此类边坡的稳定性选择对应的评价方法，一般按照岩体结构的基本规律划分边坡的类型。通常以岩质边坡中不同的岩体结构类型将岩质边坡划分成不同的边坡类型，其主要的种类如下：

（1）水平岩层状边坡：主要是由近似水平岩层作为介质所形成的边坡。该类边坡由于岩层的层面呈水平状，使得边坡岩体的稳定性相对较好，尤其是层面间距较大的岩层，边坡岩体失稳的可能性较小。

（2）顺坡向层状边坡：指岩层具有一定的倾斜角度，且岩层的倾向与边坡坡面的倾向相同，而被称作顺坡向的层状边坡。由于岩体开挖，使得顺坡向的岩层在开挖面上出露，因此很容易引起上覆岩体沿着层面向下滑动。因此，顺坡向的层状边坡其稳定性相对比较差，是应该给予足够重视的边坡。

（3）反坡向层状边坡：主要是由层状岩体的倾向与边坡的坡向相反的层状岩体组成。由于岩体的倾向与坡向相反其稳定性相对比较好，大多数该类边坡是稳定的。

（4）块状岩体边坡：主要由厚层块状岩体所组成的边坡。总体上该类岩体边坡的稳定性相对比较好。

（5）碎裂状岩体边坡：该类边坡是由结构面极为发育，岩体被切割成碎裂状或者有断层的破碎带等岩体组成。由此可见，该类边坡的稳定性较差。

（6）散体状边坡：边坡主要的介质为岩石的碎块、砂等组成。这类边坡的介质属于散体，强度很低。因此，其稳定性也是属于较差的一类。

1.1.5　按边坡服务时间的分类

在实际的工程中岩土体开挖所形成的边坡，是为不同的工程服务的。有的是形成一个永久的边坡，其服务的年限与工程的服务年限相同，例如，铁路隧道的切口所形成的路堑边坡，选择沟谷为高速公路时，开挖所形成的边坡等都属此类。当然，还有一类边坡是属于临时性质的，此类边坡的服务年限仅限于施工期间，工程完成之后这类边坡又进行重新处理。最典型的是基础开挖后采用结构物来充填开挖的空间，原先的支挡结构也都是临时性的。很明显，不同的服务年限对于边坡的形态、支挡结构的形式等都会提出不同的要求，包括在进行稳定性计算时，可能采用的安全系数都会稍有差别。因此，有人按照这样的一个特点，按边坡为工程的服务年限分成了永久边坡和临时边坡，同时要求这两种不同边坡各自所具有的特征，来评价边坡的稳定性，设计相应的支挡结构。

边坡实际的种类还应该有许多中，如按边坡坡面的形态还可以分成台阶状、凹状和凸状等边坡，还可以按不同的工程对象分成开挖而成的边坡等。不管何种类型的边坡，其最重要的是依据各类边坡的特征，能够清晰地分析边坡破坏的机理，并合理地计算其稳定性，设计出既能保持稳定又经济的加固措施，保证工程施工和运营的安全进行。

1.2　边坡灾害

无论是在自然营力作用下所形成的天然边坡，还是在工程建设中由于构筑物设置的需要开挖而形成的人工边坡，在自身的地质条件和外部环境、气候条件的作用下，将会由于岩土体的破坏失稳而产生边坡灾害。无论是天然边坡还是人工边坡所形成的坡体失稳都将对人类造成很大的危害，这些灾害不仅将产生人类财产的损失，严重的灾害甚至将会吞噬人类的生命。因此，如何判断边坡岩土体的破坏类型及其破坏机理，提早预测边坡灾害的发生，已成为岩土工程界的一个重要研究课题。

通过大量的边坡灾害的分析研究，产生边坡灾害的主要原因可以大致分成两大重要原因：组成边坡坡体介质工程地质条件（可以称作内因）和边坡外围的环境包括工程建设对岩土体等的影响（可以称作外因）。作为内因条件主要包括组成坡体的岩土体介质的岩性组构，岩土体的地质构造，岩土体的强度和变形特征，地下水活动情况等，其中地质构造的影响又可分成结构面的空间分布特征、边坡所处的地质构造位置、地下水的流量和孔隙水压力的大小等。边坡影响因素的外因除了当地气候降雨的影响外，对于人工边坡而言，施工过程中所采用的方法以及边坡支护措施等，也将成为边坡稳定的主要影响条件，其中还包括形成边坡的几何尺寸、边坡的走向与地质构造之间的关系、岩土体开挖的方式和顺序、边坡支护结构的形式等。

综合上述产生边坡灾害的主要因素，在这些因素的组合作用下，边坡岩体可能产生由于岩体失稳而形成各种类型的破坏。破坏的形式主要表现为三大类：滑坡、崩塌和泥石流。

1.2.1　滑坡破坏

边坡的滑坡破坏是指斜坡岩土体在自重作用下失去原有的稳定状态，沿着斜坡内某一个滑动面或滑动带作整体向下滑动的现象。这一类型是边坡岩土体最主要的破坏形式。该破坏类型中的滑动面，在土体中以圆弧为主，岩质边坡中依据结构面分布的特征，有沿单一结构面的平面滑动，有沿着两组或两组以上结构面的切割形成楔形体滑坡；甚至受多组结构面的切割，形成形态比较特殊的滑坡体滑动，如畚箕形等。

滑坡破坏的主要类型可以归纳为以下几种：

（1）平面破坏，主要发生在岩质边坡中，其破坏面是由相对规模较大的结构面，可以是岩层面、较大规模的节理和软弱夹层以及断层面等组成。其破坏特征是在岩体的自重作用下，沿着一组结构面产生剪切滑动。

（2）楔形体破坏，主要发生在结构面比较发育的岩层中。由于岩土体受两组结构面的切割而形成楔形体，此楔形岩体在自重作用下沿两组结构面的组合交线或者更复杂的状态发生剪切滑动。

（3）圆弧破坏，这种破坏模式主要发生在土质边坡和碎块体组成的岩质边坡中，因其滑动面可以近似看成圆弧形而得名。

1.2.2　崩塌破坏

崩塌通常是指陡峻或极陡峻斜坡上，某些大块或巨块岩石突然崩落或滑落，顺山坡猛烈翻滚跳跃，岩块相互撞击破碎，最后堆积于坡脚下的这一现象。主要发生在垂直结构面比较发育的岩层中，通常情况是由于岩体开挖后，临空面失去原有的支撑力而产生较大的水平位移，造成岩块体的重心偏离了截面的形心，最终塌落的岩块翻滚掉落在坡角下。该类岩体破坏的特征主要表现在破坏岩体所产生的垂直位移大于水平位移，且破坏的规模一般不是很大。倾倒破坏也可以说是崩塌破坏的一种。

1.2.3　泥石流

泥石流通常是指在山区一些流域内，在大雨或暴雨降落时所形成的固体物质（主要由石块、砾砂黏粒等组成）在饱和状态下暂时性的山地洪流。它具有发生突然，运动速度快，破坏力强的特征。

1.3　边坡破坏的典型实例

作为地质灾害的主要表现形式之一，滑坡给人类带来了巨大的损失，甚至造成了重大的人员伤亡。在工程建设的过程中，只要掌握工程中所涉及的岩土体的工程地质条件，选择合理的工程措施，并对这一问题给予足够的重视，很多由于边坡失稳所造成的灾害事故是完全可以避免的，反之对于边坡的工程地质条件没有足够的认识，甚至未将工程中的边坡作为工程安全的重要环节，这一切都将引起严重的后果，造成巨大的损失。有人比喻边坡的岩土体是一头沉睡的狮子，当它形成了滑坡，就如睡醒的狮子，将给人类造成很大的麻烦。从工程建设费用上来说，整治滑坡所增加的工程费用的投入将是原有边坡处理费用的好几倍。滑坡不仅造成了施工工期的延长和经济上的损失，同时由于工程的事故也必将造成巨大的社会效应。本小节将介绍两例典型的工程事故，意大利的瓦伊昂水库滑坡和我国的新滩滑坡。前者由于对岩体的认识不足，造成了巨大的人员和财产损失，而后者由于科学技术的发展，工程技术人员对于边坡工程的正确认识，预先分析了岩体失稳的可能性，并在进行了大量工作的基础上，准确地预测了滑坡的发生，从而避免了人员的伤亡。这两个典型的工程事故实例，明确地告诉我们，尽可能地掌握与建设工程相关地区的地质资料，合理地分析边坡产生灾害的可能性，正确地选择边坡工程的相关措施，适当地设置施工过程和运营阶段的现场工程监测，是能够控制住边坡的安全问题，以保工程正常的运营。

1.3.1　意大利瓦伊昂滑坡 [12]

1.3.1.1　瓦伊昂河谷地质地貌及大坝工程

瓦伊昂水库建在意大利北部阿尔卑斯山地的瓦伊昂河谷中，坐落在著名的威尼斯市以北约 100km 处。河流由深切峡谷及上叠 U 形冰川谷构成，地处一不对称向斜之中，岸坡由侏罗系灰岩和上侏罗系的夹泥岩灰岩以及白垩系灰岩组成。滑坡发生前向斜轴部靠近左岸，为一倾向河谷的椅状斜坡，后缘倾角约 40°，至河谷近于水平（图 1-2）。

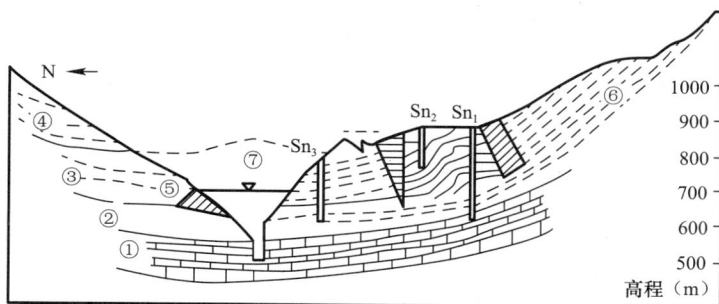

图 1-2　瓦伊昂水库滑坡滑动前地质剖面和位移观测示意图[1]（据 L. Muller，1964）
①-灰岩；②-含黏土夹层的薄层灰岩（侏罗系）；③-含燧石灰岩（白垩系）；④-泥灰质灰岩（白垩系）；
⑤-老滑坡；⑥-滑移面；⑦-滑动后地面线；Sn₁、Sn₂、Sn₃-钻孔及编号

瓦伊昂水库是意大利北部阿尔卑斯山修建的抽水蓄能发电站系列水库之一，设计水位 722.5m，库容 1.5 亿 m³，用于核发电调节。大坝建在纵向谷的近水平岩层之上，坝高 267m，是当年世界最高的双曲薄拱坝，设计者吸取马尔帕萨拱坝失事的教训，两岸坝肩采取了系列混凝土板梁锚索加固工程，滑坡发生时，库水涌高超出坝顶 125m（最大值）宣泄而下，大坝却安然无恙。滑坡造成了灾难，但却检验了大坝坝肩加固工程。

1.3.1.2　瓦伊昂水库滑坡灾难

瓦伊昂水库大坝始建于 1956 年，1960 年 9 月建成，1960 年 2 月开始蓄水。大坝蓄水后，至 1963 年 10 月，左岸托克山山体突然以高达 25～30m/s 速度沿层面下滑，约 2.7 亿 m³ 的岩土体向北滑动了 500m，滑入水库并推至对岸。掀起的库水高出坝顶 125m，约 2500 万 m³ 的库水宣泄而下，摧毁了下游 3km 处的隆加罗市及其下游数个村镇，造成 2000 余人丧生。瓦伊昂水库滑坡区平面图如图 1-3 所示。

图 1-3　瓦伊昂水库滑坡区平面图（据 D. 罗西、E. 塞曼扎，1965）
ⓐ-大坝；ⓑ-滑坡源；ⓒ-涌浪及气浪压力波及区；ⓓ-湖；ⓔ-滑坡下界

1.3.1.3　瓦伊昂水库滑坡形成过程

在 1956 年的勘测与施工过程中，已发现库内紧靠左坝肩山体有变形迹

象，但直到大坝建成以后，仍未对其稳定性及发展趋势作出明确判断。根据瓦伊昂河谷地质结构，早已有学者提出产生深部滑坡的可能性，甚至认为存在一老滑坡。不幸的是，大坝设计者认为深部滑坡不可能发生，其理由为以下三点：钻孔未查到深部有明显的软弱面；非对称向斜起到天然阻止斜滑坡移动的作用；地震勘探显示河谷两岸岩石很坚硬，弹性模量很高。显然上述的论点发生了偏差，最终悲剧还是发生了。根据已有的文献资料，滑坡的形成可概括成如下经历与过程：

大坝于 1960 年 11 月建成，但水库 1960 年 2 月开始蓄水，10 月水深达170m（相当于水位 642m），此时左岸托克山上高出河床 500～600m 部位出现了长约 2km 的拉裂缝，外形呈 M 形，位移速度最大达到 3.5cm/d。11 月当水深达到 180m（相当于水位 652m），左岸发生了约 70 万 m^3 的岩质滑坡滑入水库，水库浪高 2m，大坝处浪爬高 10m。基于上述的情况，设计部门认为水位上升引起孔隙水压力上升是造成滑坡发生的关键因素，并认定降低库水位上升速度可以阻止滑坡的发展。这一措施延续到 1963 年上半年，似乎收到了一定效果。4～5 月期间，水库水深从 195m 快速上升到 230m（相当于水位702m，图 1-4），斜坡位移轻微上升，但未超过 0.3cm/d。然而到了 7 月中旬，水深增至 240m（水位 710m），某些控制观察点显示位移达到了 0.5cm/d，尽管水位保持至 8 月中旬，但斜坡位移速度继续增加到 0.8cm/d。到了 9 月初，水深 245m（水位 715m），此时位移速度已增至 3.5cm/d，较前增加了一个数量级。9 月下旬，为了降低位移速度而采取了缓慢降低水位至水深 235m（水

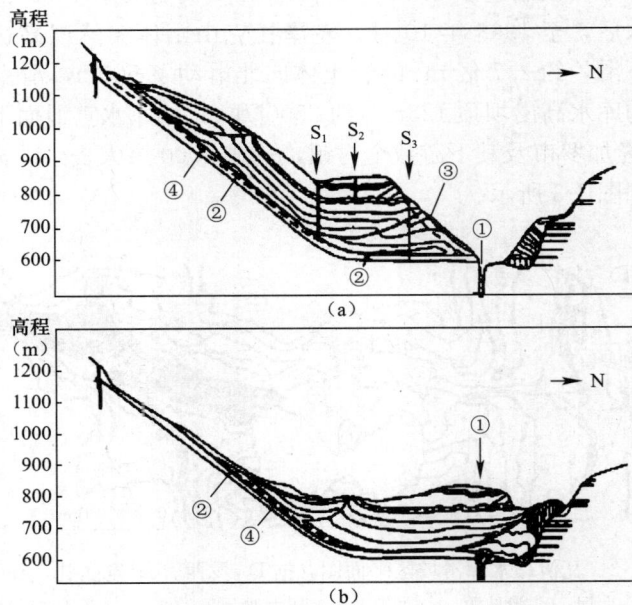

图 1-4　瓦伊昂水库滑坡前后剖面示意图（据 D. 罗西、E. 塞曼扎 1986）

(a) 滑坡前；(b) 滑坡后

①-瓦伊昂河谷；②-老滑坡滑动面；③-1960 年滑坡滑动面；④-1963 年滑坡滑动面；S_1、S_2、S_3-钻孔及编号

位 705m）的措施，即便如此，斜坡位移速度继续增加，超过了 20cm/d。10月 9 日晚 22 时 39 分，灾难终于发生，2.7 亿 m³ 的山体向北方向滑动了500m，以大于 30m/s 速度滑入峡谷推至对岸，全部过程仅 45s。约 2500 万 m³库水越过坝顶宣泄而下，近 40m 高的洪水冲刷夷平了隆加罗市，事件遇难的人中，还包括了坚持在大坝上监视安全的大坝设计者和工程师们。

事后隆加罗市的海外侨胞返回故地，重建家乡，如今已是一个拥有近4000 居民的美丽城市，修建了记载事件经过和纪念遇难者的博物馆、纪念碑及教堂。

1.3.2　新滩滑坡[10]

1.3.2.1　新滩滑坡概况

1985 年 6 月 12 日凌晨，长江新滩发生大规模滑坡，总计方量约 3000万 m³、新滩镇全部被摧毁，其中 200 万 m³ 土石直泻长江，激起涌浪，颠覆大小船只 77 艘，致使 9 人丧生。滑舌伸入江中 80 余米，长江航道被迫封航 4 天，造成直接、间接经济损失数十亿元。

由于成功预报，滑坡区内 1371 人及时撤离，避免了更大的伤亡事故，使灾害损失降低到了最低限度。

这次滑坡发生在湖北秭归新滩镇，长江西陵峡北岸。下距长江葛洲坝工程 72km，长江三峡大坝坝址 27km；上离香溪镇 4km，秭归县城 15km。新滩滑坡北起广家涯脚下，南至长江，相对高差 950m，南北长约 1700m，东西宽平均 400m，平均厚度 45m。

1.3.2.2　新滩滑坡机理分析

研究分析认为，新滩滑坡是一个堆积层滑坡。它的主滑区是在高程370m 以上，约 1380 万 m³ 的土石体沿堆积物与下伏风化基岩接触带发生整体性滑动。大约有 480 万 m³ 的土石从西侧滑向长江，少部分向东南方向移动，滑体向前冲 200～400m，后缘坐落滑壁高 40～50m。由于主滑体的猛烈冲击、土石荷载作用，使 370～90m 的高程坡体扰动，约 1700 万 m³ 土石产生滑移、解体。按滑移变形的规模、景观可以分为三个区段：西部滑动变形最为强烈，形成高差 10～30m 的沟坎；滑体东缘产生长数百米，高3～8m 的土垅，深达 10m 凹槽和伸入江中的另一滑舌；中部破坏相对较轻，滑移速度较慢。裂缝纵横，尚未发生解体破坏，原地形、地物依稀可见。在高程 90m 以下至长江河床为堆积区，普遍高出原地面 10～20m，堆积总方量约 340 万 m³。

新滩滑坡是一个高速滑坡，西部滑舌以每秒 30m 的速度滑入江中，导致涌浪高 36m，江水逆流超过 13km，波及范围 26km。

从地质构造分析，滑坡处于黄陵背斜西翼，与秭归向斜东翼毗邻，被区域性的九湾溪、仙女山活动性断层所夹持。

滑坡区呈陡崖峭壁和缓坡更替的地貌景观，属构造剥蚀和堆积地形。

滑坡体堆积物源于广家崖—黄崖山体崩塌堆积，上部以灰岩块石、砂岩碎块石为主，下部堆积物中黏土含量较高，多充填于块石孔隙之间，堆积物结构松软，一般厚度为 30～60m。滑床基岩为志留系的砂页岩，岩层走向与长江斜交，倾向上游，倾角 30°左右。

这个地区属三峡暴雨中心，年最大降雨量为 1430mm，5～9 月雨期平均降雨量为 1107mm。

上部坡体长期接受九盘山—广家崖岩崩物质的堆积，增加了坡体自重。堆积体长期滑移变形，使滑动带产生松动扩容，造成良好的渗流特性。滑前 400 余毫米的降雨入渗，不仅增大堆积体的自重和渗透压力，而且增高了主滑力，同时急剧降低滑动带的抗剪强度，从而引起上部坡体的首先滑移。中下部坡体长期处于被动受压状态，堆积物中岩块、碎石被黏土充填，逐渐密实，具有相对隔水性能，造成了土体中地下水的局部承压和富集。这样，在上部坡体滑动推压下，中、下部坡体产生连锁滑移。滑带呈不规则台坎状，坡体方向与岩层倾向不一致，形成了向南东 20°方向扭转的剪切下滑。所以说，新滩滑坡是推移式的、整体性高速滑坡，而地下水作用是滑坡的主要促发因素。

新滩滑坡与南岩链子崖隔江相望，扼长江西陵峡兵书宝剑峡之出口，组成了长江西陵峡的一个特大型岸坡不稳定区，历来就是滑坡、崩塌频发地段。据历史记载，新滩形成于汉和永元十二年，是由于山崩堵江而成，故人们称之为"新滩"。公元 1030 年发生大规模崩塌堵江，断航 20 余年，公元 1542 年，两岸崩塌，再次断航达 82 年。近期岸坡失稳、崩塌仍不断发生，诸如 1923 年广家崖崩塌，方量达 150 万 m³；1935 年姜家坡至柳林斜坡发生滑移，不仅冲毁耕地，而且把新滩镇东柳林一带 20 多间房屋全部推入长江。在姜家坡两侧出现一条南北向展布，长达 450m、宽 0.1m 的裂缝，前缘出现一条北东向的长约 270m 的大裂缝。

1.3.2.3　新滩滑坡预报分析

1964 年以来，因三峡水电工程建设的需要，先后进行了工程地质和水文地质调查，力学试验分析和爆破震动效应观测等项目的综合研究。1972 年，适时地设立了"湖北省西陵峡岩崩调查工作处"，以预测预报为目的，对新滩滑坡区开展了位移监测和工程地质综合研究。先后布设了与长江大致平行的四条视准线，建标 30 座，8 个交会观测点，取得了数百万个观测数据。多年观测结果表明，滑坡体在滑动破坏以前经历了长期渐进变形的过程。尤其 1982 年以来，坡体变形十分明显，形成了弧形展布的一系列裂缝，构成滑坡边界。坡体变形速率每年都有雨期加快、雨期后减缓的变化周期特征。危岩滚落和局部崩塌的时段性也很明显。

这次发生大规模滑动前，明显的临滑前兆现象主要有：

（1）位移速率明显增长，6 月 10 日至 11 日一昼夜内位移量高达 3～6m，大大超过往年同期变形量；

（2）380～400mm 高程的坡体出现有剪切和鼓胀现象；

（3）小规模泥石流在滑坡体上时有发生；

（4）滑坡体上部水流下渗严重，而滑坡体下部产生潮湿、积水和泉流增大现象；

（5）5 月份以后，时有响声从坡体内发出；

（6）6 月 9 日，在 620m 高程左右的破体内发出一股硫化氢气味的热气流；

（7）动物活动异常；

（8）6 月 10 日凌晨 4 时 15 分，高家岭西侧发生 60～70 万 m^3 的高速滑坡，并伴有喷水冒砂现象。后缘出现大量涌水，坡体沿三游沟下滑，使房屋向下推移近 60m。

正是这些前兆现象，构成了滑前成功预报的依据。

长江三峡地区沿岸地区沿岸不稳定岸坡很多，诸如 1982 年 7 月发生在四川云阳长江北岸的鸡筏子滑坡，总方量 1300 多万立方米，堵塞航道 2/3，流速达 5～6m/s，严重影响了长江航运；与新滩滑坡隔江相望的链子崖危岩体，一旦失稳，将严重威胁长江三峡大坝的建设、葛洲坝工程的安全以及长江航运的通畅。

随着国民经济建设的发展，对于自然地质灾害的工程地质研究，将是引人注目的环境研究课题。从新滩滑坡的研究，我们可以看到，通过对自然地质环境的研究，有目的地开展变形监测和工程地质的综合分析，是有可能做出滑坡预测预报的。

1.4　边坡的稳定与造价的关系 *

随着我国经济建设的不断发展，工程建设所投入的资金也越来越大，既能够保证工程建设的安全，又将工程投资设定在一个合理地范围之内，是最近几年向工程界提出的一个新的要求，即采用所谓的投入产出比的概念来评价一个工程的好坏。此外，从可持续发展的要求来衡量，同样希望以最小的投入完成能够满足工程正常运营的环境。因此，从工程的角度而言，总希望以最低的建设费用获得保证工程安全前提下，完成最终的工程项目。而这个保证工程安全的前提，就需要我们在建设过程中考虑众多的因素，合理地解决建设费用与工程安全相互的抵触而形成的这一对矛盾。如何选择这两点之间的最佳交点，对于工程师来说也是一项非常重要的工作。

工程师在对边坡的稳定性分析及评价时可以采用各种方法进行，这种方法包括改善具有潜在危险边坡的稳定性所必需采用的各种加固技术等理论计算，最终这些计算将归结到对边坡所采取的具体的工程措施上。对于边坡工程而言，为了防止边坡的破坏所采取的整治措施，依据不同的整治方案其需要花费的资金也将随之发生变化。因此，在专心于边坡稳定性详细考察分析的同时，考虑采取不同整治方案，并比较不同方案所采取的工程措施将形成的工程费用，从中能够寻找到一种施工方法上相对比较简单、合理，经济上也花费相对较少的方案。当然，能够保证工程安全还是方案的基本立足点。

---

* ：本小节内容可根据按排课时的多少而确定介绍与否。

在实际的工程中，由于各工程的具体情况都不一样，可能地质条件、施工条件、工程要求等综合在一起会相对比较复杂。因此，本小节将介绍一种解决上述问题的方法，提供一个思考此类问题的思路，并在实际的工作中，能够举一反三以便解决经济合理性的问题。

1.4.1　边坡失稳对工程费用的影响

下面通过一个例子来讲述边坡失稳对工程费用的影响。这个例子既考虑了包括控制岩石边坡稳定性状态最重要因素，又包括了由于边坡不稳定而造成的工程费用的增加等因素。

图 1-5 所示的边坡中，经过施工开挖在边坡上暴露出两个大型的不连续面，经过测量掌握了此两个不连续面的倾向和倾角，若将这一量测结果投射到岩体之中后可知，当边坡高达到 30.48m（100 英尺）时，这两个不连续面的交线就将出露在坡面上。据此，由于这两个不连续面的切割，可能会发生被切割的岩体在自重的作用下，沿这两个结构面的交线产生滑动的可能性。这就需要进一步研究分析该边坡的稳定性，如果发现边坡不稳定，这对工程总费用的估算，就必须考虑由于被切割岩体而引起的滑动所采取对策的各项工程费用。

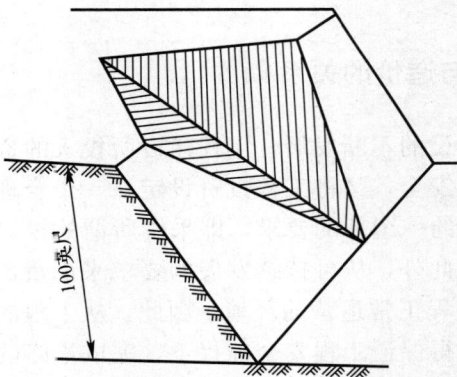

图 1-5　达坡稳定性分析实例中楔形体破坏的几何形状

图 1-5 中楔形体的主要参数：两结构面的倾角均为 45°，走向与坡面的夹角各为 45°，两个结构面的内摩擦角 30°，粘结力各为 0.05MPa，岩体的重度为 25.6kN/m³。

如图 1-6 所示，横坐标是在图 1-5 实例条件下，边坡坡面的开挖角度，纵坐标表述楔形体的稳定系数，该图中的曲线描述了边坡坡面开挖角度对于稳定系数的影响规律。图 1-6 中的两条曲线是表述边坡岩土体在两种极端的条件下，随着坡角的不同，其边坡安全系数的变化特征。这两种极端的条件是指：一种是边坡岩土体介质处在干燥的状态下；另一种是边坡岩土体由于开挖区域的地下水位很高，使得岩土体处在饱和的状态下。

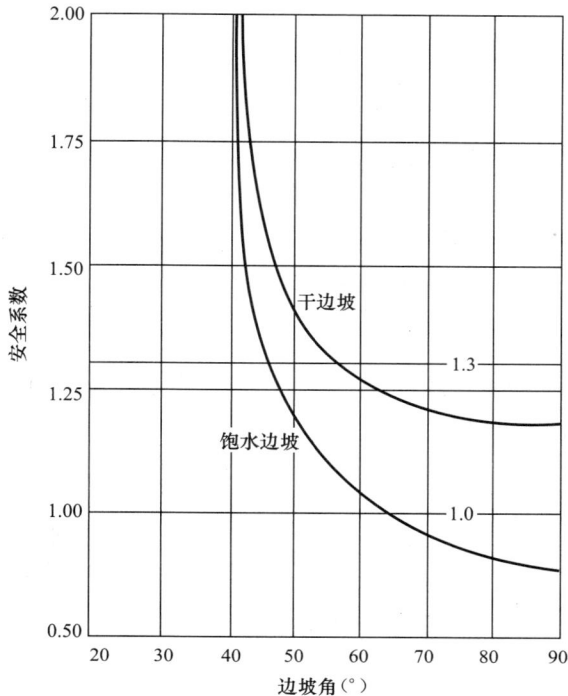

图 1-6 安全系数随坡角的变化特征曲线

根据安全系数的定义可知，若其值降至 1 以下，边坡就会破坏，这是工程所不允许的。由图 1-6 可见，若边坡开挖所设定的坡角大于 64°，则饱和状态下的边坡就会破坏；干燥边坡理论上直立的坡角其安全系数也是大于 1 的。因此，在任何坡角下边坡都是稳定的。但是，为了保证边坡的稳定，还应考虑一些不可预见的因素，通常要适当地提高边坡的安全系数，即使安全系数接近 1.2 也不能认为是足够高的（对于不同用途的边坡，各类设计规范都会提出各自满足安全要求的值）。

在本例中，假定 1.3 的安全系数被认为是足够的，这就意味着如果不再采取其他的方法来稳定边坡的话，要能够满足安全系数 1.3 的条件，对于岩土体处在饱和状态下边坡的坡角度就要挖到 46°。如果是干燥状态的岩土体，坡面的角度只要达到 55°就可以满足安全系数的要求。很显然，对于边坡干燥状态下的岩土体由于开挖而产生的工程量要比饱和状态下的岩土体少很多。

边坡施工的成本主要由挖方（通常是指将原有的山体挖去一部分而形成满足工程正常营运所需的边坡形态）或清方（通常是指清理由于边坡岩土体的失稳所造成的滑塌，而堆积在原山体的破碎岩土体）的吨数以及对失稳的边坡将要进行的加固措施的工程费用而决定。很明显，该工作量主要取决于边坡是否稳定，因此，可以用边坡所设定的坡角与工程量的大小联系在一起。图 1-7 给出了这样一个实例，假定所需开挖的坡面长 91.44m（300 英尺），坡高仍然为 30.48m（100 英尺）状态下，随着坡角的变化挖方总吨数的变化特征（以直立边坡到削缓边坡的岩体质量计算其总吨数）。在许多情况下，由于

13

在实际的施工过程中也许还由于超挖而影响上部岩体的挖方量，因而其总吨位很可能会大于图 1-7 所计算的结果。

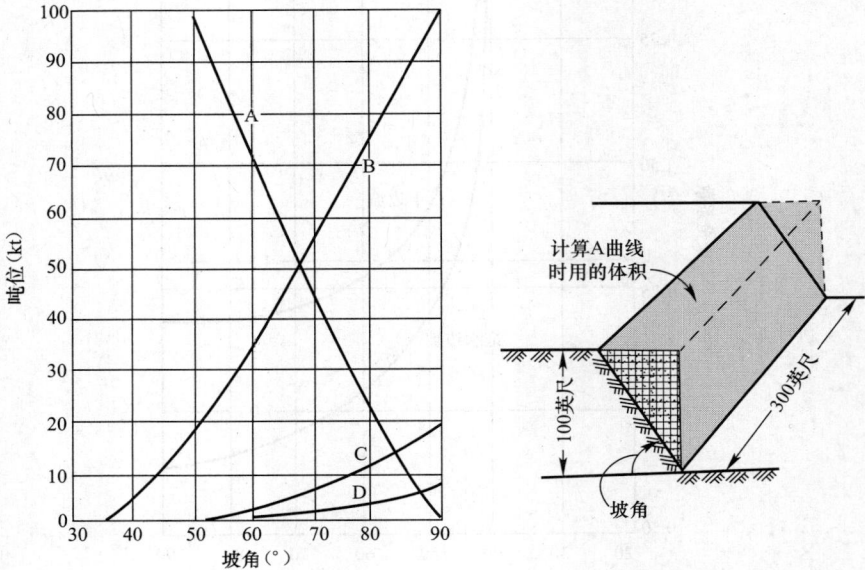

图 1-7　挖方吨位随坡角的变化的关系曲线（包括锚索荷载）

线 A—削缓 100 英尺（高）×300 英尺（长）的边坡要开挖的吨位；线 B—如发生楔体破坏时，须清方的吨位；线 C—安全系数为 1.3 的饱水边坡所要求的锚索荷载；线 D—安全系数为 1.3 的干燥边坡所要求的锚索荷载

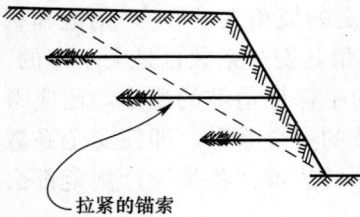

图 1-8　张拉锚索示意图

从图 1-7 可以知道，一般的平面坡体其开挖的总量随着坡角的角度变大而减小，而组成楔形体的岩土体却将随坡角的增大，其总体积也将增大。同样，当采用锚杆加固岩土体的话，作用在锚杆上的荷载也因坡角的增大造成上部岩土体体积的增大，最终引起作用在锚杆上的荷载也将随之变大。

　　施工所形成边坡建设总的经济成本将取决于边坡所处的地理位置、聘请专家、设置排水或安装预应力锚杆（锚索）等业务的费用以及地区的劳动力成本。在图 1-9 所示的各种费用中，引入了如下的假定：

　　（1）以从工作面上开挖每吨岩土体的费用为基本费用。因此，图 1-9 中的 A 线可由图 1-7 中的 A 线直接得到；

　　（2）假定清理边坡滑塌破坏所花的费用是基本开挖费用的 2.5 倍。根据图 1-6 的分析可知，干燥岩土体的边坡当其坡角设定为 64°时，这类边坡才会发生楔形体的失稳。而楔形体的岩土体质量低于干燥岩土体时，其产生的失稳坡角都将小于 64°。由此可得出从 64°边坡角开始的 B 线，而 64°的边坡是理论上可能发生破坏的最缓边坡。

　　（3）排水系统的设计和安装费用按 75000 个单位的费用计算（图 1-9 中的 E 线），不论坡角大小如何，这项工作是边坡工程中所必须进行的。因此，这笔费用不受坡角大小的影响，是不变的。

（4）由承包人安装预应力锚杆（锚索）的费用假定为每吨荷载 10 个单位。这就得出图 1-9 中的 C 和 D 线。

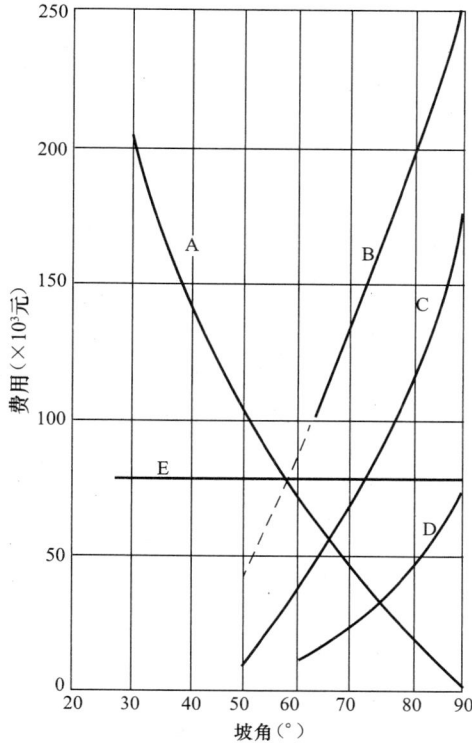

图 1-9　各种选择的相应费用

线 A—按图 1-7 中的线 A 由坡面开挖岩土体所需要的费用；线 B—清理边坡破坏所需的费用；

线 C—在饱水边坡中安装锚索所需的费用；线 D—在干燥边坡中安装锚索所需的费用；

线 E—边坡排水的费用

在图 1-9 所示各项工程基本费用投入的基础上，我们可以明确地选择各种方案并获得施工所必须花费的相关费用。下面列举几个这样的方案：

a. 只要削坡到 46°就能满足饱水条件下的边坡稳定，其安全系数满足 1.3 时（A 线）的方案。其总费用：116000 单位（单位指每吨开挖岩土体的费用）。

b. 削坡到 55°并考虑设置排水系统（A 线和 E 线），能够满足干燥边坡 1.3 的安全系数。其总费用：159000 单位。

c. 开挖边坡到 64°，可能诱发破坏楔形体破坏，并由此而产生清除破坏岩体的工程量（A 线和 B 线）。其总费用：166000 单位。

d. 开挖边坡到 80°并安装预应力锚杆（锚索），满足饱和边坡 1.3 的安全系数（A 线和 C 线）。其总费用：137000 单位。

e. 设置直立边坡并装置排水系统和锚索，此时，按满足干燥边坡达 1.3 的安全系数的方案（线 A、D 和 E）。其总费用：155000 单位。

f. 根据边坡可能不会发生破坏的假定，开挖边坡到 60°并作如果发生破坏的清方准备（图 1-10）。其最高总费用：159000 单位。最低总费用：70000 单位。

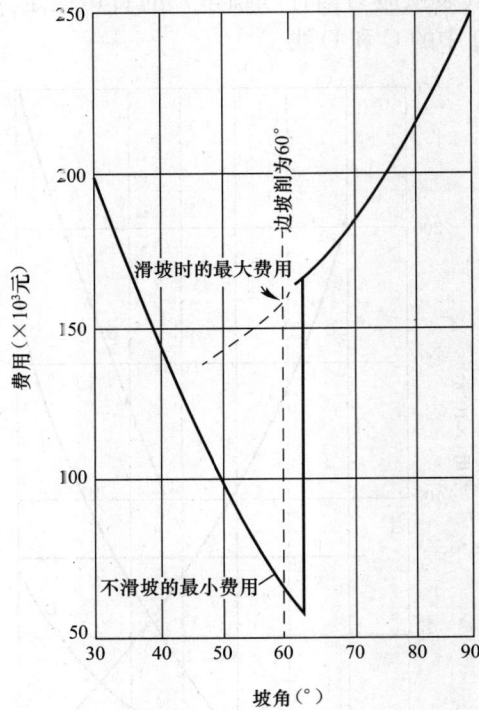

图 1-10　方案 f 的费用

　　必须强调，这些估算都是假定的，并且只适用于上述这个特定的边坡。同时，各方案的费用，将随边坡不同而变化。

　　根据上面所列的估算，设计者或许大都会采用方案 a，削坡到 46°并能保持边坡的稳定。除 f 项的最低费用以外，这一方案的费用要比其他的方案都低，且从施工的角度来看，也是比较简单的。采用方案 a 最为突出的优点是，其削坡到 46°与其他方案相比较，不用在边坡稳定性整治措施上花费大量的资金，恰恰由于这些整治措施的施工中往往会出现一些不可预见的情况，而这些特殊的情况下发生，使得边坡仍然有可能产生破坏。如果这种情况发生，则总的费用将是很高的。

　　通过上述方法的介绍，当我们考虑边坡工程的经济投入时，选择不同工作量的施工方法有一个原则，即采用最为简单、方便的施工方式，且能够保持边坡稳定的方案。若采用附加加固措施的施工方式，往往会意外的增加工作量而使得投入增大。

1.5　小结及学习指导

　　本章节基于边坡与工程建设的密切关系，强调了边坡稳定性的重要性。主要介绍了边坡的定义，并从不同的角度讨论了边坡类型的基本特征；同时，扼要地介绍了边坡可能造成的灾害以及由于边坡形态和地质条件的组合所形成的不同类型边坡灾害形式；较为详细地列举了意大利瓦伊昂滑坡和中国新滩滑坡的典型边坡破坏的实例；最后还介绍了边坡稳定性与工程造价之间的关系，要求学生建立综合考虑工程安全与合理的工程建设费用的理念。

习题

1-1 何为边坡？

1-2 简要叙述边坡类型的分类方法。

1-3 简要叙述各类不同边坡类型的基本特征。

1-4 从两个工程实例中你得到了何种启示？

1-5 考虑边坡稳定性与工程费用的关系时，所采用的基本原则是什么？

1-6 简要地介绍考虑边坡稳定性与工程投入的方法步骤。

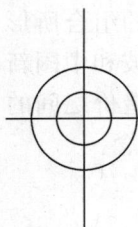

第2章
边坡的破坏类型、特征及机理

本章知识点

知识点：介绍边坡的破坏类型，着重阐述产生边坡灾害中滑坡、崩塌的机理，叙述其形态特征过程及其影响因素；介绍岩体倾倒破坏、岩体溃决破坏和泥石流等灾害产生的机理、形态特征以及影响因素。

重　点：边坡破坏各类型形态特征、产生的机理以及主要的影响因素。

难　点：滑坡和崩塌的形态特征、产生的机理以及主要的影响因素。

2.1　概述

边坡是岩石工程中最为常见的工程措施之一。在丘陵地区的公路建设中，由于线路的高程和公路线性的要求（建设完成之后驾驶员对于前方通视距离的要求），将对部分山体进行开挖，必将因保留部分岩土体而形成边坡；同样对于公路和铁路的隧道建设，其出入山体的切口（指隧道建设中首先遇到的和最终离开的，被开挖的部分岩土体）所形成的路堑边坡；在山区由于地形、高程存在着一定的差异，在这样一种环境下所建造的构筑物的周围，也将会出现由于部分岩土体的开挖而形成的边坡；对于露天采矿，由于矿体分布的规律，沿着不同的深度，同样会由于各类的工程开挖形成不同高度、不同坡角、不同坡体介质的边坡。这些不同用途的边坡，如果对于边坡的各种条件，包括该地区的工程地质条件、所设计的边坡高度和坡角的大小、施工的顺序和方法等因素，稍加不注意就有可能产生边坡失稳的工程事故。因此，边坡的破坏类型、各种类型的破坏机理和影响边坡破坏的主要因素，也就成为研究和分析岩土体边坡稳定的重要内容，成为评价边坡稳定的重要基础性工作，成为最终合理地选择边坡加固措施的主要依据；同时，也将成为正确地选择工程施工方案，保证工程完工之后安全运营的保障。

2.2　边坡的破坏类型

在第 1 章中已经初步介绍了边坡可能产生的灾害主要有滑坡、崩塌和泥石流三大类型，并扼要给出了这三类边坡灾害的定义。本节将详细介绍滑坡、崩塌和泥石流各自产生的机理、特征，阐述影响这三大类边坡灾害的各种因素以及产生这三大灾害后地表岩土体所遗留下的形态特征。

2.2.1 滑坡

滑坡是三大类边坡灾害中最为常见的边坡灾害，它所造成的危害小的可以阻碍工程的正常施工或已完成工程的正常运营，大的甚至影响人们的正常生活，吞噬大量的生命和财产。瓦伊昂大坝的工程事故就是其中最为典型的实例。因此，对于滑坡的认识，对于可能产生滑坡的条件，对于产生滑坡的机理，对于滑坡产生的诱发因素等已成为边坡工程技术界不可或缺的主要研究内容，无论是作为边坡工程的施工者、边坡的设计者或相关学科的研究者，都将其作为避免滑坡的产生而必须掌握的知识点。

所谓滑坡是指斜坡岩土体在自重作用下失去原有的稳定状态，沿着斜坡内某一个滑动面或滑动带作整体向下滑动的现象。总体分析，产生滑坡的主要原因可以归结为以下几点：

（1）岩土体自身的强度较低，不足于抵抗由于岩土体自重产生的下滑力；

（2）由于坡脚岩土体的开挖或者由于其他的诱发因素造成坡脚岩土体的破坏，使得边坡失去了原有的支撑力，沿着某个面向下滑动。

在实际的工程中，由于边坡所处的地质条件不同，在环境气候条件的差异，工程性质和施工方式的变化等因素综合作用下，最终转化形成上述两个原因从而促使边坡发生滑坡灾害。

2.2.1.1 滑坡的形态特征

滑坡产生之后将会改变地形表面的形态，形成特有的形态特征。掌握和了解滑坡的形态特征，对于建设区域新老滑坡的识别，所涉及工程边坡的稳定性评价，针对滑坡将要采取的加固措施，都将成为不可或缺的依据。图 2-1 以一个典型的滑坡地层剖面来表述滑坡形成后的各个地貌特征。

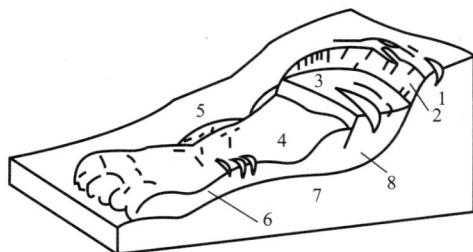

图 2-1 滑坡形态与结构

1-后缘环状拉裂缝；2-滑坡后壁；3-拉张裂隙及滑坡台阶；4-滑坡舌及鼓张裂隙；
5-滑坡侧壁及羽状裂隙；6-滑坡体；7-滑坡床；8-滑坡面（带）

有关滑坡后所产生的形态以及结构特征等给出了如下详细定义：

1. 滑坡体

边坡内沿滑动面向下滑动的那部分岩土体被称为滑坡体，简称滑体。滑坡体虽然经过滑动变形，岩土体产生了相互挤压，但是仍能保持原地层的层位和岩土体的结构构造体系，因此岩土体性相对比较完整，只是滑坡体内裂隙增加，产生局部松动。

2. 滑动面

滑坡体与不动体之间的界面，称为滑动面，简称滑面。滑动面上下受滑坡体自重的剪切作用，其厚度有的为数厘米，有的会达数米，因此，也可将其称作为滑动带，简称滑带。根据滑坡产生的机理不同，有的滑坡产生的滑动面可能不只一个，有的滑动面可以是圆弧状、直线状或折线状，有的滑动面呈圆弧、直线、折线等的复合状。

由于经受了强烈的剪切作用，滑动面的组成成分大都已成为黏土和破碎的岩块，而相对剪切强度较低的岩土层中，滑动面表面也经常会发觉有擦痕，滑动面的表面相对比较光滑，由于滑动面的岩土体相对比较破碎而成为水的通道，经常有水流出，同时由于水的流动加剧了滑动面岩土体的风化作用，进一步劣化了其力学特性。

3. 滑坡床

滑动面以下未滑动的稳定岩土体被称作为滑坡床，简称滑床。

4. 滑坡周界

在斜坡地表上，滑坡体与周围不动岩土体的分界线，称为滑坡周界，它圈定了滑坡的范围。

5. 滑坡后壁

滑坡向下滑动后，滑坡的岩土体后缘部分与未滑动岩土体之间的分界面外露，形成一个相对较陡的断壁，被称作为滑坡后壁。由于岩体收到张拉作用，后壁通常较陡，滑坡后壁一般呈弧状，并向左右两边延伸，形态上呈圈椅状，也称滑坡圈谷。后壁高度有矮有高，不同高矮程度取决于岩体的结构特征。实质上滑坡后壁是滑动面的一部分。

6. 滑坡台阶

滑坡各个部分由于滑动速度和滑动距离的不同，在滑坡体的上部常常形成一些阶梯状的台阶，称为滑坡台阶。台阶顶面一般向后壁倾斜。滑坡台阶的前缘由相对比较陡的破裂面组成，该台阶也被称作滑坡陡坎。此外，有多层滑动面的滑坡，经多次滑动，常会形成多个滑坡台阶。

7. 滑坡舌

在滑坡体前部，形如舌状向前伸出的部分，称为滑坡舌。如果滑坡舌受阻，形成隆起小丘，则称为滑坡鼓丘。

8. 滑坡裂缝

滑坡体在滑动的过程中，由于各个部分受力状态的不同，将形成形态各异的裂缝，如按受力状态可把滑坡裂缝划分为四种：拉张裂缝、剪切裂缝、鼓张裂缝和扇形张裂缝。

（1）拉张裂缝

在边坡将要产生滑动时，滑坡体的后缘在拉力的作用下产生一些张开的上宽下窄的裂缝，边坡上出现拉张裂缝是将要发生岩土体滑坡的前兆。

（2）剪切裂缝

在滑坡体的两侧，滑动的岩土体与不滑动的岩土体将产生相对的剪切位移，而这部分裂缝通常呈羽毛状平行排列于滑坡体周界的两侧。在滑坡体滑动的过程中，滑坡体中央岩土体的位移速率大于两边的岩土体，由于相对位移的差别产生了平行于滑动方向的裂缝。

（3）鼓张裂缝

滑坡体在滑动的过程中，由于滑坡体上部岩土体的位移速率大于下部的岩土体，或者在滑动过程中受阻，使得下部岩土体产生上鼓的现象，岩土体开裂，且这些裂缝通常是张开的，其裂缝的延伸方向与滑坡的滑动方向垂直。

（4）扇形张裂缝

滑坡岩土体向下滑动，形成滑坡舌。由于组成滑舌的岩土体不受两侧未滑动岩土体的限制，向两侧扩散而形成放射状的张开裂缝，被称为扇形张裂缝。

2.2.1.2 滑坡的分类

在实际工程中，通常可以按滑坡不同的形态、滑坡岩土体的成分、滑坡形成的力学机理等主要特点进行分门别类，以便更好地掌握滑坡的形态特征，分析滑坡产生的机理，为滑坡的稳定性评价和整治措施的设置提供可靠的依据。

1. 按滑坡体的物质组成分类

按滑坡体的物质组成可将滑坡分成：堆积层滑坡、岩层滑坡、黄土滑坡和黏土滑坡四类。其具体的定义如下：

（1）堆积层滑坡

发生于斜坡或坡脚处的堆积体中，由于长期的自然营力作用，大量的岩石被分化，经崩积、坡积作用，其物质组成主要为碎块石及土。因堆积物成分、结构、厚度的不同，所形成滑坡的形状各异，滑坡体的体积大小不一，滑坡结构以土石混杂为主，且危害性较大的堆积层滑坡大都发育在深切割的河谷两岸。

（2）基岩滑坡

滑坡体的物质成分由岩体组成。产生基岩滑坡主要有两种原因，第一种是组成滑坡体的岩体是整体强度较低的软弱岩层；另一种是发生在结构面较为发育的岩层中，其中最常见的是具有规模较大的软弱夹层的岩层，或是在硬质岩层中被相对比较陡的结构面切割后所产生的滑坡，这类滑坡在各种地质条件下都有可能发生，且相对规模较大，危害也相对比较大。

（3）黄土滑坡

其滑坡的物质成分由黄土组成，常发生于黄土地区高阶地前缘的斜坡上，多属崩塌性滑坡，滑动速度快，变形急剧，规模及动能巨大，常群集出现。

（4）黏土滑坡

黏土滑坡的主要物质成分为黏土，常发生于第四系与第三系地层中未成岩或成岩不良或受到不同程度的风化作用等以黏土层为主的地层中，形成黏土滑坡滑动面的主要特征是不同成因的土层接触面或者是土层与基岩的接触面，滑坡地貌明显，滑坡坡度相对较缓，规模相对基岩滑坡要小些，滑速较慢，多成群出现。

2. 按滑坡力学特征分类

由滑坡的定义可知，滑坡主要是在岩土体的自重作用下发生的。由于边坡所处的区域地质构造、地形地貌以及边坡坡体成分的不同，造成了边坡体不同的受力条件，产生了不同特征的滑坡。

(1) 推移式滑坡（图 2-2a）

滑坡上部岩土体先产生局部破坏，形成局部贯通的滑动面，并滑动挤压下部滑体，最后导致整个滑体滑动。推移式滑坡是滑坡体上部由于某种原因使得荷载增加或地表水沿后缘的拉张裂缝渗入滑坡体等诱发因素而引起的滑坡。

(2) 平移式滑坡（图 2-2b）

同样是由于后缘的荷载增加使得某一相对强度比较低的部位产生局部滑动，然后逐步发展成整个滑坡体的平移滑动。形成此类滑坡的基本条件通常是存在着相对比较平缓且强度较低结构面。

(3) 牵引式滑坡（图 2-2c）

此类滑坡通常是由于滑体下部先失去平衡发生滑动，并形成一个典型的滑动面，之后，滑坡体也因失去支撑力而形成第二次滑动，由此逐渐向上发展，使上部滑体受到牵引而跟随滑动。坡脚遭受冲刷或者由于开挖是引起此类滑坡的主要原因。

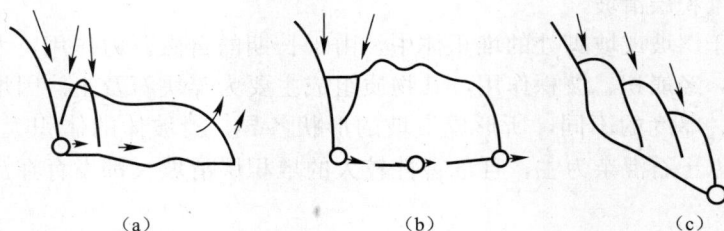

图 2-2　滑坡的力学特征
(a) 推移式滑坡；(b) 平移式滑坡；(c) 牵引式滑坡

3. 按滑面与岩层面关系的分类

岩层面是岩体中极为常见的结构面之一，许多滑坡的产生都与其存在一定的联系，岩层面的存在也是影响滑坡形态特征的重要因素之一。因此，依据滑坡体与岩层面之间的关系，可将其分为均质滑坡、顺层滑坡和切层滑坡三类。这种分类最为普遍，应用颇广。

(1) 均质滑坡

均质滑坡发生在相对比较均质、无明显层理的岩土体中，滑坡面一般呈圆弧形。在强风化的花岗岩和土体中常见，如图 2-3 (a) 所示。

（2）顺层滑坡

顺层滑坡是沿岩层面发生的，当岩层倾向与斜坡倾向一致，且其倾角小于坡角时，往往顺着抗剪切强度较小的岩层面滑动而形成滑坡，如图 2-3（b）所示。有人将顺层滑坡的定义有所推广，将沿着某一交界面或接触面的滑动也划入顺层滑坡的范围内，如沿着坡积层与基岩交界面的滑动等。

（3）切层滑坡

切层滑坡是滑动面切割了不同的岩层面发生的滑坡，多发生在倾向相对较缓且坡面出露的岩层中；或者在由岩体中发育着一组或两组节理面且形成了贯通滑动面而产生的滑坡，如图 2-3（c）所示。

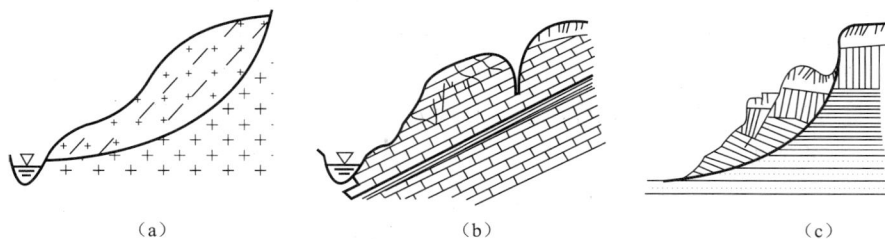

图 2-3　滑坡滑面与岩层层面关系

（a）均质滑坡；（b）顺层滑坡；（c）切层滑坡

4. 按滑坡体规模分类

为了对滑坡有一个规模大小的评价，以方便后期的灾害评估，合理经济地采取相应的工程措施，可按滑坡坡体体积的大小划分。滑坡按规模大小可分为小型滑坡、中型滑坡、大型滑坡、巨型滑坡四类。

（1）小型滑坡

小型滑坡一般指滑坡体体积小于 3 万 m^3 的滑坡。

（2）中型滑坡

中型滑坡一般指滑坡体体积在 3 万～50 万 m^3 之间的滑坡。

（3）大型滑坡

大型滑坡滑一般指坡体体积在 50 万～300 万 m^3 之间的滑坡。

（4）巨型滑坡

巨型滑坡一般指滑坡体体积超过 300 万 m^3 的滑坡。

5. 按滑坡体厚度分类

与按滑坡规模大小划分的目的相同，但从不同的角度来评估滑坡所造成的灾害，采取按滑坡体的厚度作为主要划分的依据。据此，可将滑坡分为浅层滑坡、中层滑坡、深层滑坡和超深层滑坡四类。

（1）浅层滑坡

浅层滑坡一般指滑坡体厚度在 6m 以内的滑坡。

（2）中层滑坡

中层滑坡一般指滑坡体厚度在 6～20m 之间的滑坡。

（3）深层滑坡

深层滑坡一般指滑坡体厚度在 20～30m 之间的滑坡。

（4）超深层滑坡

超深层滑坡一般指滑坡体厚度超过 30m 以上的滑坡。

6. 按滑坡形成的年代分类

在一些规模相对比较大的工程中，经常会遇到所建设的区域内历史上曾经发生过其他的地质灾害。因此，工程技术人员有时还按滑坡发生的年代划分滑坡类型。其主要的类别为古滑坡和活滑坡。

（1）古滑坡

该斜坡在历史上发生过岩土体的失稳现象，或者说曾经发生过滑坡。斜坡中还能依稀发现某些典型的滑坡形态特征。由于历史上曾经发生过滑坡，因此这部分岩体再次发生滑坡的可能性较大。为了进一步掌握这部分岩土体的稳定性，可将这部分岩土体分成死滑坡和现处于极限平衡状态的滑坡。

1）死滑坡

此时的斜坡是处在稳定状态，没有再次发生滑坡的迹象。但仍要引起足够的重视，尤其是当改变了环境条件，如斜坡体的开挖破坏了原有力的平衡、采用不当的施工施工方式等，很有可能诱发滑坡再次发生。

2）现处于极限平衡状态的滑坡

由于先前发生了滑坡，在地质环境或其他诱发因素等作用下，使得此时的边坡处在极限平衡状态，岩土体按其受力条件进行理论分析其稳定系数为 1 或者稍大于 1，处在极限平衡状态。若某种因素稍有改变，这些因素包括施工不当、降雨或者地震等，边坡将再次诱发成滑坡。

（2）活滑坡

活滑坡是指目前仍然处在滑动状态的边坡。与处于极限平衡状态的滑坡不同，此时边坡岩土体按其受力条件进行理论分析，其稳定系数小于 1 或者接近于 1，边坡处在滑坡变形的某个相对比较明显的阶段，即使保持现有的地质环境等条件，边坡仍处在不稳定状态，迟早会再次下滑而形成滑坡。

7. 按滑动面的形态特征分类

滑坡中滑动面的形态特征是分析评价其稳定性极为重要的因素。滑动面的形状和滑动面的深浅不仅对边坡的稳定性评价有着举足轻重的作用，同时也决定着如何确定滑坡加固措施更合理更经济。

对于土质边坡而言，其滑动面的形态特征相对比较简单，从理论和工程实践中都已有了公认，即滑动面呈圆弧状。而岩质边坡的滑动面的形态特征比较复杂，它将取决于组成边坡体的岩性成分和边坡体所处地区的地质构造和结构面的发育程度。岩质边坡的滑动面可以是平面形、楔形体形、圆弧形以及由前几种特征综合而成的类型。

（1）平面形滑坡

平面形滑坡是指岩土体沿着某个单一的结构面产生向下滑动的滑坡，如图 2-4（a）所示。此类滑坡大都出现在岩质边坡中，而滑动面通常是岩体中发育的规模较大的结构面，如岩体的层面或者软弱夹层。在实际工程中，岩质滑坡整个滑动面都呈平面状态，而破坏相对比较少见，沿着一条结构面形成的平面发生滑动也是不多见的。原因是在成岩过程中的地质环境的变化以及后期所受到地质构造作用，使得岩体中的结构面的空间分布特征和力学特性相对并不均匀一致。因此，对于产生平面破坏的边坡而言，其所需要的全部几何条件和力学条件集中出现在实际边坡中的一个破坏面也仅偶尔存在。当然，在实际工程中，对类似的边坡进行稳定性分析时，为了分析方便，通常将其假定为一个完整的平面，如图2-4（b）所示。在实际的工程中，平面形滑坡的两侧是一个有限的宽度，控制两侧的边界应该是强度较低的岩体，或者仅起到切割作用的结构面组成，如图2-4（c）所示。

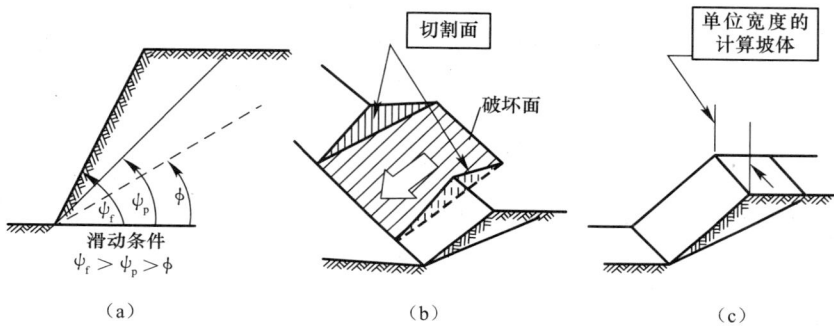

图 2-4　平面型滑坡

（2）双滑动面滑坡

双滑动面滑坡又可称为楔形体滑坡，如图2-5中W_1和W_2所示。它一般由两组规模较大的结构面将边坡坡体切割成一个楔形体，由于两组结构面的抗滑力小于楔形体的下滑力而产生滑动，楔形体将沿着两组结构面滑动，而其滑动方向取决于两组结构面的组合交线。双滑动面滑坡在岩质边坡中是常见的滑坡之一。双滑动面滑坡的规模大小受到组成滑动面的结构面规模大小以及边坡的高度等影响，常见的该滑坡规模不是很大。

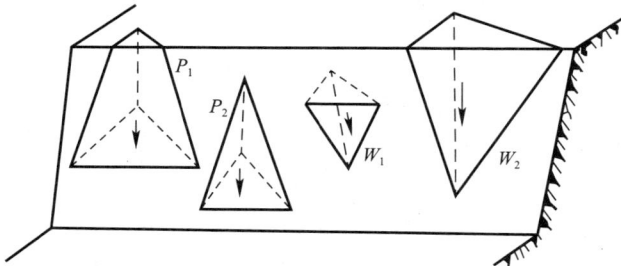

图 2-5　双滑动面及多滑动面滑坡示意图

W_1、W_2-双滑动面滑坡；P_1、P_2-多滑动面滑坡

（3）多滑动面滑坡

多滑动面滑坡产生的原因与双滑动面相同，只是其滑动体是经多组结构面的切割而形成，如图2-5中P_1和P_2所示。由于多组结构面的切割滑坡体

的体积相对比较小，所造成的危害也不是很大。

（4）圆弧滑动面滑坡

在上一小节中曾经介绍，若在均质坡体的边坡中发生滑坡的话，其滑动面呈圆弧状。土体和以碎块体组成的边坡，由于不存在明显的结构面或者岩层的层面，此时，依据剪切破坏将沿着岩土体中剪切抵抗最小的部位发生，通常认为该滑坡所产生的滑动面呈圆弧状。也有专家认为，在形成滑坡的瞬时，即使是岩质边坡其坡体介质都将达到极限状态而使岩体破碎，此时所形成的滑坡的滑动面在很大程度上为圆弧状。

（5）组合滑动面滑坡

在现实中，一些深层、超深层滑坡和大型、巨型滑坡的滑动面大都是由上述多种滑动面的形态特征组合而成。根据边坡的地质条件，可能最先产生的滑坡是由结构面的切割所引起的，之后诱发产生了更大规模岩土体一起滑动，此时的滑动面很可能呈圆弧状。这类滑坡体体积大，滑动时所释放的能量大，因此所造成的危害也特别严重。

无论是哪种类型的滑坡，由于从不同的角度描述了其形态特征，分析和掌握滑坡的这些重要特征，如其体积的大小、滑动面的深浅、滑坡体的受力条件等，对于深入分析滑坡的稳定性，依据这些特征，提出合理的施工方案，设计具有针对性的整治措施都具有十分重要的意义。

2.2.1.3　滑坡的变形特征

边坡的破坏从总体上进行分析不外乎两大条件：组成边坡坡体介质的强度过低，使得边坡没有足够的剪切抵抗能力阻止坡体在自重作用下向下滑动；由于众多的外界因素，使得边坡的坡体失去了原有的应力平衡，而产生向下的滑动。对于各类边坡破坏，除了所具有上述的共性之外，由于边坡所处地区的地形、地貌、地质条件、气候条件、施工方式、所建设的工程特点等个性特征的不同，将产生不同的滑坡灾害。因此，全面掌握各类滑坡破坏的机理，不仅对破坏后边坡灾害的治理有着极为重要的帮助，更重要的是通过对于边坡区域的地质勘探，综合分析未发生边坡灾害区域的各种因素，研究计算这些边坡的稳定性以及可能发生的滑坡灾害类型，结合所建设工程的特点，采取合理的施工方式和加固措施，最大限度地避免工程建设地区滑坡灾害的发生，以保证工程既安全又经济的顺利完成。

就滑坡灾害而言，它的发生并不是一蹴而就，它经过了产生、发展、消亡的一个相对比较漫长、逐步累积的过程，是动态的而不是静态的过程。在滑坡灾害发展变化的过程中，边坡体的变形成其最重要的载体。研究滑坡产生的机理，就应该研究滑坡的变形特征和发展变化过程，这不仅是为了认识它的基本规律，更重要的是为了有效预防和治理滑坡。很显然，了解了滑坡变形特征，就可以掌握滑坡发生的机理，进一步针对滑坡所处的不同变形阶段，采取不同的预防和治理措施。

借鉴国内外的研究成果，可将滑坡的变形特征分为蠕动阶段、挤压阶段、滑动阶段、剧滑阶段和稳定压密阶段五个不同性质的阶段。

1. 蠕动阶段

地处一定地质结构作用下的斜坡，由于河流冲刷、人工开挖或其他因素所造成边坡下部的支撑失去平衡，或者边坡的上部由于种种因素使得荷载增大，或者因地下水和地表水的作用降低了岩体的强度，或者由于地震作用使边坡体内产生了较大的水平力等，造成了岩体内部应力的变化，使得斜坡的中下部产生应力集中。而应力集中相对比较大的部位常常发生在可能产生滑坡坡体的下部，当这部分坡体的剪应力超过该处岩土体的抗剪强度时，将产生缓慢的塑性变形，同时，岩土体因长期的应力作用而产生蠕变。此阶段，可能滑动的滑体中部、前缘及两侧均无明显变形迹象。所谓蠕动，实际上主要指将要滑动的滑体的主滑动带上岩土体的蠕动变形。滑坡虽然局部变形，但整体稳定系数应该是满足要求的，基本上大于 1.0。

2. 挤压阶段

当蠕动变形不断累积，滑坡体的后缘出现拉裂缝之后，为地表水的灌入和下渗提供了良好的通道，并不断软化岩土体的抗剪强度，使得中上部的岩土体向前移动共同推挤抗滑段滑体，后缘的拉裂缝向滑体两侧延伸张开加大，在上部岩土体向下变形的过程中，滑体上部两侧出现羽毛状张裂缝，呈雁行排列，同时因受挤压而出现大致平行主滑方向的放射状张裂缝，并出现垂直主滑方向的鼓胀裂缝。因前缘受挤压，裂缝增多，使渗入岩体的地下水溢出量增大，滑坡抗滑段滑面逐渐形成，其滑动面或在边坡坡脚，或在边坡上，或在坡脚以外断续出现，逐渐连通。滑坡两侧裂缝向下延伸与剪出口裂缝连通，但无明显下错。滑坡体表现为中上部下沉和向前平移，而前缘以上升为主。此时，整个斜坡的稳定系数仍处在极限或者可能稍大于 1.0。

蠕动和挤压阶段可以延续几个月，几年，甚至几十年，随滑坡地质条件和作用因素的变化而不同。处在蠕动和挤压阶段的斜坡不一定发展到滑动阶段而破坏，应该说这是滑坡预防和治理最佳利用的阶段。

3. 滑动阶段

当抗滑段滑动面全部形成和贯通之后，抗滑面失去抗滑能力，滑坡即进入整体滑动阶段，此时滑坡真正形成。滑体上、中、下部滑移速度呈现为同一数量级。滑坡后缘下沉增大，滑坡后壁增高，滑体两侧壁逐渐显现，羽毛状裂缝被侧壁剪切裂缝错断。滑坡前缘滑出滑坡剪出口而形成滑坡舌，滑坡前缘部分地面隆起成鼓丘。整个滑坡重心降低，坡度变缓。

随着滑动距离的增加，滑动面上的抗剪强度由其峰值强度逐渐转变为残余强度，阻滑力减小，滑坡会加速滑动而进入剧滑破坏阶段。

4. 剧滑阶段

滑坡开始整体滑动后，经匀速滑动，滑坡进入剧滑破坏阶段，滑坡将产生较快的速度，滑移较大的距离。此时，滑坡的各个特征都将出现，滑体后部急剧下沉，原地面出现陷落洼地（滑坡湖）和反坡平台，后缘形成较高的滑坡陡壁，陡壁上可见新鲜的滑动擦痕。由于滑坡体产生较大的位移，其前缘脱离原滑床覆盖在前方地面上形成滑坡舌，滑坡前缘中部的岩体因受阻而隆起升高；同时，由于滑动过程中部分地下水被排出而形成湿地，滑坡侧壁形成，两侧壁与后壁连通，滑坡体上部高而中部较低，滑坡体重心大大降低，坡度变缓，滑体上出现各种类型的裂缝。

5. 稳定压密阶段

随着滑体前缘滑出原滑床，重心降低及滑动中排出部分地下水，减小了滑动面上的孔隙水压力，此时，滑坡体的阻滑力逐渐增大，最终滑坡体停止滑动，完成了由加速、等速、减速、停止这一完整的滑动过程。滑动体稳定后，根据滑坡的区域地质条件和环境的特点，有可能重复上述周期性滑动过程，它只是滑动过程中的一个循环，并不改变滑动的性质；而永久稳定者，大都为滑坡大滑动后滑体脱离原滑床而解体，不再具备滑动条件，从力学上分析即抗滑力远大于下滑力，且一些主要的诱发滑坡因素（如河流冲刷、人工开挖等）也不再起作用，或人为的工程措施改变了抗滑力和下滑力的关系。

掌握滑坡发生的变形规律，了解各个不同变形阶段的特性，就可以充分利用滑坡发生前的有利时机预防其发生，完全可以做到事倍功半的效果，也是滑坡要"早治、小治"的根本原因。

2.2.1.4 滑坡形成的机理

由于滑坡的类型不同，产生滑坡的机理也有所不同。归纳分析滑坡形成的机理时可以发现，只要掌握了按滑动面特征形成的滑坡规律和滑坡产生的力学特征，即可对滑坡的形成机理有一个全面的了解。

据此，按不同滑动面特征可以分成五种不同的滑动机理：单一滑动面、双滑动面、多滑动面、组合型滑动面和圆弧形滑动面等。

1. 单一滑动面的滑动机理

对于单一滑动面的滑坡，通常在被简化后采用图 2-6 所确定的模式，包括在进行力学稳定性分析时也采用这个模型。这个简单的二维边坡破坏模式在力学研究中可以加入许多有价值的、表现各种特征的条件，尤其是对于说明边坡随抗剪强度和地下水作用变化而变化的特征，简洁、明了，非常实用。当然，在分析讨论这种单一滑动面的滑动破坏机理时，利用这个模式也能够达到言简意赅的效果。

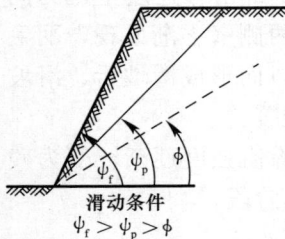

从滑动机理上分析，产生沿单一平面滑动，必须同时满足力学条件和几何条件。几何条件主要取决于作为滑动面所表现出的空间分布特征以及与边坡坡面之间的空间关系，具体表述如下：

(1) 滑动面的走向必须与边坡坡面的走向相等或接近平行（两个面的走向或倾向的夹角约在 $\pm20°$ 的范围之内）。

滑动条件
$\psi_f > \psi_p > \phi$

图 2-6 单一滑动面的滑坡

(2) 作为滑动面的平面必须在边坡面露出，就是说该滑动面的倾角必须小于边坡坡角，即 $\phi_f > \phi_p$，其中 ϕ_f 为边坡的坡角，ϕ_p 为滑动面的倾角。

(3) 岩体中还应存在着对于滑动具有很小阻力的其他结构面，这些结构面的存在限制了滑坡体的侧面边界。另一种可能的情况是，滑动破坏发生在切穿边坡的凸出部位，类似于"鼻部"状态的地形。

作为产生单一滑动面滑动的几何条件的原因是保证滑坡体在空间上能够自由地滑动，不受到相邻岩体的阻碍，或者受到很小的阻碍。上述几何条件中两个面的走向或倾向的夹角约在±20°的范围之内的限制，就是表达了这一含义。因为这两个面的夹角太大，可能会造成部分岩体的滑动面不在边坡坡面上出露，而插入到坡角以下的岩体中，这将在很大程度上阻止滑坡的发生。

对于产生单一滑动面滑动的力学机理可以简单地用滑动面的倾角与该滑动面的抗剪强度参数中的内摩擦角来加以表述：破坏面的倾角大于该面的内摩擦角，即 $\phi_p > \phi_0$，其中 ϕ_0 为滑动面的内摩擦角。

力学机理的分析是通过稳定性计算中抗滑力和下滑力之间的关系推演而得。这一简单的力学原理可能只会出现在单一滑动面滑动的机理分析中。其他的滑动机理分析，由于受力条件的复杂性，无法得出类似简洁的结论。

2. 双滑动面的滑动机理

类似于单一滑动面滑动的机理分析，也可将其产生沿双滑动面滑动的机理分解为几何条件和力学条件，由于力学条件的变化可能有众多的因素相联系，这部分内容将在产生滑坡的影响因素一节中详细介绍，本节只涉及引起滑动的最终力学条件。

根据双滑动面滑动的定义可知道，它与单一滑动面滑动的区别在于边坡坡体中发育着两组相互斜交的结构面，此时的滑坡体是被结构面切割而形成的岩体，且这部分岩体将沿这两个结构面所组成的滑动面滑动，滑动方向取决于两个结构面交线的倾向方向。同样可以通过两个结构面的几何条件和力学条件来分析其产生滑动的机理。

首先分析结构面的空间分布特征对于产生滑动有关几何的先决条件：

（1）两个滑动面的走向之间的夹角不能太小，该两个面的走向夹角通常大于20°（夹角一般是指两组结构面相对比较接近的方位角的差），且必须在边坡坡体上相交（参见图2-7a）。

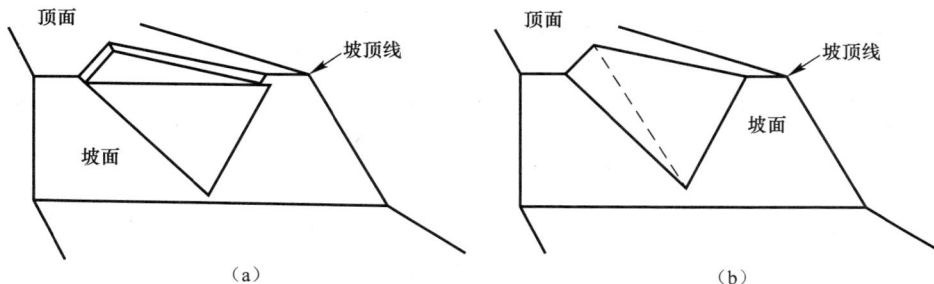

图 2-7 双滑动面的滑动机理分析图

（a）双滑动面滑动体；（b）双滑动面的组合交线

（2）作为滑动面的两组结构面必须在边坡面露出，至少部分结构面在边坡面上出露，且两组结构面的交线也必须在边坡面出露，就是说该滑动体滑动方向交线的倾角必须小于边坡坡面的倾角（参见图 2-7b）。

双滑动面沿着两个滑动面滑动，且其下滑力和抗滑力将受到这两组结构面的产状以及该产状与边坡坡面之间夹角的影响，包括两个结构面所产生剪切抵抗与剪切面积的大小等内在的因素而发生变化。因此，其力学机理的分析无法简单地采用内摩擦角的大小加以分析，只能从边坡稳定性的概念上得出结论，即此时作用在滑动面上的下滑力必须大于抗滑力。

3. 多滑动面的滑动机理

多滑动面的边坡产生滑动机理实质上是单一滑动面和双滑动面组合而形成的滑动机理。因此，其滑动机理无外乎是这两种的组合，在某种情况下一单一滑动面为主，在另外的状态下又以双滑动面为主，甚至在某种情况下滑动面表现为折线的形态特征（在岩质边坡的稳定性计算中的常用法之一）。如图 2-5 中的 P_1 和 P_2 为多滑动面组成的块体，能否形成该类滑动，同样取决于结构面的产状，其产生的机理可以借鉴单一滑动面和双滑动面的滑动机理，不再赘述。

4. 组合滑动面的滑动机理

由于自然界中各种条件不是一成不变的，因此，在千变万化的地形、地质构造、地层岩性和气候环境等因素的综合下，形成了比较特殊的组合滑动面。组合滑动面的滑动机理其实质是其余四种类型的滑动机理组合而成。若其中某一因素相对比较突出，就可能成为主导的特征，而其他的因素将表现为从属的地位。同样其机理的分析，可以参照其余四种类型，不再赘述。

5. 圆弧形滑动面滑动机理

前面已经介绍了岩质边坡的破坏是受地质特征、岩体中发育的不连续体的层面和结构面等所控制的。在这些情况下，破坏的方式一般是沿着一个或多个结构面而产生滑动。如果是在土质和碎石块体所组成的堆积体或者岩体中结构面极为不发育地层中，就不会产生明显的平面型滑动面。因次，在此类岩土体中所产生的滑动面将会按照自然界中的规律，无约束地寻找岩土体中最小阻力线穿过边坡。通过大量岩土体边坡破坏观察，可以得出这种滑动面通常是圆弧形（参见图 2-8），因而大多数此类边坡的稳定性分析理论，都是将其滑动面推测为圆弧形并按此形状评价边坡的稳定性。

圆弧形滑动面滑动机理分析与上述多种滑动机理的特征有着明显的不同，其主要特征表现为滑坡体的介质为均质岩土体，滑动面的形成将沿着岩土体中最弱的抗剪强度发生，滑动面在边坡面上的出露位置并不是完全确定的。根据现有圆弧滑动面稳定性评价的理论，有两种方法可确定滑动面在岩土体中的出露位

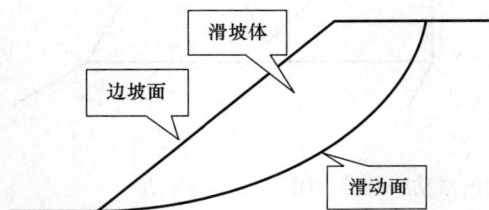

图 2-8 圆弧滑动面的滑动机理分析图

置：一是假定边坡的坡脚为其滑动面的固定位置，此类假定大都在岩质边坡中采用；另一种是采用搜索法来计算不同圆弧滑动面的安全系数，以其中最小安全系数所对应的滑动面为可能失稳的滑动面，此时其滑动面的出露位置往往不在边坡面上，这种评价边坡稳定性的方法是目前均质体中最为常用的方法。

2.2.1.5 产生滑坡的主要影响因素分析

边坡的破坏是由于各种自然条件和施工过程中不合理的施工顺序及方法等综合作用下所发生的。因此，了解各种因素对边坡稳定性的影响，掌握产生滑坡的基本规律，才使得在工程建设中，通过理论分析，并在工程施工过程中采取合理的措施有效地避免滑坡发生，即使滑坡在一些不可抗力作用下已经发生，也能通过影响因素的研究，以最小的整治措施确保边坡的稳定。

通常将引起斜坡岩土体失稳的因素称为影响滑坡的因素。通过对大量滑坡的总结归纳，引起滑坡的因素主要包括岩性、构造、斜坡外形、大气降水和地下水、地震和由于工程施工而产生的人为因素等方面。这些因素可使斜坡改变外形、岩土体强度劣化、改变原有岩土体的应力平衡条件以及增加附加荷载等而导致滑坡的发生。

影响滑坡的主要因素可以归结为以下几点：

1. 岩性

岩性主要是指组成边坡岩土体的介质。根据产生滑坡的机理可以清楚地知道其力学条件可以归结为作用在滑动面上总的下滑力大于抗滑力。因此组成边坡岩体的抗剪强度特征起着举足轻重的作用。岩体的抗剪强度高所产生的抗滑力大，不易产生滑坡，而强度低的岩体产生滑坡的可能性就非常大。因此，黏质土、黄土和黄土类土、山坡堆积碎石、风化岩以及遇水易膨胀和软化的土层，是最易发出滑坡的介质。此外，还有一些强度很低的软岩，其代表性的岩性有页岩、泥岩和泥灰岩、千枚岩以及风化凝灰岩等，包括易亲水软化的岩性都是容易发生滑坡的岩性。

2. 地质构造

地质构造是影响因素中最为广泛的因素，由于长期的地质作用，在成岩和构造运动的过程中，将遗留下许多构造行迹。这些构造行迹有的造成岩体破碎强度降低，有的形成一个平面将岩体切割成一些块体而产生沿这些平面的滑动。因此，在工程建设的区域内地质构造的发育情况也在很大程度上影响边坡内滑坡的产生。影响滑坡产生的主要地质构造有以下诸点：

（1）结构面

结构面是最为常见地质构造所造成的影响，它通常形成了岩层的层面（严格意义上讲，层面是成岩过程中形成的，不属地质构造的遗留行迹）、节理、断层、片理、软弱夹层等一些力学上的不连续面。如果这些不连续面的发育程度很严重、规模很大或其延伸长度很长，往往会破坏岩体的完整性，使岩体破碎，加之岩体的抗剪强度很低，很容易产生滑坡。上述各类滑动机理中除了圆弧面滑动以外，都将沿着这些不连续面产生滑坡破坏。

（2）褶皱

地质构造中的向斜和背斜对于边坡稳定性的直接影响并不明显，而是由于在向斜和背斜的形成过程中岩体受到很大的挤压，造成岩体破碎将大幅度地降低其强度，使岩体容易产生滑动破坏。

（3）地震

在一些地震频发地区的岩质边坡，不仅在发生地震时，边坡会产生附加的应力作用，而且由于地震的作用使得地壳运动而形成了不同程度的岩体松动，很大程度上将降低岩体的完整性以及抗剪强度而产生滑坡。在土质边坡中，由于地震作用，斜坡岩土体结构破坏，使得粉砂层液化，从而降低岩土体抗剪强度；同样，地震波在土体内传递，使岩土体承受地震惯性力，增加滑坡体的下滑力，促进滑坡的发生。

3. 地形地貌

地壳运动形成了高原、丘陵、平原等不同特征的地形地貌。由于山体被地形的切割而形成边坡，边坡的存在使滑动面有可能在其前缘临空面处出露，这是大部分滑坡产生的先决条件。同时，边坡面不同高度、坡度、形状等特征要素可使斜坡内岩土体中的应力状态变化，形成关键部位的应力集中，进而导致边坡失稳。当边坡斜坡愈陡、高度愈大以及边坡斜坡中上部突起而下部凹进且坡脚无抗滑地形时，滑坡是比较容易发生的。

4. 地下水和地表降雨

众所周知，通过水的浸泡可使岩土软化，强度明显降低，而在水的侵蚀蒸发反复作用下岩土体加速风化，其强度降低。地表水作用下使坡脚遭受侵蚀冲刷，大雨量还会突然增加岩土体的自重，地下水位上升和下降还可软化岩土体、增大水力坡度、提高水压力，促使滑坡发生。有人总结了"大雨大滑、小雨小滑、无雨不滑"的特点，充分说明了水对诱发滑坡的作用。

5. 人为因素

在工程建设中边坡稳定性在很大程度上还会受到人为因素的影响，许多边坡正是由于在施工中采取了不合理的顺序或者方法，造成了坡体失稳。因此，在边坡施工中结合工程地质条件，提出合理的边坡施工顺序，采取能确保边坡稳定的施工方法，是整个工程建设极为重要的保障。

合理的施工顺序是为了防止岩土体开挖后，可能会引起坡脚处由于支撑力的失去而促使边坡失稳的问题。一般的边坡工程先从斜坡的上部进行加固措施的施工，并逐渐向下施工以保证岩土体的稳定，但有些工程采取大量的支挡结构时，必须先完成坡脚处工程，再逐渐开挖，支挡结构的施工不能同时全面铺开，通常采用跳格进行的方式，以避免失去的支撑力过大而产生滑坡。当然，在施工条件允许的情况下，采用上下结合的方式也是可取的，其前提是保证坡脚具有足够的抗滑力。

施工的方法也会对边坡的稳定产生较大的影响，尤其是施工方法不当，整治措施未到位，都有可能会促使边坡失稳。开挖是边坡工程中极为重要的环节，首先要控制开挖的速度，合理地利用岩土体自身的承载能力，使得支撑力始终满足要求。对于岩质边坡，一般采取爆破的方式开挖，此时应采用可控的爆破量，以达到既能满足开挖进度的要求，又能够保证岩体具有一定的完整性。此外，各类加固措施必须做到位，避免产生隐患。如挡土墙的基础必须设置在滑动面下面；不要采用过多的破坏地表覆盖物的方法，否则会引起地表水下渗增强；尽可能利用自然排水系统；排水设备布置不当，泄水断面大小不合理都将引起排水不畅，漫溢乱流，使坡体水量增加；不能在边坡上方任意堆填岩土方或者兴建工程，这些都将产生附加的荷载，增加边坡的下滑力，破坏原有边坡的力学条件而促使边坡失稳。

在工程中产生滑坡的因素错综复杂，是上述各因素的综合体现。因此，在分析滑坡的影响因素时，必须结合实际工程的特点、该地区的地形地貌特征、所建区域的工程地质条件以及施工队伍的实际情况，正确地寻找主要的影响因素，以便设计合理、科学、经济的加固措施。

2.2.2 崩塌

在边坡工程中另一种经常发生的灾害就是崩塌。崩塌是指陡峻的斜坡上一些大块的或者巨大的岩块在自重和外力的作用下，突然顺着山坡滑落或者崩落，岩块猛烈翻滚跳跃，并发生互相撞击，崩塌后，变形体各部分的相对位置紊乱，较小的块体翻滚较近，较大的块体翻滚较远，最终破碎岩块堆积在坡脚处的现象。此外，一些规模较小的崩塌被称作落石。落石是指在悬崖或陡坡上，个别岩块（有时伴随若干小块）在自重和外力的作用下，突然脱离母岩（土）体而急剧下落。其性质与崩塌相似，唯其规模较小，由此形成对工程的危害也要小于崩塌所带来的影响。

自然界中还存在着一种岩土体失稳的现象，其介于滑坡和崩塌之间，通常被称为坍塌。坍塌系指边坡的坡度大于堆积岩体所能维持的天然休止角而产生的破坏现象，坍塌之后的边坡岩体稳定与否，取决于边坡坡度与岩体的天然休止角是否相适应。坍塌现象大都发生在土质、土夹石、严重风化破碎的变质岩区段或岩堆体组成的陡峭边坡上。坍塌发生的机理与滑坡基本相同，发生的时间要比形成崩塌的时间稍长，开始在上部产生张裂缝且逐渐发展扩大，在坍塌之前的坍塌体周围，尤其是陡坎处首先产生一批坍落岩土体，进而在坍塌体下缘凸起形成小批坍塌或落石，随之岩土体沿边坡急剧坍塌，下落的岩土体堆积在坡脚处。崩塌和坍塌这两类病害，既有相似的地方，也有不同之处。就其病害发生前的症状，崩塌和坍塌在发生之前，都必须先出现裂缝；就其变形特征，崩塌和坍塌都具有急剧位移的特点；就其病害发生过程中的运动形式，崩塌在运动过程中，岩土块体主要呈急剧倾倒、翻滚、跳跃互相撞击的状态；而坍塌在运动过程中，岩土体主要是顺着边坡急剧地下推。因为崩塌和坍塌发生的原因和整治措施基本相同，且都具有急剧变位的特点，可以将崩塌和坍塌归属于同一类型的病害。但是，从严格的理论上来说，因为崩塌和坍塌在运动过程中，具有不同的运动形式，所以将坍塌单独列为一种路基病害更为适宜。本教材将其归入崩塌的范畴内，不再作为特殊的灾害叙述。

2.2.2.1　崩塌的形态特征

崩塌的形态，与滑坡不一样，没有很多容易辨别的特征。根据定义可知其基本的特征是：山体边坡为陡坡，坡脚下堆积着大小不一的岩土体。从崩塌发生的过程，可以总结出相应的特征有如下四点：

（1）崩塌的发生过程是快速的，岩土体的运动是猛烈的翻滚，并相互撞击。

（2）崩塌不一定会产生沿滑动面的运动。

（3）崩塌发生后岩土体由于互相撞击而完全破坏，形成碎块体。

（4）一般的崩塌体其垂直位移要大于水平位移。

这四个特点与滑坡的特征相比，有着明显的不同。滑坡发生的全过程一般比较缓慢，要经过 5 个变形阶段，而崩塌的要点是其重心偏出几何形心；滑坡最终将沿着滑动面滑动，而崩塌不存在明显的滑动面；滑坡发生后岩土体多数将保持原有的完整性，而崩塌后的岩土体大部分成为碎块体；滑坡体的水平位移要大于垂直位移，而崩塌的垂直位移要大于水平位移。

2.2.2.2　崩塌类型的划分

由于地质条件、地形特征的不同，崩塌具有很多特殊的形态特征，从不同的角度分析，可将其划分成不同的类型。人们可依据不同类型崩塌的特征，有的放矢地采取相应的措施，预防和阻止这类灾害的发生。

1. 崩塌的种类

（1）按崩塌发生的地点划分

1）山崩：处在山地的岩土体由于种种原因而造成的崩塌。

2）岸崩：主要是由于水流的冲刷作用，使得坡岸被掏空，加上地形的陡峭而造成的崩塌。这类崩塌，常发生在具有深切割地形的沿河公路或水库岸边；在海边，也会因波浪对海岸的冲击而造成破坏，这些都是崩塌的多发地点。

（2）按崩塌体介质特征划分

1）岩层崩塌：崩塌体都是由岩体组成。

2）土体崩塌：崩塌体都是由土体组成。

3）混合体崩塌：崩塌体是由岩体和土体混合组成。

4）雪崩：崩塌体都是由雪组成，这是一种特殊的崩塌现象，在一般的工程中很少会遇到雪崩灾害。

（3）按崩塌变形发展模式划分

崩塌是在地质条件、环境气候、自然营力以及各种人为因素的综合作用下而形成。从一个完整的岩土体，最后发生崩塌破坏，其中必定有一个孕育的过程。在这个过程中可以说岩土体的变形是整个崩塌发展的关键。由于崩塌在岩性、结构面特征、地貌、岩土体的受力状态、岩土体的起始运动形式、产生岩土体失稳的主要因素等方面的不同，最终发展成不同的崩塌模式。其模式主要有 5 种类型：

1) 倾倒式崩塌；

2) 滑移式崩塌；

3) 鼓胀式崩塌；

4) 拉裂式崩塌；

5) 错断式崩塌。

这5种崩塌模式的岩性特征、结构面形态、产生的主要因素，参见表2-1中的详细描述。

按崩塌变形发展模式划分的主要特征

表2-1

主要 特征 类型	岩性	结构面	地貌	崩塌体形状	受力条件	起始运动 形式	失稳主要 因素
倾倒式 崩塌	黄土、石灰岩及其他直立岩层	垂直节理、柱状节理、直立岩层	峡谷、直立岸坡、悬崖等	板状、长柱状	主要受倾覆力矩的作用	倾倒	静水和动水压力、地震作用、重力
滑移式 崩塌	多为软硬相间的岩层，如石灰岩夹薄层页岩	顺坡向节理（滑动形式可能是平面、楔形、弧形）	陡坡，坡角通常大于55°	板状、长柱状、楔形、圆柱状等各种组合形状	滑移面主要受剪切力作用	滑移	静水和动水压力、重力
鼓胀式崩塌	直立的黄土、黏土或坚硬岩石下有较厚软岩层	上部为垂直节理、柱状节理，下部为水平节理	陡坡	岩体组成的高大块体	下部软弱岩体受垂直挤压作用	鼓胀、滑移、倾斜，伴有下沉	重力和水的软化作用
拉裂式崩塌	多见于软硬相间的岩层	风化节理和重力拉张节理	上部突出的悬崖	由上部岩体组成的块体	受拉张力的作用	拉裂	重力
错断式崩塌	坚硬的岩层或黄土	垂直节理发育，通常无顺坡向节理	大于45°的陡坡	多为板状、长柱状	自重产生的剪切力	错断	重力

（4）按软弱面的特征、形状及其崩塌发生的原因划分

1）沿断层或软弱夹层的崩塌

断层是由于地质构造运动而遗留在岩体中的构造行迹，其断裂面的两侧岩体会受到强烈的挤压，而形成一定厚度的断层破碎带，这是山体中固有的软弱面之一。如图2-9所示为典型的沿断层崩塌示意图。

此外，由于岩体受拉断裂，后期充填着大量风化破碎的岩屑或者岩层中夹着相对强度比较低且为薄层的岩层，当遇到强烈的风化作用时，同样也将成为岩体中的软弱面。当这些断层、软弱夹层的走向大致平行线路，且倾向朝着建设的线路，倾角又较大时，在上覆岩层很厚且节理发育的情况下，坡

35

脚支撑部分一旦遭到破坏，极易形成大型崩塌。

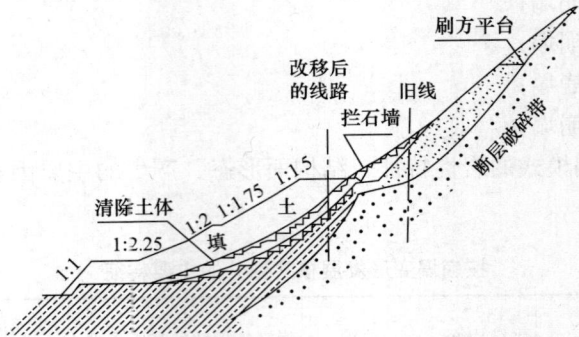

图 2-9　典型的沿断层崩塌示意图

2）沿完整节理面（层理面、片理面）的崩塌

当节理面（层理面、片理面）倾向与坡向一致，且倾角相对角大时，此类边坡往往由于开挖的顺序错误，不能保证上部岩体的稳定而先开始下部的开挖，形成所谓"断脚节理"破坏山体平衡而产生崩塌，如图 2-10 所示。

此外，如果岩体中存在着一组共轭剪切节理，即常说的 X 节理时，同样由于先在坡脚的开挖，也会造成崩塌的发生。该类型崩塌的主要特征是共轭节理组合交线的倾角相对较陡，且岩体比较破碎，如图 2-11 所示。

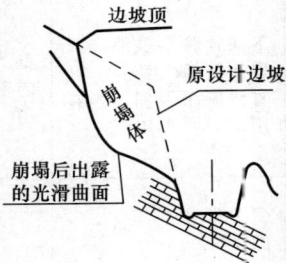

图 2-10　沿节理面崩塌示意图

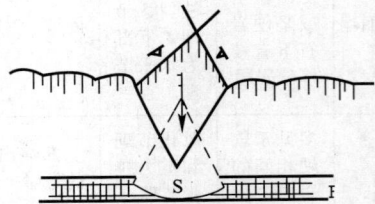

图 2-11　共轭节理造成的崩塌示意图

3）被多组节理切割的崩塌

当岩层被多组节理切割，此时岩体可能会被三组或三组以上的节理切割成楔形体、菱形体、矩形体以及不规则的块体。同样在岩体的自重和一些外部的条件促使产生崩塌，其中基本的条件是至少存在着一组以上的节理其倾向与边坡的倾向一致。此时所形成的崩塌面是由几组节理面所构成的折线或曲线组成，如图 2-12 所示。

这类崩塌多发生在片岩、辉长岩、辉绿岩、花岗岩、片麻岩、石灰岩区段，且被多组节理切割的岩层中。这类崩塌往往会多次发生，每次崩塌的数量，与节理分布密度有关。

4）覆盖层或风化层沿较完整基岩面的崩塌

在深切割的沟谷两岸山坡陡峻，且基岩面倾角较大，覆盖于新鲜岩层之上的强风化、全风化层或者颗粒状的覆盖层，在坡脚处的支撑失去平衡，易

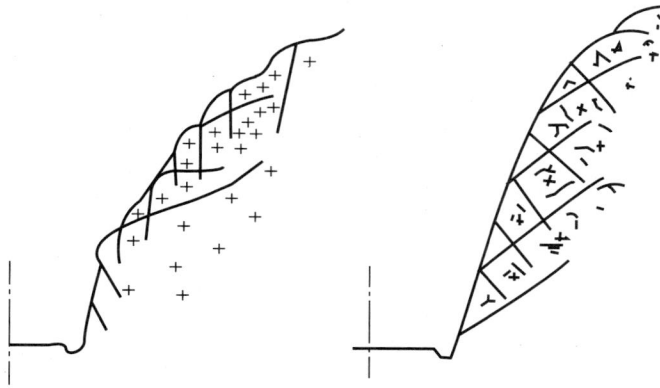

图 2-12　多组结构面切割形成的崩塌体示意图

于形成疏松岩土体沿较完整的基岩面产生的大型崩塌（如图 2-13）。崩塌体的体积与风化层和覆盖层的厚度以及边坡坡面高度有关。由于风化层或者覆盖层岩土体与基岩面的剪切强度不同，这类崩塌可能一次性完全完成，也可能经过多次崩塌完成。通常，此类崩塌最终的崩塌面往往会延伸到坡顶。产生该类崩塌的原因主要有：开挖了坡脚，破坏了山体平衡；或者在工程建设中采取了某种施工方式削弱了原有山体的稳定；或者边坡坡角设计过陡；或者雨期大量的地表水下渗，增加了疏松体自重，降低了土的 c、ϕ 值等。另外，当完整岩层面较陡，其上部同时存在着风化层和较厚的覆盖层时，由于边坡坡面设计过陡，易于先形成覆盖层的崩塌，之后，若进一步发展，也可能形成风化层沿较完整基岩面的崩塌，产生多次崩塌的现象，如图 2-14 所示。

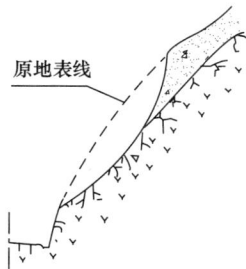

图 2-13　覆盖层沿较完整
基岩面崩塌示意图

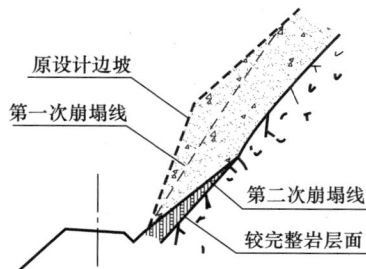

图 2-14　覆盖层多次崩塌示意图

5）沿垂直节理产生的崩塌

具有垂直构造节理的黄土、玄武岩等边坡，极容易发生沿垂直节理的崩塌。一般岩土体开挖完成后，由于岩体失去了原有的支撑而向临空面产生变形，加上由于岩土体中所发育的水平节理，当岩体的重心偏出了其形心的位置，最终将产生崩塌。由于垂直节理的不断发展，经过一定时间的酝酿，又可能形成新的崩塌。因此，这是高边坡必须加以重视的要点之一。

6）探头式崩塌

探头式崩塌主要是因岩体中软硬岩互层（如石灰岩夹页岩、砂岩夹页岩等)，软岩层置于底层的地层中发生的崩塌。由于软岩层风化速度较快，上部较为坚硬的岩体很少受到风化作用的影响，边坡面形成了局部内凹的形态，被称为探头（或人工开挖不当，形成探头）形态。当上部硬岩层因节理切割或其他原因，承受不了自身的剪力时，易引起崩塌（参见图 2-15）。这种崩塌一般多为小型崩塌，它的形成通常要经过较长的时间，且易于检查判别，易于发现。

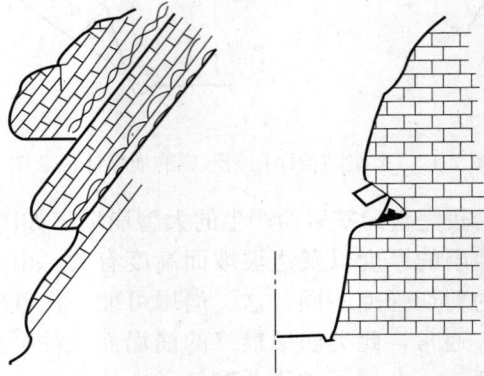

图 2-15　典型的探头式崩塌示意图

2. 落石的种类

落石是属规模较小的崩塌。为了更好地掌握落石的特征，按落石的成因将其分类，以便对其采取特殊的预防和整治措施。

(1) 岩层因节理、片理、劈理、层理等结构面切割形成的落石；

(2) 软硬岩层互层，因侵蚀不均形成的落石；

(3) 由于水流的冲刷、侵蚀形成的落石，如石灰岩溶洞边坡岩块坠落和孤石坠落；

(4) 由于植物根系破坏形成的落石；

(5) 由于外力（如大爆破、地震、兽类活动等）破坏，导致孤石、危岩的坠落。

2.2.2.3　崩塌的形成机理

边坡崩塌的发生如同暴风骤雨，来势凶猛、突然，而在形成崩塌之前一定有一个较为长期的时间积累，在这段时间各种造成崩塌的因素综合作用下，由于某一个诱发因素的促使，最终产生了崩塌。因此，崩塌的形成一定有一个孕育的过程，遵循从量变到质变的发展规律。分析了解崩塌的形成机理，依据各类边坡工程的特征，对于崩塌的认识和治理十分重要。

1. 崩塌破坏的孕育过程

在地质作用形成岩土体之后，经长期的地质构造运动，加之岩土体的自重，自然界的风化等营力的作用下，不断地改变着岩土体的地貌特征。此时，在某些因素的综合作用下，形成崩塌的条件也随之不断累积、扩大，最终形成崩塌灾害。根据孕育过程的特征，可将其分成三个阶段。

（1）潜在崩塌体的形成

潜在崩塌体形成的基本条件大致有以下三种：

1）结构面的发育及组合形态是潜在崩塌体形成的基础

众所周知，在长期的地质构造作用下，岩体中发育着各类不同性质的结构面，这些形态各异的结构面对于边坡将产生不同的影响。各种不同结构面的组合出露，成为潜在崩塌体的最基本条件。如图 2-16 所示，当岩体中发育着比较典型的三类结构面：①反倾向结构面，②垂直结构面，③顺倾向结构面，如果其中的垂直结构面和顺倾向结构面比较发育，且在后期的自重、风化、地震、大气降雨和地下水等综合作用下，结构面不断地张开，就会使得岩体逐渐演变成为潜在的崩塌体。

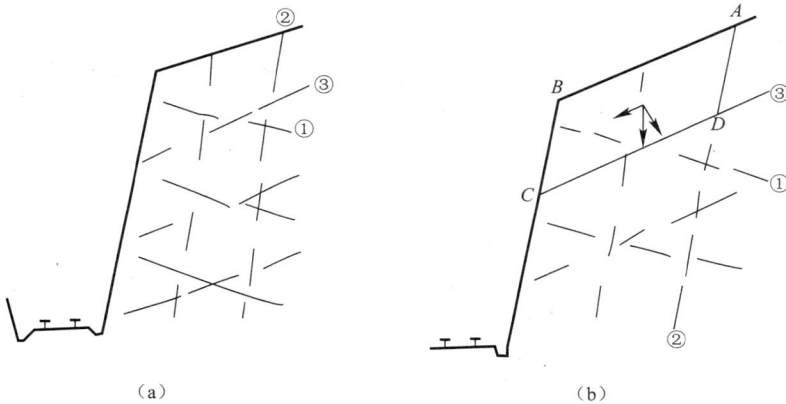

图 2-16　结构面的发育状态及潜在崩塌体的演变过程示意图
（a）结构面的发育状态；（b）潜在崩塌体的形成

2）重力和风化营力在崩塌体形成过程中的作用

如图 2-16（b）所示，岩体中被结构面切割后所形成的块体 $ABCD$，在自重力的分量作用下，首先沿 AD 被拉开，之后 AD 面不断被风化，被地表水侵蚀或浸泡、渗透，使得岩体的强度劣化，进而造成结构面 CD 贯通形成崩塌体。

3）地貌演变对崩塌体形成的促进作用

地表的岩体都处在一定的地应力环境之中。当原有的山体受到外力作用，这些外力主要是人为的开挖和河流的冲刷等，使其失去了原有的应力平衡，而岩体向临空面产生变形，如果变形达到一定的量级，上部地表岩体就会出现拉张裂缝，此拉张裂缝被称作卸荷裂隙（参见图 2-17）。这种裂隙的出现也是潜在崩塌体形成的重要因素之一。

因此，在发育着各类结构面的情况下，

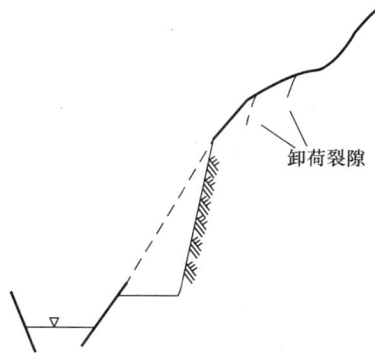

图 2-17　产生卸荷裂隙示意图

39

结构面的发育程度、结构面的组合关系，将成为形成潜在崩塌体的最为基本的条件。

（2）潜在崩塌体的蠕动位移阶段

如果边坡岩土体存在着潜在崩塌体的基本条件，并不意味着崩塌会立刻发生。一般情况下，还需要经过一段较长的岩土体蠕动位移阶段。在这一段较长的时间里，环境的影响和风化作用将成为蠕动位移的始作俑者。正如图 2-16（b）所示的那样，由于 AD 面被拉断，使其成为后续各种影响因素作用的最易切入之处。地表水的流入将使得岩体的强度降低、冬天结成冰对裂缝有一定拉张的作用、雨水带入的细小颗粒充填物、裂缝中植物的生长造成对裂缝的根劈作用都会促使岩块体的蠕动，当其累积到一定的状态，作用在 CD 面上的下滑力大于其剪切抵抗力时，崩塌体会向下滑动，进而产生突然的崩塌。

（3）突然崩塌阶段

在经过蠕动位移阶段后，当崩塌体的重心偏出了作用力的支撑点之外，崩塌体就会急剧的崩塌。在崩塌的过程中岩体翻转、跳跃、滚动、坠落并互相撞击后堆积于坡脚处。大型的崩塌体由于岩体崩塌的速度快，所释放的能量也大，通常会激起巨大的气浪，具有很大的危害性。

2. 崩塌变形破坏的基本模式

崩塌的突然发生是其长期蠕动位移以及各类影响因素的不断累积而造成的。虽然地层岩性、地质构造、地形地貌、环境气候、活动方式、堆积形态、破坏能力等方面所反映的特征差别很大，但是，从其潜在崩塌体的形成到岩体的蠕动变形最后发生急剧崩塌的过程，都按照一定的基本模式发展而成的。通过大量崩塌现象的分析，可以归纳成以下几种典型的模式。

（1）倾倒—崩塌

在黄土冲沟、岩溶发育地区、柱状机理发育的岩层以及其他地质条件下形成的陡坡地形，经常会看到有巨大而直立的岩土体，这些岩体经垂直节理的切割后，形成如图 2-18 所示的柱状或条状形态岩土体。从其形态特征而言，岩体高而长，其特征是横向稳定性较差。该类崩塌的基本特征是崩塌体失稳时，以边坡上某个支撑点为转点发生转动性倾倒。产生这一种类型崩塌的主要诱发因素为：

1）在重力作用下，经长期的冲刷掏蚀直立岩体的坡脚，造成岩块体重心偏离而倾倒；

2）在特殊的水平外力作用下，产生倾倒，这些外力可以是地震力的水平分力、静水压力、动水压力和冻胀力；

3）坡脚出露的是软弱岩层，经水的浸泡其强度降低而形成偏压所生产的崩塌；

4）直立岩层在长期的自重作用下，长条形的岩体产生弯曲、折断而导致的崩塌。

（2）滑移—崩塌

在某些陡坡上不稳定岩体下存在着顺坡向的相对比较平整的结构面，如

图 2-19 所示。很明显，这种模式的崩塌，先是产生局部的滑移，当块体重心偏出边坡，即刻产生崩塌。该类崩塌的诱发因素，除了重力之外，主要是动水压力和静水压力以及水的劣化作用，在某些情况下，地震也是引起崩塌的因素之一。

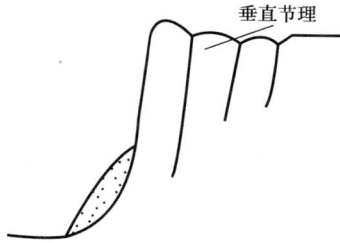

图 2-18　倾倒—崩塌模式示意图

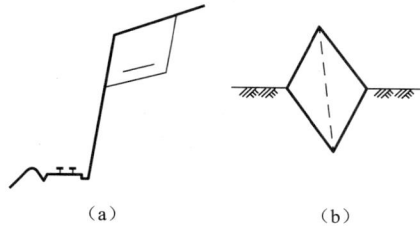

（a）　　　　　　　（b）

图 2-19　滑移—崩塌模式示意图

（3）臌胀—崩塌

产生臌胀—崩塌模式破坏的主要条件是在陡坡上的不稳定岩体之下存在着具有一定厚度的软弱岩层，或不稳定岩体自身是一个松软岩层，且被垂直结构面所切割。在连续降雨或者地下水位上升时，下部软弱岩层被软化，强度降低，部分软弱岩体产生较大的挤压变形，并向外臌胀，随着下部软弱岩体的臌胀，上部岩体也随之产生下沉和外移，一旦上部岩体偏出其重心，将发生崩塌破坏（参见图 2-20）。本破坏模式的诱发因素是软弱岩层在水的作用下产生臌胀。

（4）拉裂—崩塌

当边坡岩层是由软硬相间的岩层组成时，由于风化作用以及河流的冲刷掏蚀作用，使得上部坚硬的岩体突出，出现类似悬臂梁的形态（参见图 2-21）。由于突出部分的岩体往往会发育着一定数量的结构面，当部分结构面垂直发育，使得坚硬岩体的抗拉强度降低。从悬臂梁的受力分析可知，截面 ACB 将承受较大的拉应力，或者说该截面将产生较大的弯矩，一旦作用在该截面上的拉应力超出的岩体的抗拉强度，就会沿 AC 产生裂缝，并不断地向下发展，最终岩体断裂而突然崩塌。产生该类崩塌的主要诱发因素是下部软弱岩层被掏空，上部坚硬岩体发育着垂直结构面。

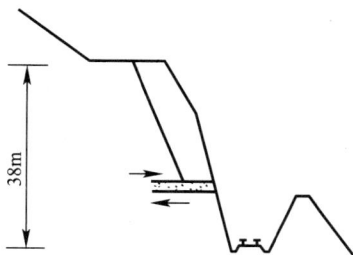

图 2-20　臌胀—崩塌模式示意图

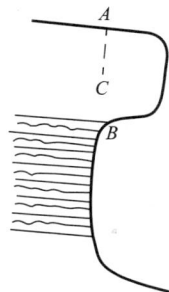

图 2-21　拉裂—崩塌模式示意图

（5）错断—崩塌

陡坡上的岩体呈长柱状或者长板状，若在该岩层中并不发育顺坡向的结构面，岩体的水平位移也不是很大的情况下，一般不会产生崩塌破坏。然而，在各种风化作用下，由于某种原因，下部的岩体截面减小或者强度降低，使得下部岩体被剪断而产生错断—崩塌模式的崩塌破坏（参见图 2-22）。从力学机理上分析，产生该类崩塌的主要的原因是在上部岩体的自重作用下，下部岩体的抗剪强度是否大于上部岩体的剪切力，大于时崩塌不会发生，而小于时将产生崩塌。产生这类崩塌的主要诱发因素有以下几点：

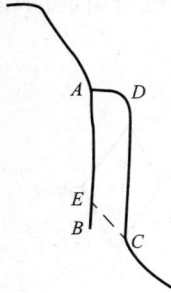

图 2-22　错断—崩塌
模式示意图

1）由于地壳上升，下切作用增强，使得垂直结构面不断向下扩展加深，进而造成自重增加；

2）岩体受风化作用，或受水的冲刷和受风化剥蚀作用，使得下部岩体的截面减小；

3）由于人工开挖所形成的边坡过陡，而造成下部岩体被剪断。

上述五种类型的破坏模式，基本上可以涵盖所发生崩塌的机理。但是，大自然的作用错综复杂，加上地质构造和地形地貌等复杂因素的综合掺揉，可能还会存在着介于这五种模式之间的类型。不管如何，崩塌的形成都会以五种类型中的一种为其主导作用，抓住这一特点，其机理分析就会迎刃而解。

2.2.2.4　产生崩塌的主要影响因素

在崩塌的机理分析中已经大致了解到，崩塌的发生与众多的影响因素紧密相关，各种因素在不同的条件下，给予边坡不同的影响，产生了不同特征的崩塌灾害。因此，将各种影响因素加以归纳分析，从整体上掌握影响崩塌发生的条件，对于避免崩塌灾害的发生或者最大限度地减小崩塌灾害所造成的危害而言是极为重要的，也是边坡灾害预防与整治的知识体系的基础内容。

从整体上分析归纳，产生崩塌的影响因素有以下几点：

1. 地形地貌的影响

通过对大量崩塌灾害的实地考察，边坡的地形地貌特征是发生崩塌的最基础、必不可少的条件。

（1）陡峻的斜坡地形

大量的崩塌灾害调查表明，陡峻的斜坡地形是形成崩塌的基本条件之一。崩塌常发生在海、湖、河谷和冲沟的岸坡或者人工边坡的山体地形，大都表现为陡峻的斜坡。斜坡的坡形无论是直线、凹凸形还是阶梯形，只要是陡峻的斜坡都有可能发生崩塌灾害。此外，斜坡的高度也对崩塌的发生有着明显的影响，一般高度越高产生崩塌的几率也就越大，并且可能产生的崩塌规模也会随之增大。

（2）岸坡地貌

许多崩塌灾害都发生在河流的岸坡。陡峻的峡谷是发生崩塌灾害较多的区域，究其原因是与峡谷地貌的特征有关。河流峡谷地貌的特征，主要表现在山坡部分陡峻又有凸出的岩体，又非一坡到顶，有时还会同时出现阶梯状、陡坎状地形，山顶到河床之间高差很大，甚至达数百米。此外，由于陡峻的峡谷形成后，岩体会向临空面慢慢变形而产生较多的卸荷裂隙，这些卸荷裂隙有的规模较大，形成了对岩体的切割。而山区河道的曲折蔓延，凹岸受到河水的冲刷也是岸坡地貌形成崩塌的原因之一。对于常年降雨形成的冲沟岸坡，也会受到地质构造、结构面发育和长期的风化作用的影响，成为崩塌灾害发生的原因。

2. 地层岩性的影响

不同的地层岩性，由于在成岩过程以及后期受到不同的地质构造作用，将在很大程度上控制着崩塌的发生以及所发生崩塌的形态特征。厚层的沉积岩可能会产生大规模的崩塌灾害，而页岩、泥岩等软岩岩层常发生的是小型崩塌。岩浆岩中的柱状节理发育是产生崩塌的主要诱发因素，而后期的岩浆侵入体由于其相对强度低、抗风化能力差，也将成为崩塌灾害发生的因素之一。变质岩由于其强度相对较低，且结构面较为发育，最为突出的是岩体中所发育的片理，都将成为崩塌灾害发生的主要原因，但在该类岩性中所发生的崩塌规模相对较小。

3. 地质构造的影响

地质构造对崩塌灾害的影响主要表现为各种不同的地质构造将相对完整的岩体破坏成碎块岩体，为崩塌灾害提供了必要条件。通过对大量崩塌灾害的调查，地质构造对于崩塌的影响主要表现为以下几个方面：

（1）褶皱的影响

在褶皱的核部由于岩体被强烈弯曲，造成垂直岩层的方向发育着大量的张节理。此外在后期多次地质构造作用和风化作用的影响下，破碎岩体会产生一定量的位移，形成潜在的崩塌体。在褶皱的两翼，岩体主要呈现出单斜岩层，而处在较为高大的斜坡时，岩层中的软弱面、层间错动面和岩层面，再受到其他构造节理的切割，很容易产生崩塌灾害。当岩层走向与边坡走向一致时，产生的崩塌规模可能较大，两者斜交时规模相对较小。

（2）断层的影响

在断层形成的过程中，通常会伴随产生破碎带，而这些破碎带的岩块大小具有相对比较均匀的特征。同时，由于破碎带是地下水的主要通道，使得岩体的强度降低。这两个条件的叠加，足以成为崩塌灾害发生的重要条件。与褶皱相同，边坡的走向与断层破碎带的走向关系，同样会影响崩塌发生的规模。

（3）构造节理的影响

伴随着构造运动所产生的节理，规模可大可小，对于崩塌灾害的影响主要取决于节理发育的程度和节理的倾向与倾角。对于边坡而言，顺倾向的节理较为发育，若还存在着另外一、二组可切割岩体的节理，这就很容易产生崩塌灾害，且相对规模也较大。此外，一些张开的节理有黏土等物质的充填，

44

后期受到水的作用也将成为促使崩塌发生的条件之一。

4. 降雨与地下水的影响

水对于崩塌灾害的影响是决不能轻视的因素。工程界早已流传着这样的顺口溜"大雨大塌，小雨小塌，无雨不塌"，充分表明了大气降雨对崩塌的影响程度。同样，由于岩体中节理裂隙的发育，而这些节理成为地下水的通道，甚至一些地下水在斜坡出露而形成了泉水。这所有的一切，都将成为促使崩塌发生的重要条件。而水对于岩体的影响，主要表现在以下几个方面：

（1）水在岩体中会改变岩体中的静水压力和动水压力；

（2）水在岩体中会产生浮托力；

（3）水对于岩体的强度有劣化作用，使得其强度降低，包括岩体两侧的抗剪强度也会明显减小。

5. 地震的影响

地震对于崩塌的影响是极其明显的，地震时，崩塌具有强度大、规模大、次数多等特征。地震所产生的水平力是造成崩塌这些特征的主要因素。很明显，不同的地震烈度将直接影响崩塌灾害发生的规模。

6. 风化的影响

裸露在地表的岩体在长期的风化营力作用下，包括昼夜的温差变化、日晒雨淋的变化、夏季冬季的变化、植物根系的作用等，造成边坡岩体的强度降低，或者由于岩体自身的特征形成了岩体强度发生较大的差异，促使其稳定性也会不断下降，也是崩塌灾害发生的重要因素。

7. 人类活动产生的影响

这部分的影响，往往是人们对崩塌灾害的发生认识不足而引起的，主要表现在以下几个方面：

（1）对于边坡的工程地质条件认识不足。由于某些原因，对于工程建设地区的工程地质条件了解不是很完整，造成对岩体的地质构造，节理裂隙的发育程度等发生误判。这种情况是工程建设中不允许发生的。

（2）工程设计中所采取的措施不当。如边坡高度过高，边坡的坡角太大，防止崩塌的措施不足以阻止灾害的发生。

（3）施工的措施不当。包括施工中采用大药量的爆破，在边坡开挖的过程中施工顺序不当等，也可能成为诱发崩塌发生的原因。

2.2.3　泥石流

除了滑坡和崩塌，被人们称作三大地质灾害就是泥石流了。与上述的滑坡和崩塌灾害有所不同，泥石流形成的机理大都是在自然条件下诱发产生的，而工程建设所造成的影响相对比较小。因此，本教材也仅是概要地介绍有关泥石流的基本概念。

所谓的泥石流通常是指在山区一些流域内，在大雨或暴雨降落时所形成的有固体物质（主要由石块、砾砂、黏粒等组成）在饱和状态下暂时性的山地洪流。它具有发生突然、运动速度快、破坏力强的特征。从全面研究泥石流过程来说，它涉及地质学、工程地质、地貌学、气象学、水文学、岩土力学和流体力学等多种学科，它们互相交叉渗透。由于各地区的地质条件不同，使得所形成的泥石流具有较为复杂的形态特征。因此，对于泥石流的研究来说，除了要了解泥石流学科研究的基本特点和问题，还应结合来自不同学科的研究者的相互配合和协同研究。

2.2.3.1 泥石流的形态特征

泥石流是地质灾害类型中的一种，它的形成必须具有三大基本条件：地质条件、地形条件和水源条件。这三个条件，缺少其中的任意一条，就有可能形成不了泥石流。

泥石流的发生将会造成严重的水土流失。对于山坡和沟谷而言，泥石流的介质将携带着粒径大小差异很大的固体，而对于地形相对比较平坦的区域来说，水流引起的土壤侵蚀，发生于整个流域内，并贯穿于径流产生的全过程，无论流域大小，汇流过程中都会产生水土流失。

1. 典型泥石流的形态特征

在山区沟谷中发生的典型泥石流，一般由清水汇流区、泥石流形成区、泥石流流通区段和泥石流沉积区（包括泥石流堆积扇）四个区域组成（参见图2-23）。

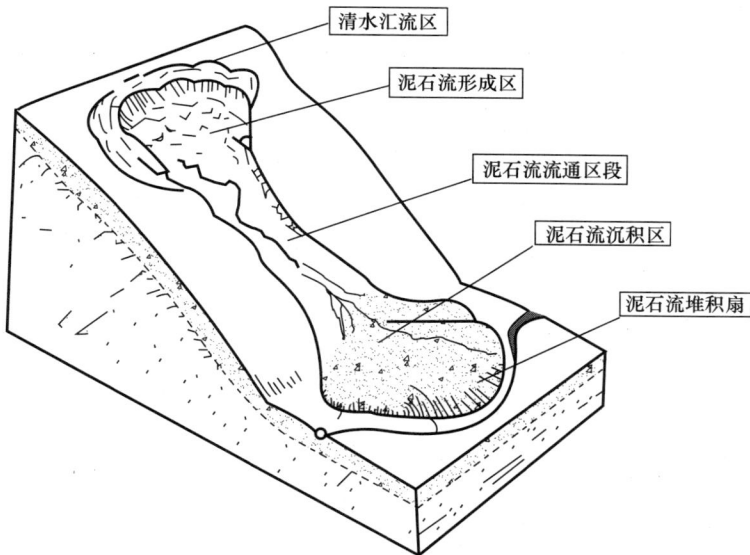

图2-23 典型的沟谷泥石流形态特征示意图

（1）清水汇流区

清水汇流区一般位于泥石流发生区域的侵蚀沟到该区域分水岭之间的地带，由于这一带大都为山峰陡峭的坚硬岩体，是未受到向源侵蚀沟而破坏的山坡，从地形上讲，有利于大气降水径流的汇集，成为泥石流形成并提供充分的水源和动力的区域。

（2）泥石流形成区

泥石流形成区不仅是水的汇集之地，也是泥石流固体物质的供给之地。

在这一区域内曾经发生过各类地质灾害现象，使得岩体介质成为大小不同的破碎岩体，从地形上说，该地区还具有发育完整的各类侵蚀沟谷，由此构成了对泥石流发生极为有利的地质和地形条件。

（3）泥石流流通区段

泥石流流通区段通常是指泥石流形成后所通过的区段。一般它位于泥石流盆状形成区的下方，此段沟谷较深，多呈 V 字形，沟岸山坡陡峻。有时此段会发现一些巨大的岩体，进而临时性地淤堵了泥石流向下流动，形成堵塞体，当被上游更强大的泥石流冲击后，将会形成规模更大的泥石流，这将增大对下游的冲击，扩大其危害性。

（4）泥石流沉积区

泥石流沉积区通常是大量泥石流固体介质淤积的区域。由于能量从狭窄的区域向开阔地释放，使泥石流的固体介质向更大的区域流动而形成扇形堆积。

泥石流所形成的各个区域，都将受到地质条件和地形特征的控制，在某些情况下其中一两个区域发育得比较完整，而在另一个区域则表现有所不同，典型完整的形态特征表现也有不同。

2. 泥石流灾害的主要特性

根据我国地质、地形条件特征，泥石流灾害的主要有以下几种特点：

（1）常发性灾害

我国的泥石流灾害多半是高频率泥石流引起的，每年在特定的时期要发生泥石流数次到几十次之多。在我国比较典型的高频率泥石流沟，有四川的黑沙河、云南大盈江的浑水沟等。由于我国政府在 20 世纪 60～70 年代就开始重视对泥石流的整治，投入了一定的科技人员进行调查、观测，并对某些沟谷进行了长期的综合治理。这类泥石流近年来没有给国家带来大的灾害，同时也降低了灾害对于这些地区人们的生活和工作的影响。

（2）突发性灾害

有很大一部分的泥石流灾害具有突发性的特征，发生前几乎没有或者具有很少的前兆现象，大部分的泥石流灾害是由于大雨或者暴雨诱发而形成的，且都发生在山地的一些沟谷中。这些泥石流大多是新生的，在以往的历史上没有发生过泥石流，但若不坚持治理，今后仍有发生泥石流的可能。有人将其列为低频率泥石流沟。由于类似的泥石流具有突发性，事发前鲜有征兆，因此，该类灾害的发生可能会给国家的经济建设和人民的生命财产带来巨大的损失。据此，必须重视对泥石流沟的综合治理，保护环境，加强防灾意识，对典型泥石流地区进行普查，制定了防治方案。

（3）群发性灾害

我国发生大暴雨具有两大特点，一是区域的范围一般在几百至一千多平方公里之内，二是大暴雨的 24h 之内雨量，平均在 100～150mm 左右，最大可达 300mm。因此，一些具备发生泥石流条件的流域内，当遭受暴雨袭击时，常引发流域内各条大沟同时发生泥石流，形成群发性灾害。

（4）同发性灾害

泥石流与崩塌、滑坡、洪水在一个地区甚至在一个沟谷中同时发生，形成三大地质灾害的共同作用。三种地质灾害互为诱发因素，灾害类型相互转换，最后根据山地地形、地质条件和降雨的情况，形成一个最易发生岩体破坏的灾害。这一现象的出现，与三大地质灾害具有共同的最主要的诱发条件，即降雨，一般为大雨甚至暴雨有着直接的关系。

（5）转发性灾害

在三种地质灾害同发的中，必定具有灾害的转发性。滑坡为块体运动，而泥石流为固液混合流，它们以两种不同的方式运动，但有时滑坡和泥石流又相伴而生，滑坡在一定的条件下可迅速转化为泥石流灾害，像这类出现的灾害为转发性灾害。

对泥石流灾害特点的认识，是泥石流的预防与整治所必需具备的基础，只有深入地了解泥石流发生的特点，才能有效、合理地采取相关的措施，达到综合防止该类地质灾害发生的目的，以便尽可能减小灾害发生所造成的损失。

2.2.3.2　泥石流的类型划分

与滑坡和崩塌灾害一样，人们从各种不同的视角，按各种不同的特征对泥石流灾害进行分门别类，这对认清泥石流发生的机理，掌握形成泥石流的主要影响因素，有着极为重要的作用，进而也会为提出合理的预防泥石流发生和相应的整治措施提供强有力的依据。

1. 按沟谷地貌特征划分

按发生泥石流灾害地区的沟谷地貌性态，可把泥石流沟谷分成以下三类：

（1）典型泥石流沟

此类泥石流沟具有典型的泥石流特征，清水区、泥石流形成区、流通区和堆积区等各大特征清晰可见。

（2）沟谷型泥石流沟

此类泥石流流域的地形表现为长条形，陡峭地形的形成区并不明显，而两侧的谷坡成为泥石流物质的主要供给区，长条形的地形决定了流通区很长，往往替代了形成区；堆积区视汇入的主河是淤积性或是下切侵蚀性，若是前者有可能发育明显的堆积扇，若是下切侵蚀性的就不会形成堆积扇。

（3）坡面型泥石流沟

坡面型泥石流沟是发育在山坡上的各种类型不良地质作用下产生的小型泥石流沟，它没有明显的受水区，仅仅是山坡上发育的冲沟和切沟。

2. 按土源条件划分

按土源条件划分，也就是按泥石流的物质组成来划分其不同的类型。这是国内外有关研究和描述泥石流最常用的方法之一。由于此类泥石流与岩性关系密切，又便于绘制泥石流分布图。因此，此种分类在泥石流学界应用广泛。

（1）水石流

这类泥石流主要发育在风化不严重的火山岩、灰岩、花岗岩等基岩山区，其主要的物质成分是岩块。

（2）泥流

这类泥石流主要发育在第三、第四系形成的岩土体广泛分布的地带，特别是我国西北的广大黄土高原，那里发生的泥石流，由于缺乏粗颗粒砾石，因此一般都是泥流或高含砂水流。

（3）泥石流

除了上述两类泥石流外，在我国广大山地，特别是西南地区，是这类泥石流频发的地区。这类泥石流的主要特征是其物质组成的颗粒非常宽，小到黏土（＜0.005mm）颗粒，大到漂石（＞100mm），都有可能成为该类泥石流的固体介质。

通过研究有人又将该类泥石流划分成两个亚类，即黏性泥石流和稀性泥石流。这两类泥石流的特点有：一般来讲，黏性泥石流的密度从 1.5～2.3kg/cm^3，固体颗粒中小于 0.005mm 含量占到固体总量的 3％以上，颗粒组成的直方图为双峰型，流型为阵流性运动，流态无明显的紊流现象；稀性泥石流密度一般小于 1.5kg/cm^3，黏性占固体含量小于 3％，颗粒组成的直方图为单峰型，流型为连续性，有明显的紊流现象。

3. 按发育阶段划分

泥石流的形成与其他两种地质灾害一样，具有一个孕育的过程，一个完整的发育周期中，有发生、发展和消亡过程。因此，若按其不同的发育阶段划分泥石流的类型，大体上可分为三个阶段，即幼年期、壮年期和老年期。

（1）幼年期泥石流

上游侵蚀不太明显，发生过小规模不良地质，沟道和沉积扇不明显，有零星的泥石流沉积物。

（2）壮年期泥石流

该时期为泥石流发育的旺盛时期，泥石流的各形态特征表现活跃，上游侵蚀强烈，各类不良地质过程发育，沟道和冲积扇上有明显的泥石流沉积物并有多条流路通过，冲积扇上无灌丛和树林，仅有稀疏的杂草。

（3）老年期泥石流

上游沟谷已侵蚀到分水岭，并有坚硬的基岩出露，侵蚀沟两侧杂草丛生，沟道内阶地（台阶）发育、形态明显（是泥石流沉积物下切而形成的），冲积扇扇面已无明显的泥石流堆积，并有灌丛和林木生长，有固定的沟道通过冲积扇，沟内有近期泥石流的沉积物。

4. 按发生频率划分

对于未采取整治措施的泥石流而言，其发生的频率或间歇时间是一个变化较大的参数，高者一年可发生数十次，低者几十年甚至几百年才发生一次。因此，按照泥石流发生的频率多少，一般可将泥石流分为高频、中频和低频三类。此种分类是泥石流防治工程中许多工程技术人员经常采用的分类方法，因为它将直接影响到防护工程的安全度和造价。

（1）高频率泥石流

一年发生多次或几年发生一次的泥石流称为高频率泥石流。我国有些泥石流发生地区属于高频率泥石流，泥石流发生的频率是世界上少见的。例如，大盈江的浑水沟、甘肃的火烧沟、云南东川的蒋家沟等。

（2）中频率泥石流

十几年至几十年发生一次的泥石流被称为中频率泥石流沟。这类泥石流在我国和日本分布较为普遍。在我国调查和治理当中，大都是这种类型。

（3）低频率泥石流

一般为百年以上到几百年发生一次的泥石流称为低频率泥石流。这类泥石流的发生与长年累月地质营力作用有关。平时洪水带走了沟溪床中的细粒物质，经过长期的作用，河床堆积形成一层粗粒大块体相互嵌夹的结构，一些隐藏在大块岩石缝隙的混杂物，在一般洪水水流冲击下不能被搬运，只有那些超强暴雨引发的大洪水才能冲击推动大石块，并夹带这类混杂物，形成灾害性泥石流。这种泥石流的出现是非常少见的。没有长期的物质积累和百年不遇的降雨，这类泥石流是不会发生的。

5. 按规模大小划分

划分这类泥石流有两种方法，一种是采用多参数的方法，又可分成按总量和单宽流量的原则以及按泥石流的洪峰流量和总量大小的原则（参见表 2-2）；而另一种只是按固体体积的多少确定。

泥石流规模分类

表 2-2

类型名称	PG 库尔金标准		李德基标准	
	一次泥石流总量（m^3）	单宽流量（m^3/s）	一次泥石流总量（m^3）	峰值流量（m^3/s）
特大型泥石流	$>1\times10^6$	8～9	$>1\times10^6$	2000
大型泥石流	$5\times10^5\sim1\times10^6$	5～7	$1\times10^5\sim1\times10^6$	300～200
中型泥石流	$1\times10^5\sim5\times10^5$	3～5	$1\times10^4\sim5\times10^5$	50～300
小型泥石流	$<1\times10^5$	$<3\sim5$	$<1\times10^4$	<50

我国常按规模大小，将泥石流分为四种类型：

（1）巨型泥石流：固体物体积大于 50 万 m^3；

（2）大型泥石流：固体物体积为 20 万～50 万 m^3；

（3）中型泥石流：固体物体积为 1.0 万～20 万 m^3；

（4）小型泥石流：固体物体积小于 1.0 万 m^3。

这一划分方法比较简单，对于泥石流灾害的评价而言既方便又便于操作。

泥石流的形成是一个比较复杂的过程，除了降水条件外，主要依赖于地形条件和地质条件，而地形条件和地质条件很大程度上表现为固体物质类型和不同的运动方式，甚至有可能是在前期发生滑坡或崩塌等地质灾害，之后在大量雨水的诱发下最终形成了的泥石流。因此，掌握不同类型泥石流的主要特征，按其基本规律分析研究，不必拘泥于细节，同样能够达到评价泥石流灾害的目的。

2.2.3.3　形成泥石流的机理分析

泥石流是在各种条件综合作用下形成的，分析研究泥石流发生的根本原因以及其形成过程中的特征，对于预防泥石流的发生和对于已发生或者将要发生的泥石流采取合理的整治措施是必不可少的重要工作。泥石流机理分析的目的是通过泥石流从启动到形成的各阶段分析，总结归纳其形成的基本规律和相应的特征，以便在整体上掌握泥石流的形成机理。

自然界中形成泥石流的主要机理，根据固体物质和液体的运动特征，可以归纳成两种模式：水动力模式和土动力模式。

1. 水动力模式

水动力模式所形成的泥石流过程可以分成以下六个阶段：

（1）当某一山地满足了泥石流发育的地质条件、地形条件和水源条件，即开始形成最初的泥砂运动。

（2）泥砂运动后，将形成推移质运动。所谓的推移质是指在水流作用下河床表面附近以滑动、滚动或跳跃式运动的泥砂颗粒。水流沿河床流动时，床面上的泥砂颗粒将受到水流拖曳力和上举力的作用。当水流作用力对其某支持点的力矩大于泥砂颗粒在水中有效重量和粒间的摩擦力（对细颗粒泥砂还有颗粒间的粘结力）及其相应支持点的力矩时，泥砂颗粒将从静止状态转为运动状态，并称这一过程为泥砂的起动。

（3）出现悬移质运动。悬移质通常是指悬浮在水流中随水流运动的泥砂颗粒。天然河流大都属紊流，其中存在着许多尺度不等、具有不同运动速度和旋转方向的涡体。从床面上掀起的泥砂颗粒进入主流区后，如果遇到向上的紊动涡体，就会被带入更高层的水流中去，并随水流一起运动，成为悬移质。悬移质在水流中的运动轨迹是很不规则的，沿水流方向的运动速度和水流速度大致相同。维持泥砂悬浮运动的能量主要来自水流紊动能。

（4）从第三阶段发展到第四阶段后会出现两种不同的情况，这两种不同的情况取决于泥砂中颗粒直径小于 0.01mm 粉粒和黏土的补给等条件。在此，先介绍具有粉粒和黏粒补给的情况：泥石流将出现悬移质运动向中性悬浮质运动过渡。所谓中性悬浮质运动是指液体中黏粒和粉粒的增加，使得水流的运动力学特征发生了变化，从原来的牛顿体，变成黏塑性宾汉体的特征，其最明显的变化是存在着极限剪应力。在流动过程中，由于黏性颗粒存在着一定的结构特征，仍然具有一定的结构应力，因此，当水流的剪应力小于结构应力时，泥砂不会产生相对的运动，同样由于结构应力的存在使得部分泥沙悬浮在水中而不沉降。当泥砂的含量很少的情况下，泥石流仍然保持着悬移质运动的主要特征。

（5）出现层移运动。在泥石流从（3）～（5）的发展过程中，悬移质运动不断得到加强，随着悬移质浓度达到一定的限度后，其上下跳动、翻滚的现象将逐渐减弱，而在泥砂量不断增加同时黏性阻力也随之增大的情况下，越来越多的泥砂转为中性悬浮质运动。

（6）悬移运动的消失，水流中较细的颗粒都转化为中性悬浮质，较粗的颗粒继续以层移的形式运动，此时层移运动已扩大到整个流层。

2. 土动力模式

土动力模式形成泥石流的主要动力来自于土石的动能。通常是由于地处高位山坡的松散土石体，随着含水量的增加，土石体的强度降低，开始运动、加速和土石体扰动液化，最后形成泥石流。其整个发展过程大致有以下四个阶段：

（1）土石流起动。处在这一状态的土石体由于含水量的增加，其孔隙水压力增大，土石体的强度减小，导致土石体下滑。

（2）土石体加速运动的初始阶段。由于土石体刚刚开始起动，速度不大，仅在土石体的底部出现扰动和液化，整层受到轻微地震动液化主要表现在粗颗粒之间的细粒。

（3）随着土石体运动速度的增加，使得土石体的扰动和液化进一步加强，且向更深的层次发展。再加上沿溪沟或坡面水流的渗入，使得整层的土石体都发生了扰动和液化，到了加速后阶段，有细颗粒组成液体充满了粗颗粒之间的孔隙之中，使得整个土石体具有流动性的液相性质。

（4）泥石流达到第三阶段后，土石体经过充分的扰动液化和运动过程中的搅拌，进入第四阶段。第四阶段也将随水流是否增加向两种不同的运动方式发展。当没有水流增加的情况下，泥石流形成结构和非结构体的运动；当仍有水量不断渗入时，土石体具有明显的流动性，成为紊流或者层流的泥石流体。

2.2.3.4 产生泥石流的主要影响因素

泥石流与滑坡、崩塌形成了主要的地质灾害，同时泥石流与风砂、水流、冰川等一样，又是地表物质迁移的一种自然过程，而这些自然现象的出现，都有它特定的基本条件和影响因素。根据泥石流形成的基本条件、影响因子、形成模式、形成规模等深入地分析其主要的影响因素，结合形成的条件来预测泥石流的发生，分析泥石流影响因子来评估泥石流可能的发展趋势等。

泥石流的形成机理从其本质上分析，不外乎有三个基本条件，即地质条件、地形条件和水源条件。三大基本条件对泥石流形成有着重要的作用，缺一不可。这三大基本条件互相作用、互相影响最终导致了泥石流的发生。因此，必须围绕这三大基本条件，分析研究泥石流产生的各种特征，才能够从整体上掌握影响泥石流产生的主要因素。

1. 地质条件

地质条件集中反映在泥石流的物质组成部分，体现在其松散碎屑物质的相关特征。在山区的一个小流域内，如果没有数量足够的松散碎屑物质，是不可能形成泥石流的。而这些松散碎屑物质的形成又将反映该区域前期的地质条件对于岩层的作用，它包括：岩性、构造、新构造运动、地震及火山活动等，这一类属于内力地质作用；风化作用、各种重力地质作用、流水侵蚀搬运堆积等，则属外力地质作用。这些相互关联、错综复杂的地质条件组合，决定了参与泥石流活动的松散碎屑物数量多少和类型特征。

52

（1）岩石性质

岩石是泥石流形成的物质基础，不同性质的岩石，对泥石流形成的频率、规模和性质有密切关系。岩石性质主要指岩石的类型、软硬程度、完整性及岩层的厚薄等，常与所属的地层相联系，成岩时间久远，岩石坚硬程度较好，反之就相对比较软弱。岩石可以分为硬质岩石和软质岩石（包括未成岩松散土层），硬质岩石结构致密，耐风化侵蚀；而软质岩石结构密实性差，孔隙多，风化侵蚀快速，易于形成深厚的风化壳，由此成为泥石流固体介质的主要来源。

（2）地质构造、新构造运动及地震

地质构造类型有地震、断裂、断层、褶皱等，其中对于泥石流形成发育具有最直接影响的是断裂作用。断裂在地表往往呈带状展布，在断裂带内软弱结构面发育，使得岩石破碎。同时，在这样的地质条件下，又有利于加速风化，容易形成带状风化。因此，断裂带上的风化壳深厚，松散碎屑物质都特别丰富。进而构成了泥石流主要的物质条件。

新构造运动的最主要特点就是垂直升降运动显著，而且一直延续至今。构造断裂带通过的地段是地貌升降运动剧烈的区域，相对高度大，有利于形成泥石流。再者新构造运动活跃的山地，山口新老洪积扇发育，有的重叠在一起，有的呈串珠状分布，该区域是松散的洪积物、泥石流堆积物较为深厚的地段，当现代泥石流山洪侵蚀切割老洪积扇时，就会形成规模更大的泥石流。

地震现象是地质灾害的重要影响因素，具有突发性，其中强烈地震破坏斜坡的稳定性，造成山坡开裂、岩石体松动，甚至触发山崩滑坡，容易形成大量的松散碎屑物质和骤发性水源，这将成为易发泥石流的条件。在分布规律上，许多地质上的深大断裂带同样也是地震带。因此，泥石流和地震带的分布特征上有直接联系，一般山区的地震带同样是泥石流的集中分布区。地震对泥石流造成的影响按时间序列可分为两类：一类是地震触发的泥石流，又称为同发型；另一类是震后泥石流，又称后发型，即强震会对泥石流活动及灾情有所加强，并使灾害扩大，影响主要表现在震后的1～2年，往后逐渐减弱。

（3）风化作风

风化作用中以物理风化作用对岩石的破坏作用最大，所造成的风化速度也是最快的；而松散碎屑物质的堆积速度越快，其储量也就越丰富，对泥石流形成将起到特别大的作用。按风化程度，岩体可分为全风化、强风化、弱风化和微风化，这是表征山体松碎屑物质储量多少的重要条件。风化作用的强弱还与气候带关系密切，对于大陆性气候，干季长，气温日差悬殊，地表森林植被稀疏，裸露的岩土体面积大，热胀冷缩和干湿交替强烈等因素的双层作用，加快了岩石的风化速度，增加了松散土石体的积聚过程，为泥石流的形成提供了必要的物质条件。

（4）重力地质作用

重力地质作用包含滑坡、崩塌、剥落、高山区域的冰崩、雪崩等。滑坡、崩塌（山崩）大多呈单个发生，发生后土石体破碎，成为重要的固体介质的补给来源；剥落一般产生于山坡的表层，规模不大，补给量较小。这些在重力作用下的不良地质现象大都成为泥石流提供大量的固体物质的基础条件，而绝大多数泥石流沟的上中游都有滑坡或崩塌，正是受到其影响的最好佐证。

2. 地形条件

作为形成泥石流的第二大条件，所处地区的地形必须具有特殊性，也是不言而喻的条件之一。泥石流发生的山区不仅应具有一定的高度，且斜坡的坡度和坡向以及沟谷的形态特征都是形成泥石流所必不可少的地形条件。

（1）相对高度

相对高度对泥石流的形成起关键作用，因为坡地的落差将控制着泥石流物质在流动过程中所产生势能的大小。相对高度越高，泥石流的介质在流动时所产生的势能越大，形成泥石流的动力条件越充足。因此，众多的泥石流灾害主要都发生在高山、中等高度山和高差较大的低山区以及一些起伏较大的高原周边地区。具体到一条沟谷，大多数的泥石流一般都发生在相对高度300m左右的地区，相对高度较小，流域内所产生的势能不足，尽管其他条件都具备也难以形成泥石流，或者难形成规模较大的泥石流。

（2）坡度与坡向

山坡坡度的陡缓，影响松散碎屑物的分布和聚集，凡是泥石流发育的山地，大都山坡坡度较陡。从地形上所具有的特点分析，当地处坡度大于等于45°的山坡时，山地大都为基岩裸露，而残破积的覆盖层相对较薄；而其坡度小于45°的山坡，风化物质比较容易存留在原处，风化壳也相对较厚，松散碎屑物较为丰富，为泥石流的形成提供了较为理想的物质条件。

泥石流活动的强弱与山坡坡向具有一定关系，这种关系并非像滑坡、崩塌那样直接影响岩土体的稳定性，其主要体现在对于山体受风化作用的强弱程度。在北半球的向南坡和向西坡（阳坡），泥石流的发育程度、爆发强度均大于向北坡和向东坡（阴坡），这是由于受小气候的影响之故。阳坡岩石土体风化作用强度比阴坡剧烈，岩体易破碎，松散土石体较厚，然而土体中的含水量、林草覆盖率，阳坡却低于阴坡，也将成为水土流失的一个重要原因。

（3）流域形状和沟谷形态

流域的形状对雨水和暴雨径流过程有明显的影响，径流和洪峰流量大小，直接成为各种松散碎屑物质的起动和参与泥石流活动的控制条件。因此，最有利于泥石流体汇流的流域形状是上部狭小且突然变宽的长条形，如：漏斗形、栎叶形、桃叶形、柳叶形和长条形等。

泥石流的沟谷和普通沟谷的发育过程大体相同，从横剖面上看，有V形谷、U形谷和槽形谷之分，表示沟谷的先后发育过程；在纵剖面上沟谷的形成和发展，是流水的下蚀作用及溯源侵蚀的综合结果。与普通沟谷明显不同的是，泥石流沟谷的流域面积较小，侵蚀、搬运堆积的松散碎屑物数量大，溯源侵蚀快，因此沟谷形成与发育较普遍沟谷快速。

泥石流沟的流域面积、沟长和沟床纵坡是表征沟谷形态的三个重要参数。

流域面积是清水汇流面积和堆积扇面积之和，其面积大小与沟谷形态、沟床纵坡关系密切，对泥石流的性质、规模也会产生影响。沟床纵坡的大小可以表征泥石流的能力及活动强弱。沟谷泥石流的流域面积较大，中上游有支沟泥石流汇入，沟床纵坡曲线上段较陡下段较缓，呈上凹形，下游河床开阔，可容纳大量的泥石流堆积。这些都是描述和评价泥石流灾害的重要参数。

3. 降水条件

对于泥石流而言，如果某地区具有泥石流发育良好的地质条件和地形条件，没有水作为流动的介质，泥石流就不会发生。因此，降水条件是诱发泥石流形成的主要条件。泥石流形成一定要具有数量充足的水体，水体的来源最为普遍的是降雨，其次是降雪形成的冰雪融水。而水对于泥石流的主要作用表现为两个方面：一方面水体是泥石流物质的组成部分，泥石流为固液两相流体，液相物质就是水；另一方面汇流过程中水体又是泥石流运动的动力条件，只有当雨水、冰雪融水形成强大的径流，才能挟带大量的土石运动并融合为泥石流。

(1) 降雨

由于降雨而诱发的泥石流是我国绝大多数泥石流发生的主要原因。诱发泥石流的降雨可分为暴雨、台风雨和一般雨水三个亚类。根据我国降水的特点，冬春雨水相对少且强度小，夏季降雨集中，多暴雨，强度大的局部地区可形成区域性的大暴雨，因而夏季成为泥石流的多发时段。形成泥石流的降雨条件相当复杂，根据雨区范围大小，大致有两种特征，一类为雨区范围小，历时较短的局部地区的暴雨；另一类为雨区范围较大历时较长的区域性暴雨。后一类降雨就不仅是少数沟谷发生泥石流，而是多沟齐发，形成较重的泥石流地质灾害。

(2) 冰雪水

以冰川、冰雪融水和冰湖溃决为主要水源而诱发的泥石流，主要发生在青藏高原南部、东南部和西北部的高山区。西藏东南部高山地带为海洋性冰川区，在夏季若逢久晴高温天气，可能因冰雪强烈消融而突然爆发泥石流，有时是冰雪消融和暴雨共同激发的泥石流。

由于泥石流的形成是一个较为长期的过程，除了上述三大条件对泥石流造成很大的影响之外，还会受到当地周围环境（自然环境、生态环境和地质环境）和人类经济活动的影响。周围环境主要是指山地的生态环境，它主要表现为山地植被情况的好坏。很显然，山地植被良好，地表的覆盖层相对形成一个整体，不容易被水流搬运，也就无法提供形成泥石流所必需的大量的固体物质，即使有着充沛的水量，也只能形成水的地表径流。

而人类的活动对泥石流发生、发展的影响，应该说不仅具有消极的作用，当然也会存在着积极的作用。对泥石流进行预防与治理，保护山地的森林植被，减少水土流失将会起到积极的作用。人类经济活动，如开矿、筑路、采石、兴修水利工程、森林乱砍伐、陡坡开荒等破坏原有的山地平衡，都会促使泥石流的形成。

2.3 小结及学习指导

本章节主要介绍了三大地质灾害滑坡、崩塌和泥石流的基本形态特征，按照滑坡、崩塌和泥石流发生过程中的不同规律，探讨了三者不同类型划分的主要方法，并在此基础上详细阐述了产生滑坡、崩塌和泥石流的机理以及影响因素。本章的重点在于滑坡、崩塌和泥石流的形态特征和产生滑坡、崩塌和泥石流的机理及其地质灾害主要的影响因素。

习题

2-1 简述滑坡的定义。

2-2 叙述滑坡的主要形态特征。

2-3 滑坡形成过程中的主要变形特征可分成哪几个阶段？

2-4 有哪几种划分滑坡的方法？各种划分方法的主要特征是什么？

2-5 形成滑坡的主要机理有哪些？

2-6 阐述滑坡的主要影响因素。

2-7 简述崩塌的定义。

2-8 叙述崩塌的主要形态特征

2-9 有哪几种划分崩塌的方法？各种划分方法的主要特征是什么？

2-10 形成崩塌的主要机理有哪些？

2-11 阐述崩塌的主要影响因素。

2-12 泥石流的定义是什么？

2-13 叙述泥石流的主要形态特征。

2-14 泥石流形成过程中的主要变形特征可分成哪几个阶段？

2-15 有哪几种划分泥石流的方法？各种划分方法的主要特征是什么？

2-16 形成泥石流的主要机理有哪些？

2-17 阐述泥石流的主要影响因素。

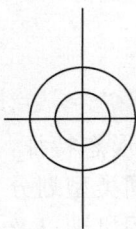

第3章
边坡设计的地质勘察方法

本章知识点

> 知识点：边坡勘察的基本要求，边坡勘察的主要内容、勘察报告
> 的编写，滑坡勘察、危岩崩塌勘察的主要内容，勘察资
> 料的整理及分析。
>
> 重　点：边坡勘察的基本要求，边坡勘察主要内容。
>
> 难　点：边坡勘察资料的整理及分析方法。

3.1　概述

边坡工程的地质勘察是边坡处治设计前必须进行的一项重要工作，其主要目的是查明边坡和滑坡所在地段的工程地质条件（自然地理、经济状况、地形地貌、地层岩性、地质构造、水文地质及地震活动等）、气象水文及人类活动等作用因素，自然边坡的稳定状况，确定边坡的类型及可能的破坏模式，为边坡稳定性分析和设计计算提供必备的参数，同时给出不稳定边坡应采取的措施或方案建议。边坡工程的地质勘察主要内容包括地形地貌特征、地层结构特征、地质构造、地下水、地层、边坡岩土体的物理力学参数、边坡的稳定性现状及边坡邻近的建筑物情况等。

3.1.1　边坡勘察的基本要求

依据边坡与滑坡影响从被保护的建（构）筑物的重要性等级、边坡高度和滑坡规模以及不同设计阶段的要求，边坡与滑坡勘察可划分为可行性研究阶段的勘察、初步设计阶段的勘察、施工图设计阶段的勘察及施工阶段的补充勘察。

边坡勘察应根据不同的阶段布置不同的勘察工作。可行性研究阶段的勘察是为大方案比选服务的，要求边坡达到基本稳定，如边坡所在地段有无大型古老滑坡、崩塌及岩堆存在，是否为岩层顺倾地段，边坡是否位于人形断裂带内，以及边坡开挖后会否出现大的失稳变形等。初步设计阶段的勘察要求达到基本定量，需查清边坡段滑坡地段的基本工程地质和水文地质条件，当地的降雨、地震、河流冲刷情况，岩土的基本性质及变化趋势，分析边坡可能产生的变形类型和规模大小，是整体破坏还是局部失稳。若有滑坡、崩塌等不良地质现象存在，应查明其范围、规模、性质、稳定程度和发展趋势，以及工程活动后可能发生的变化，并提出处治建议。要求在收集已有的地质资料的基础上，进行工程地质测绘、勘探和试验工作，通过分析边坡的变形机制，以达到初步评价边坡稳定性的目的。施工图设计阶段的勘察要求达到定量，为施工图设计提供足够的资料和设计参数。要求经过初勘发现不稳定或稳定性差的边坡及其邻近地段进行工程地质测绘、勘探、测试和分析计算，提出边坡计算参数，做出边坡的稳定性评价。施工阶段的补充勘察则是对前阶段勘察的补充，主要根据开挖后地质情况的变化作必要的勘察，为变更设计提供依据。不同阶段勘察中采用的勘察手段所占工作量是不同的，应当符合相关规范的要求。

3.1.2　边坡勘察的一般规定

《建筑边坡工程技术规范》GB 50330—2013 对边坡工程勘察的一般性规定进行了说明：

1. 一级建筑边坡工程应进行专门的岩土工程勘察；二、三级建筑边坡工程可与主体建筑勘察一并进行，但应满足边坡勘察的深度和要求。大型的和地质环境条件复杂的边坡宜分阶段勘察；地质环境复杂的一级边坡工程尚应进行施工勘察。

2. 建筑边坡的勘探范围应包括不小于岩质边坡高度或不小于 1.5 倍土质边坡高度以及可能对建（构）筑物有潜在安全影响的区域。控制性勘探孔的深度应穿过最深潜在滑动面进入稳定层不小于 5m，并应进入坡脚地形剖面最低点和支护结构基底下不小于 3m。

3. 边坡工程勘察报告应包括下列内容：

（1）在查明边坡工程地质和水文地质条件的基础上，确定边坡类别和可能的破坏形式；

（2）提供验算边坡稳定性、变形和设计所需的计算参数值；

（3）评价边坡的稳定性，并提出潜在的不稳定边坡的整治措施和监测方案的建议；

（4）对需进行抗震设防的边坡应根据区划提供设防烈度或地震动参数；

（5）提出边坡整治设计、施工注意事项的建议；

（6）对所勘察的边坡工程是否存在滑坡（或潜在滑坡）等不良地质现象以及开挖或构筑的适宜性给出结论；

（7）对安全等级为一、二级的边坡工程尚应提出沿边坡开挖线的地质纵、横剖面图。

4. 地质环境条件复杂、稳定性较差的边坡宜在勘察期间进行变形监测，并宜设置一定数量的水文长期观测孔。

5. 岩土的抗剪强度指标应根据岩土条件和工程实际情况确定，并与稳定性分析时所采用的计算方法相配套。

3.2 边坡勘察

3.2.1 边坡勘察工作大纲

边坡工程地质勘察的目的是掌握边坡岩体的构造、结构、岩性、物理力学特性和地下水性质，为宏观分析和评价各类边坡在天然状态、施工和运行期的稳定性提供基础资料，同时也为边坡稳定分析计算提供必要的物理模型和地质参数。

边坡工程勘察前应首先取得以下资料：

（1）附有坐标和地形的拟建建（构）筑物的总平面布置图；

（2）拟建建（构）筑物的性质、结构特点及可能采取的基础形式、尺寸和埋置深度；

（3）边坡高度、坡底高程和边坡平面尺寸；

（4）拟建场地的整平标高和挖方、填方情况；

（5）场地及其附近已有的勘察资料和边坡支护形式与参数；

（6）边坡及其周边地区的场地等环境条件资料。

在收集已有资料的基础上经过现场踏勘，应编制出边坡勘察工作大纲，指导整个勘察工作，其内容主要包括：

（1）任务来源、目的及技术要求；

（2）边坡地段的地理位置、社会经济概况和交通情况；

（3）勘察采用的技术方案、主要技术手段和勘察工作量；

（4）人员组成；

（5）主要仪器和机具设备；

（6）勘察进度安排和工作流程；

（7）勘察报告的主要内容和附件；

（8）经费概算。

3.2.2 边坡调查测绘

边坡的调查测绘是边坡勘查中最基本、最主要的工作。边坡工程地质测绘的主要任务是在图上如实反映出边坡的地形、地貌、地质特征以及结构面的产状和性质等。它将从宏观上、整体上掌握边坡所在地段的地层岩性、坡体结构和构造格局；判断边坡是否可能发生整体失稳还是局部变形，以及变形的类型、机制和规模大小；提出勘探线、点的布设位置、数量和深度，以及是否需要进行动态监测等。边坡的调查测绘，目前尚无公认的统一方法，一般仍是采用普遍的工程地质调查测绘方法，主要调查以下内容：

1. 地形地貌调查

边坡地形地貌调查的内容是围绕从形态上可了解与边坡有关的各个目的而定，与边坡有关的形态特点在山坡上分布的部位，即是调查的范围，多数是以边坡所在坡体的地貌单元为限，了解边坡在发育过程中各阶段外貌形态的变化。

边坡地形复杂，起伏高差大，边坡测绘时，应尽量以导线点作测站。当导线点作测站测绘范围受到限制时，可根据导线点用视距法或交会法设置独立地形转点。在地形、地貌复杂处，可连续设置第二个地形转点。边坡测绘范围应超出工程处治范围一定距离，一般为20m。地形图所用比例尺一般不小于1：500。边坡横断面地形图测绘通常每隔20m一道。当地形复杂、变化较大时，在地形变化特征点处应加测横断面地形图。横断面地形图所用比例尺通常不小于1：200。

2. 地层岩性调查

地下岩层是边坡分析中最重要的一个因素。首先，必须鉴别各种土体与岩体单元，确定地层的构造、岩性和工程性质远比确定它的准确年代和类别更为重要。

（1）依据区域地质资料和边坡附近沟谷中出露较好的露头，确定工作区稳定地层的层序，根据实际需要和可能实测地质剖面或编制综合柱状图；

（2）在边坡体周围稳定地层中逐层测量岩层产状，对岩体中各种软弱夹层尤应仔细调查，查明其厚度、含水状况、延展范围、有无错动痕迹等，并结合环境条件推断可能滑动的层位，也应考虑取样测定颗粒级配、熟土矿物成分、易溶盐含量等，以协助确定最易于形成滑动面的层位；

（3）在边坡体可能是滑坡体的范围内亦应尽可能多地测量岩层产状，以与稳定地层产状对比，与地貌形态相配合共同确定变形体范围。

3. 地质构造及岩体结构调查

（1）首先应实地调查核实工作区内区域地质资料中标示的或遥感资料中显示的断层和褶皱，其次应注意调查是否存在上述资料中没有标示或显示的较小型的构造，并判明其性质和规模；

（2）结合构造应力场分析，查明主要节理的组数、产状、辨别其力学性质，调查其发育程度和贯通性；

（3）查明层面、片理面、节理面、断层面等各种结构面的相互切割关系及它们与临空面的空间关系，查明断层带中的物质成分及特点，确认边坡体所属的岩体结构类型；

（4）应特别注意含有软弱夹层的结构面的产状、规模、延伸方位及其在临空面上的出露位置等。

4. 水文地质条件调查

水是大多数边坡破坏的主要因素。由降雨、渗水和泉形成的地表水的聚集是易滑坡地区地形变化的明显标志。例如，通常深的侵蚀沟谷有时意味着土和岩石已被滑坡活动削弱。此外，地表水深入移动土体上所产生的裂缝和裂纹中增加了其不稳定性。

（1）查明工作区中的透水层、含水层、隔水层（此项工作应结合钻探进行）；

（2）查明泉水、湿地、水塘、水渠出露和分布的位置及标高；

（3）测量各泉水流量，调查、访问泉水流量随季节的变化，调查水塘、水渠渗漏情况；

（4）取各水塘、泉水水样进行水质分析，判断彼此间的水力联系。

3.2.3 边坡勘探

仅通过工程地质测绘是难以查明边坡的工程地质条件的，所以在边坡的工程地质勘察中必须进行地质勘探工作。边坡工程地质勘探工作的首要任务就是要全面查明边坡的工程地质条件，包括地质构造、地貌特征及其成因、滑动面形状特征以及水文地质条件，其次就是为测定边坡岩土的物理力学性质、地下水运动规律准备条件。勘探的目的主要为证实调查测绘的推论是否正确，并进一步揭露边坡内部的结构特征，确定滑坡性质及其产生原因，并为正确的整治工程提供设计资料。

勘探工作是了解边坡内部特征，进行一些基本数量分析，一般应在调查测绘工作的基础上进行，因为通过调查测绘才有依据选择勘探方法，布置勘探点。

（1）勘探点、线的布置原则：勘探线应以垂直边坡走向或平行于可能滑动的方向布置，其间距应视地质条件的复杂程度而定；勘探点一般应布置在坡顶、坡腰、坡脚处，每条勘探线不少于 3 个勘探点，当坡体内有软弱夹层或不利的裂隙面时，应加密勘探点。

（2）勘探点的深度：根据工程地质测绘资料分析确定，但应穿过可能的滑动带，深入稳定地层 2～3m，或达稳定硬质总基岩面为止。

（3）取样：对土质边坡，应对每一主要土层采取土试样，每层土不应少于 3 件土试详。当土层湿度较大时，在每条勘探线上宜选择有代表性的勘探孔，按每 0.5m 的竖向间距取样，进行含水量测定。对坡体中的夹层，特别是软弱夹层应在坡体的不同部位采取土试样。必要时对软弱层宜连续取样。

勘探方法常用的有地震勘探、物探、触探、挖探、槽探及钻探，因各有其局限性，所以多是结合具体条件，互相配合使用。

（1）钻探

通过钻探，可揭示边坡各地层的厚度、位置、产状。根据钻孔取芯试样的分析，可进一步确定各地层的物质成分、物理力学性质。为鉴别和划分地层，钻孔直径不宜过小，须满足试验对取样尺寸的要求。

（2）探井

探井比钻探更直观、更能准确地揭示边坡各地层的厚度、位置、产状、结构组成情况。探井的深度受施工难易程度的限制，不及钻探所能达到的深度，成本也比钻探高得多。

（3）探槽

在边坡顶部滑动面边缘附近下部剪出口附近，滑动面位置较浅，可利用槽探手段揭示滑动面在边缘或剪出口部位处的形态特征及相应地层的情况。

（4）物探

物探（又称地球物理勘探）应在工程地质测绘和钻探的相互配合下进行，可作为一种辅助性勘探手段。物探方法可根据工程要求、探测对象的地球物理特性和场地地形地质条件等因素确定。选择物探方法时，应充分考虑边坡场地的地形起伏、表土层的均匀性和各向异性、场地附近有无对物探工作造成干扰的因素（如变电设备、高压电线、地下金属管道、机械振动）等场地条件的适宜性。

3.2.4 边坡岩土试验

测绘、勘探只能查明边坡中岩土体的结构和地下水位等问题，要定量地测定边坡中岩土体和地下水等各种性能指标，则必须由室内试验和野外现场试验工作来完成。野外现场试验工作能在天然条件下测定边坡岩土体的各种指标，其所得资料比在实验室内使用小块试样所得资料更符合实际情况，更能反映岩土体由于裂隙、软弱夹层及层理等的切割而造成的非均质性及各向异性，但是这类工作需要较大型设备，费时而且成本高昂，所以一般多在后期勘察阶段中采用，即主要应在详细勘察阶段进行，以便为详细设计计算提供指标。初步勘察阶段也要进行相当数量的这类工作，但所得数据主要是用于初步评价边坡的稳定性。在补充勘察阶段中，为了补充前一阶段工作之不足也进行一定量的实验室试验及野外现场试验工作。

边坡勘察中常用的野外现场测试工作大致可分为岩土力学性质试验、岩体应力测量、水文地质试验等。岩土力学性质野外测定包括疏松土和坚硬岩石的强度和变形能力的野外测定。岩体中应力测量不仅要测定岩体的原有应力状态，同时还要测定工程活动过程中应力的变化，一般对于大型边坡才进行。水文地质试验包括测定地下水的流动途径、渗水、钻孔注水、压水、抽水试验测定岩土的渗透性等。

为了进行边坡的稳定性计算和加固工程的设计，必须在勘察中对构成边坡的岩土取样并进行物理力学试验。取样应包括构成边坡的所有地层，特别是对边坡稳定起控制作用的软弱地层，考虑岩土的不均匀性，每种岩土取样不少于 3 组，每层的试样对土层不应少于 6 件，对岩层不应少于 9 件，软弱层宜连续取样。一般情况下对尚未变形的边坡应取原状非扰动样，对已经变形或滑动的边坡可取原状样和部分扰动样以满足不同状态下稳定性验算的需要。

在一般的边坡治理工程中，对于边坡岩土体的试验通常仅考虑下列项目的试验：

（1）黏性土：天然重度、天然含水量、土粒重度、可塑性、压缩性及抗剪强度（固结快剪或快剪）。（2）砂土：颗粒分析、天然重度、天然含水量、土粒重度及自然休止角。（3）碎石土：作颗粒分析，对含黏性土较多的碎石土，宜测定黏性土的天然含水量和可塑性，必要时，可作现场的大体积重度试验。（4）岩石：应测定天然状态和饱和状态下的无侧限抗压强度。

对某一具体工程而言，根据土质条件、设计及施工需要或地区经验，可适当增减试验项目。此外还应注意的是，三轴剪切试验前最高围压和直剪试验的最大法向压力的选择，应与试样在坡体中实际受力情况相近。对控制边坡稳定的软弱结构面，宜进行原位剪切试验。对大型边坡，必要时可进行岩体应力测试、波速测试、动力测试、孔隙水压力测试和模型试验。拉剪强度指标，应根据实测结果结合当地经验确定，并宜采用反分析方法验证。对永久性边坡，尚应考虑强度可能随时间降低的效应。

3.2.5　边坡工程监测

监测是勘察的手段之一，为勘察提供定量数据，帮助查明边坡性质，为预防和治理边坡提供资料。对不宜处理或十分危险的边坡，监测其动态，及时报警，防止造成灾害。通常，开展监测工作多半出于以下两方面的考虑：一是边坡出现了失稳下滑迹象，经过经济方面的权衡，决定对其进行整治。为保证整治前、整治中不发生危险，并在工程竣工后检验工程效果。二是边坡已经出现了滑坡初期的一些迹象或在可预期的环境条件改变后可能失稳下滑，为了保证险区人员生命财产及国家财产安全和力争最大限度地减少损失，拟通过对边坡稳定状态的监测作出相应预报。

边坡工程监测的主要任务就是检验设计施工、确保安全，通过监测数据反演分析边坡的内部力学作用，同时积累丰富的资料作为其他边坡设计和施工的参考资料。边坡工程监测的作用在于：

（1）为边坡设计提供必要的岩土工程和水文地质等技术资料。

（2）边坡监测可获得更充分的地质资料（应用测斜仪进行监测和无线边坡监测系统监测等）和边坡发展的动态，从而圈定可疑边坡的不稳定区段。

（3）通过边坡监测，确定不稳定边坡的滑落模式，确定不稳定边坡滑移方向和速度，掌握边坡发展变化规律，为采取必要的防护措施提供重要的依据。

（4）通过对边坡加固工程的监测，评价治理措施的质量和效果。

（5）为边坡的稳定性分析评价提供重要依据。

边坡工程应由设计提出监测要求，由业主委托有资质的监测单位编制监测方案，经设计、监理和业主等共同认可后实施。方案应包括监测项目、监测目的、测试方法、测点布置、监测项目报警值、信息反馈制度和现场原始状态资料记录等内容。

根据《建筑边坡工程技术规范》GB 50330—2013，边坡工程监测应符合下列规定：

（1）坡顶位移观测，应在每一典型边坡段的支护结构顶部设置不少于3个观测点的观测网，观测位移量、移动速度和方向；

（2）锚杆拉力和预应力损失监测，应选择有代表性的锚杆，测定锚杆（索）应力和预应力损失；

（3）非预应力锚杆的应力监测根数不宜少于锚杆总数的5%，预应力锚索的应力监测根数不应少于锚索总数的 10%，且不应少于 3 根；

（4）监测方案可根据设计要求、边坡稳定性、周边环境和施工进程等因素确定，当出现险情时应加强监测；

（5）一级边坡工程竣工后的监测时间不应少于两年。

边坡工程监测报告应包括下列内容：

（1）监测方案；

（2）监测仪器的型号、规格和标定资料；

（3）监测各阶段原始资料和应力-应变曲线图；

（4）数据整理和监测结果评述；

（5）使用期监测的主要内容和要求。

边坡监测的具体内容应根据边坡的等级、地质及支护结构的特点进行考虑，通常对于一类边坡防治工程，建立地表和深部相结合的综合立体监测网，并与长期监测相结合；对于二类边坡防治工程，在施工期间建立安全监测和防治效果监测点，同时建立以群测为主的长期监测点；对于三类边坡防治工程，建立群测为主的简易长期监测点。

边坡监测方法一般包括：地表大地变形监测、地表裂缝错位监测、地面倾斜监测、裂缝多点位移监测、边坡深部位移监测、地下水监测、孔隙水压力监测、边坡地应力监测等。

边坡在坡体自重、振动或地震等外荷载作用下，常会产生开裂、沉降、位移甚至失稳破坏，因此有必要对边坡的变形情况进行观测，以便对边坡的稳定性进行预测及评价。变形观测网的形式，应根据边坡的特征和地形地貌条件确定。当边坡的范围不大，其形状窄而长，主轴位置较明显时，可采用十字交叉状观测网；当地形开阔，边坡范围不大，在其四周有小山丘时，可采用放射状观测网；当边坡地形复杂，范围较大时，可采用任意方格观测网。

在进行观测点的布置时，主要观测线上的观测点，不得少于 5 个。水准点、置镜点、照准点及其两端的观测点，均应设置在边坡体的稳定地段上。观测站桩点的埋设应考虑观测线的通视要求。边坡变形观测的次数，一般每月 1～2 次，遇降雨或变形速度加快时，应适当增加观测次数，每次的观测资料，应随时整理，当发现异常现象时，应及时分析处理。

边坡监测方法的确定、仪器的选择既要考虑到能反映边坡体的变形动态，同时必须考虑到仪器维护方便和节省投资。由于边坡所处的环境恶劣，对所选仪器应遵循以下原则：

（1）仪器的可靠性和长期稳定性好；

（2）仪器有能与边坡体变形相适应的足够的量测精度；

（3）仪器对施工安全监测和防治效果监测精度和灵敏度较高；

（4）仪器在长期监测中具有防风、防雨、防潮、防震、防雷等与环境相适应的性能；

（5）边坡监测系统包括仪器埋设、数据采集、存储和传输、数据处理、预测预报等；

（6）所采用的监测仪器必须经过国家有关计量部门标定，并具有相应的质检报告；

（7）边坡监测应采用先进的方法和技术，同时应与群测群防相结合；

（8）监测数据的采集尽可能采用自动化方式，数据处理须在计算机上进行，包括建立监测数据库、数据和图形处理系统、趋势预报模型、险情预警系统等；

（9）监测设计须提供边坡体险情预警标准，并在施工过程中逐步加以完善。监测方须半月或1月一次定期向建设单位、监理方、设计方和施工方提交监测报告，必要时，可提交实时监测数据。

边坡工程监测是边坡研究工作中的一项重要内容，随着科学技术的发展，各种先进的监测仪器设备、监测方法和监测手段的不断更新，使边坡监测工作的水平不断提高。

3.2.6　边坡稳定性评价

边坡工程治理一般首先要进行边坡稳定性分析，边坡稳定分析的方法很多，目前在工程中广为应用的是传统的极限平衡理论。近几年，基于不同的力学模型而建立起来的各种数值分析计算方法也越来越受到工程界的重视。一般来说，不同的边坡类型，不同的分析目的以及可获得的基本资料情况，应采用与之相适应的计算理论和稳定分析方法。

边坡稳定性评价方法中的一个重要环节，就是结合多种影响因素对边坡的总体稳定性作出宏观判断并进行定性或半定量的评价，这是岩土工程师和地质工程师在对边坡稳定性进行深入研究之前应首先完成的工作。

边坡稳定性评价方法首先着重研究影响边坡稳定性的内在因素，主要是通过地质勘探、测量、现场观测等手段，取得研究区地质体的基础地质资料，建立能够反映地质体结构特征并具有清晰的边界条件的地质模型，为进一步的研究工作打下基础。随后综合分析潜在的内外部影响因素，对边坡的稳定性进行初步的定性评价，并对边坡可能的失稳模式或破坏机制作出准确的判断。同时结合试验研究、经验判断、理论分析等手段，对地质体的岩土工程物理、力学特性进行系统的分析研究，提出各种分析方法所需的计算参数，针对不同的破坏机制，采用相应的边坡稳定分析计算方法，对各种工况条件下的边坡稳定性作出定量评价，根据计算分析成果，对可能失稳的边坡采取切实可行的工程处理措施，施加有效的边坡加固方案。同时要研究建立边坡稳定的监测系统，对边坡生态进行长期监测，依据监测信息反馈，进一步优化边坡加固方案。通过这一系列的工作环节，达到对边坡稳定性进行综合评价的目的。岩土工程领域中对于边坡稳定性的分析评价工作，基本上遵循这一模式，其中包括：

（1）通过工程地质勘察获取基础地质资料；

（2）结合多种影响因素对边坡总体稳定性进行定性或半定量评价；

（3）对边坡失稳模式作出判别，选择适当的方法进行边坡稳定分析计算；

（4）制定边坡加固及监测设计方案。

《建筑边坡工程技术规范》GB 50330—2013 规定，在进行边坡稳定性计算之前，应根据边坡水文地质、工程地质、岩体结构特征以及已经出现的变形破坏迹象，对边坡的可能破坏形式和边坡稳定性状态作出定性判断，确定边坡破坏的边界范围、边坡破坏的地质模型，对边坡破坏趋势作出判断。边坡稳定性计算方法，根据边坡类型和可能的破坏形式，可按下列原则确定：

（1）土质边坡和较大规模的碎裂结构岩质边坡宜采用圆弧滑动法计算；

（2）对可能产生平面滑动的边坡宜采用平面滑动法进行计算；

（3）对可能产生折线滑动的边坡宜采用折线滑动法进行计算；

（4）对结构复杂的岩质边坡，可配合采用赤平极射投影法和实体比例投影法分析；

（5）当边坡破坏机制复杂时，宜结合数值分析法进行分析。

1. 边坡稳定等级的划分

一般分为稳定边坡、基本稳定边坡、欠稳定边坡和不稳定边坡。

（1）稳定边坡

边坡的坡形坡率符合岩土体的强度条件，无倾向临空面的不利结构面，无或少有地下水，整体或局部稳定系数均符合要求。稳定系数大于 1.2。

（2）基本稳定边坡

边坡的坡形坡率符合岩土体的强度条件，无倾向临空面的不利结构面，少有地下水，整体和局部均稳定，但坡面有冲沟、利落、落石等。稳定系数为 1.1～1.2。

（3）欠稳定边坡

边坡整体稳定，但局部坡陡于岩土稳定角，或受地下水影响岩土强度降低，或有不利结构面倾向临空面，有局部坍滑变形。稳定系数为 1.0～1.10。

（4）不稳定边坡

边坡坡形坡率不符合岩土强度条件，或在古老滑体上开挖、堆载引起古老滑坡复活，或有发育的不利结构面倾向临空面，岩体破碎，地下水发育，开挖后会产生整体失稳。稳定系数小于 1.0。

2. 稳定性评价的边坡

下列边坡应进行稳定性评价：

（1）选作建筑场地的自然斜坡；

（2）由于开挖或填筑形成并需要进行稳定性验算的边坡；

（3）施工期出现不利工况的边坡；

（4）使用条件发生变化的边坡。

3. 高边坡的稳定性评价方法

人们早已熟悉用力学平衡计算法评价边坡的稳定性，它可以得出稳定系数的定量数据，而且可算出需要加固工程承受力的大小。但是对于复杂的高边坡稳定性计算，由于计算的边界条件（范围）和破坏面岩土参数难以准确判定、试验和选取，使计算结果的可信度降低。边坡稳定性评价应在充分查明工程地质条件的基础上，根据边坡岩土类型和结构，以工程地质分析对比法为基础，辅以力学计算两者结合较为合理，前者为后者提供变形类型、范围和边界条件，后者则可得出稳定系数和作用力大小，为设计提供依据。

工程地质分析对比法从以下几方面分析对比：

（1）从自然极限稳定坡的坡形、坡率、坡高与人工边坡的平均坡率和坡高对比中评价其稳定性；

（2）从自然山坡已发生的变形类型和规模推断人工边坡可能发生的变形类型和规模；

（3）从坡体结构分析人工边坡可能发生的变形类型及产生的部位（整体或局部）；

（4）从作用因素及其变化幅度分析，主要是开挖引起坡体松弛、地表水下渗、岩土（特别是软弱带）强度降低分析可能发生的变形类型及规模；

（5）从已发生的变形分析其发生机制并反演出破坏时的岩土强度参数。

力学计算法有多种，只有选择与调查确定的破坏类型及模式相一致的计算方法才能得出正确的结果。其破坏范围主要是松弛范围（除顺层滑坡外），可用有限元计算开挖后边坡的应力场和位移场来确定。

3.2.7　边坡勘察报告

边坡工程勘察报告所依据的原始资料，应进行整理、检查、分析，确认无误后方可使用。边坡工程勘察报告应资料完整、真实准确、数据无误、图表清晰、结论有据、建议合理、便于使用和适宜长期保存，并应因地制宜，重点突出，有明确的工程针对性。

边坡工程勘察报告应根据任务要求、勘察阶段、工程特点和地质条件等具体情况编写，并应包括下列内容：

（1）勘察目的、任务要求和依据的技术标准；

（2）拟建工程概况；

（3）勘察方法和勘察工作布置；

（4）场地地形、地貌、地层、地质构造、岩土性质及其均匀性；

（5）各项岩土性质指标，岩土的强度参数、变形参数的建议值；

（6）地下水埋藏情况、类型、水位及其变化；

（7）可能影响工程稳定的不良地质作用的描述和对工程危害程度的评价；

（8）场地稳定性和适宜性的评价。

勘察报告应对边坡工程整治和改造的方案进行分析论证，提出建议；对工程施工和使用期间可能发生的岩土工程问题进行预测，提出监控和预防措施的建议。

边坡岩土工程勘察报告除上述内容外，还应主要论述下列内容：

（1）边坡的工程地质条件和岩土工程计算参数；

（2）分析边坡和建在坡顶、坡上建筑物的稳定性，对坡下建筑物的影响；

（3）提出最优坡形和坡角的建议；

（4）提出不稳定边坡整治措施和监测方案的建议。

3.3 滑坡勘察

拟建工程场地或其附近存在对工程安全有影响的滑坡或有滑坡可能时，应进行专门的滑坡勘察。滑坡勘察是通过调查、勘探和测试工作，了解滑坡的性质、规模和动态特征等，为评价滑坡稳定性和滑坡整治设计提供依据。滑坡勘察的目的是查明滑坡类型及要素、滑坡的范围、性质、地质背景及其危害程度，分析滑坡原因，判断稳定程度，预测其发展趋势，提出防治对策、方案或整治设计。其内容包括滑坡调查、勘探、土工试验、滑坡的动态观测和资料整理等。

3.3.1 滑坡形成条件及分类

滑坡是斜坡岩土体在重力和水以及其他外营力的作用下，沿某一结构弱面产生剪切破坏的一种不良地质现象。显然，斜坡的稳定性取决于岩土（尤其是软弱结构面）的抗剪强度。岩土依附于某倾向临空面的结构面上，当结构面上所受的剪应力大于结构面的抗剪强度时，斜坡即可能产生滑动变形。

滑坡的产生和分布与特定的自然环境和区域工程地质条件关系密切，而不同类型的滑坡，其空间分布特点，又取决于特定的地质地貌条件和人类工程活动的方式和影响程度。影响山坡稳定（滑坡）的因素很多，但以下几种因素对山坡的稳定和滑坡的产生起控制作用：

1. 地层岩性

从滑坡分布规律看，地层岩性特征是控制山坡稳定性的主要因素之一，地层内含易滑岩层和软弱夹层是造成山坡不稳的必要条件。

2. 地质构造

根据调查，地质构造与山坡变形关系密切，以下地区是滑坡最发育的地段：

（1）区域地质构造复杂，新构造活动性强的地区；

（2）较大断裂破碎带附近，岩层破碎，地下水丰富，有利于滑坡的产生，常是滑坡密集分布的地段；

（3）层理产状与山体滑坡的关系密切，当层面倾向与山坡坡向一致，而且山坡坡度大于岩层倾角时（所谓顺向坡），就易产生顺层滑坡，倾角越大，山坡越不稳定。尤其当层间夹有软弱夹层时，更易于产生滑坡。

3. 地形地貌

在一定的岩性和构造的条件下，地貌单元和山坡地形对滑坡的产生起着决定性的作用。不同地貌单元对滑坡的分布密度、滑坡规模、类型以及产生滑坡的原因都有明显的差异。如冲积平原区，地形平坦，几乎没有滑坡产生。而河谷冲积阶地区，滑坡常出现于阶地前缘斜坡上，大多为黏土滑坡或黄土滑坡。侵蚀堆积丘陵区，是堆积物经后期侵蚀而成的低缓丘陵，一般以黏性土滑坡为主，规模不大。剥蚀中、低山区，山坡陡峻，基岩裸露，坡脚经常有堆积物分布，此区主要发育岩石顺层滑坡、破碎岩石滑坡和堆积土滑坡等，此类滑坡一般规模巨大，年代久远，曾经历过多次的复活和稳定阶段。

从山坡坡度看，一般情况下，岩性相同时，山坡越陡，边坡越不稳定；岩性不同时，就可能出现相反的情况，如陡山坡间的缓坡段，常是不稳定地段，这是因为缓山坡地段常有大量的山麓堆积和坡积物或是古滑坡分布区。

另外，山坡古地貌的形态（埋藏沟槽）与某些土质滑坡的产生亦有密切的关系。如堆积面上的基岩斜坡或古沟槽倾向临空面时，容易产生堆积土滑坡、黄土滑坡和某些黏土滑坡。

4. 水的作用

地下水的存在是产生滑坡的重要因素之一，无水不滑是滑坡的普遍规律。水的作用主要是使岩土软化，抗剪强度降低，并产生动水压力，从而促使山坡滑动。对滑坡起控制作用的地下水，主要富集于斜坡洼地、基岩顶面洼槽、岩土中的含水层、软弱夹层、构造破碎带、基岩风化带、破碎岩石与完整岩石的交界面附近以及滑坡的滑动带中。水量大小不一，有些滑坡虽然水量不大，甚至只见过湿带，但仍然对滑坡产生明显的作用。地下水的补给除部分来自深层地下水（通过断裂构造）外，主要来自地表降水，因此，滑坡都发生于雨期，或者在雨期变形加剧。

5. 外营力改造和人类的工程活动

外营力改造主要包括水流（河流、湖泊、海浪）的冲蚀和地震两大部分，而人类的工程活动则较复杂，包括各种类型工程建筑施工，如路堑开挖和厂房建设等。

对滑坡进行分类的目的在于对各种地质环境下所产生的各种滑坡现象进行概括，以便正确反映滑坡作用的某些规律，从而利用适宜的滑坡分类去指导滑坡勘察和整治设计工作。因此，滑坡分类可根据不同的目的，有多种多样的分类法。目前使用较多的有以下几种：

1. 按稳定性分类

可分成新生滑坡和古滑坡两类。新生滑坡就是近期产生的或近期仍有滑动变形的滑坡；古滑坡就是已稳定多年的古老滑坡，包括中、上更新世以前形成的掩埋式古滑坡。

2. 按动力形式和运动速度分类

前者可分成牵引式滑坡和推动式滑坡，后者可分为崩塌性滑坡、蠕动性滑坡和高速滑坡。所谓牵引式滑坡，就是认为滑坡源发生于滑坡前缘，即前缘土体首先产生滑动变形，而后逐渐向上发展到整个滑坡。一般牵引式滑坡大多属浅层滑坡，滑层较薄，地表裂缝多，由前缘逐步向上发展。推动式滑坡则与之相反，始滑点发生于滑坡的中上部，大多由于中上部超载引起，一般滑动面较深，体积巨大，整体性较好，地表裂缝较少。所谓崩塌性滑坡，即在滑动阶段速度快，时间短；而蠕动性滑坡则相反，有时一处滑坡可以延续数十年，甚至数百年。

3. 按滑面与某主要结构面的关系分类

可分为同类土滑坡、顺层滑坡和切层滑坡三类。其中同类土滑坡系发生于第四系均质土层中的滑坡；顺层滑坡主滑段的滑面与层面、片理面或不整合面等构造裂面基本一致（近似平行）的滑坡；切层滑坡系主滑段滑面切穿上述构造裂面的滑坡。

4. 按主滑面的成因类型分类

（1）堆积面滑坡：滑面由第三、第四系堆积作用形成的软弱面、基岩风化面和第四系内部的层面组成的滑坡。

（2）层面滑坡：滑动面由基岩层面和假（不）整合面形成的滑坡。

（3）构造面滑坡：包括滑动面由节（片）理面、断层面和侵入体与围岩的接触面等组成的滑坡。

（4）同生面滑坡：相当于上述同类土滑坡。同生面是指滑动面与滑坡同时产生的剪切面。

3.3.2 滑坡勘察的目的和任务

1. 滑坡勘察的主要目的及任务

（1）查明滑坡的现状，包括：滑坡周界范围、地层结构、主滑方向；平面上的分块、分条，纵剖面上的分级；滑动带的部位、倾角、可能性；滑带岩土特性等滑坡的诸形态要素；查明各层地下水的位置、流向和性质；在滑坡体、滑坡面（带）和稳定地层中采取土试样进行试验。

（2）查明引起滑动的主要原因。在调查分析滑坡的现状和滑坡历史的基础上，找出引起滑坡的主导因素；判断是首次滑动的新生滑坡还是再次滑动的古老滑坡复活。

（3）获得合理的计算参数。通过勘探、原位测试、室内试验、反算和经验比拟等综合分析，获得各区段（牵引段、主滑段和抗滑段）合理的抗剪强度指标。

（4）综合测绘调查、工程地质比拟、勘探及室内外测试结果；对滑坡当前和工程使用期内的稳定性作出合理评价。

（5）提出整治滑坡的工程措施或整治方案。对规模较大的滑坡以及滑坡群，宜加以避让。防治滑坡宜采用排水（地面水和地下水）、减载、支挡、防止冲刷和切割坡脚、改善滑带岩土性质等综合措施，且注意每种措施的多功能效果，并以控制和消除引起滑动的主导因素为主，辅以消除次要因素的其他措施。

（6）提出是否要进行监测和监测方案。

2. 滑坡勘察收集的资料

（1）附有坐标和地形的滑坡所处地理位置、行政区划、滑坡区的交通状况、区域经济状况；

（2）滑坡区的气象、水文资料，特别是降雨、河流或水库水位；

（3）滑坡区的地层岩性、地质构造、新构造运动、地质资料；

（4）滑坡场地及其附近已有的勘察资料和当地治理滑坡的经验（滑坡治理的结构形式与设计参数）。

3. 滑坡勘察的内容

（1）滑坡的形态要素和演化过程，圈定滑坡周界；

（2）查明各层滑坡面（带）的位置；

（3）查明地下水的位置、流向和性质；

（4）在滑坡体、滑坡面（带）和稳定地层中采取岩土试样进行试验。

4. 滑坡勘察的手段

滑坡勘察应以地质测绘与调查、钻探、井探、槽探为主，必要时，还应采用洞探和物探。

5. 滑坡勘察的范围

滑坡勘察的范围应包括滑坡及其邻区。勘察区后部应包括滑坡后壁以上一定范围的稳定斜坡或汇水洼地，勘察区前部应包括剪出口以下的稳定地段，勘察区两侧应到达滑坡以外一定距离或临近沟谷。涉水滑坡还应到达河（库）心或对岸。

3.3.3　滑坡调查测绘

滑坡勘察宜在收集已有地质资料的基础上先进行工程地质测绘和调查，调查范围应包括滑坡及其邻近地段。比例尺可选用 1∶200～1∶1000。用于整治设计时，比例尺应选用 1∶200～1∶500。滑坡区的工程地质测绘和调查主要包括下列内容：

（1）应在收集分析区域地质和前人已有勘察资料的基础上，对外围进行必要的核查；搜集地质、水文、气象、地震和人类活动等相关资料；

（2）应查明滑坡的各要素特征和滑坡的变形破坏历史及现状，并对滑坡成因、性质和稳定性进行判断；

（3）应识别滑坡特征和滑坡要素，根据地形特征及地面裂缝分布规律等情况判定滑坡范围、主滑方向及主滑线；对可能观察到的滑坡要素和异常地质现象以及能反映滑坡基本特征的地质现象，应有地质观测点控制；

（4）应从地形地貌、地层岩性、地质构造、新构造运动、地震、地下水等基本条件，降雨、地表水等自然因素及边坡开挖、堆填加载、采石采矿、水库渠道渗漏等人为因素多方面对滑坡的成因、性质作出分析判断；

（5）应注意测绘调查树木的异态、工程设施的变形等，滑动体上或其邻近的建筑物（包括支挡物和排水构筑物）的裂缝，但应注意区分滑坡引起的裂缝与施工裂缝、不均匀沉降裂缝、自重与非自重黄土湿陷裂缝、膨胀土裂缝、温度裂缝和冻胀裂缝差异，避免误判；

（6）调查、测绘地下水特征，泉水出露地点及流量，地表水自然沟渠的分布和断面，湿地的分布和变向情况等；

（7）围绕判断是首次滑动的新生滑坡还是再次滑动的古老边坡进行调查；

（8）当地整治滑坡的经验，对滑坡的重点部位应摄影或录像。

3.3.4 滑坡勘探

勘探工作是为了解滑坡内部特征而进行的一些基本数量分析，一般应在调查测绘工作的基础上进行，因为通过调查测绘才有依据选择勘探方法，布置勘探点。勘探的目的主要为证实调查测绘的推论是否正确，并进一步揭露滑坡内部的结构特征，确定滑坡性质及其产生原因，并为正确的整治工程提供设计资料，其具体任务从工程地质上要求是确定滑坡范围、厚度、物质组成、滑动带（包括滑床或滑面）的个数、形状、位置（标高）、各阶段物质组成变化及含水状态，并取足够的土样作物理力学试验。从水文地质上要求确定与滑坡有关的地下水的层数、分布、补给来源、动态及各层间水的水力联系，每层水的水位、水质、水域及其含水层的厚度。必要时保留一些钻孔进行长期观测等。

滑坡勘探的目的主要是查清以下几方面问题：

（1）滑面的深度和滑床形态；

（2）滑带土的厚度、性状和抗剪强度；

（3）地下水的埋深、涌水量和分布规律，地下水的侵蚀性。

滑坡勘探方法一般以钻探为主，配合少量坑探或槽探。条件合适时，可部分采用物探的方法，以减少钻探量。滑坡勘探工作应在外业调查工作基本完成后进行，而且将为了解滑坡性质的勘探和为整治工程设计提供资料的勘探分开。后者尽可能等整治方案确定以后进行，以减少废孔，造成返工和浪费。

滑坡勘察应遵循先勘探主剖面后勘探辅助剖面的原则，并符合下列要求：

（1）控制性勘察阶段应平行主滑线布置主、辅纵勘探线，垂直主沿线布置控制滑坡体厚度横向变化的横勘探线。当同一滑坡有多个次级滑体时，各次级滑体均应平行其主滑线布置勘探线。纵勘探线间距宜为80～150m，应根据滑坡防治等级、地质环境复杂程度及滑坡宽度选择，当滑坡防治等级为一级、地质环境复杂、滑坡宽度较小时，取小值。

（2）详细勘察阶段应在控制性勘察的基础上确认主滑方向及主滑线，在主勘探线两侧增布辅助勘探线，勘探线间距应视滑坡纵横向变化大小和防治工程等级而定，宜为40～80m，当滑坡防治等级为一级、横向变化大时，取小值。如滑坡需要治理，勘探点的布置应满足滑坡治理工程设计的需要。当需进行支挡时，应沿初拟支挡部位布置横勘探线；需采取地下排水措施时，应沿拟设排水构筑物位置增补勘探线。

（3）每条纵勘探线上的勘探点不应少于3个，控制性勘察阶段纵勘探线上勘探点的间距宜为50～80m，详细勘察阶段纵勘探线上勘探点的间距宜为30～60m。滑坡主勘探线宜取小值，滑坡纵向变化大时宜取较小值，滑坡前后部宜取较小值。纵勘探线上勘探点布置应考虑构成横勘探线的需要，剪出口难以确定或横勘探线可能作为支挡线时，应适当加密勘探点。

滑坡勘探孔的深度应穿过最下一层滑面，进入稳定地层，控制性勘探孔应深入稳定地层一定深度，满足滑坡治理需要。

（1）对岩质滑坡线最低滑面为岩土界面的土质滑坡，勘探孔的深度应根据滑面的可能深度确定。控制性勘察阶段钻孔应进入可能的最低滑面以下 3～5m，滑坡有无深层滑面难以判断时，个别控制性勘探点可根据需要加深。详细勘察阶段控制性钻孔应进入可能的最低滑面以下 3～5m，一般性钻孔应进入最低滑面以下 1～3m，探井揭穿最低滑面即可。

（2）对土层内部滑坡，详细勘察阶段的少数控制性钻孔可加深至下伏基岩中等风化层 1～3m，土质滑坡勘探孔进入滑床的深度应大于土层中所见同类岩性最大块石直径的 1.0～1.5 倍。

（3）对需要防治的滑坡，详细勘察阶段可能治理部位的勘探深度应满足防治工程设计的要求，拟设抗滑桩地段的钻孔进入滑床的深度宜为滑体厚度的 1/3～1/2。

3.3.5 滑坡监测

滑坡动态监测是滑坡研究和防治工程设计中的重要环节。尤其是对那些大型的蠕动性滑坡和滑坡周界、滑动方向未定的滑坡，必须通过动态监测确定。滑坡动态监测包括地表位移监测、深部位移监测、建筑物变形监测和水文地质监测等。目前，国内多数单位大多采用以地表位移监测和水文地质监测为主，仅少数单位有条件开展深部位移监测。

滑坡动态监测的内容包括滑坡变形监测、建筑物变形监测、地下水动态监测和滑坡推力实测。目前，国内外滑坡动态监测的技术方法已经发展到了一个较高的水平，已由过去的人工监测逐渐过渡到仪器监测，并正向高精度的自动化遥测系统发展，监测仪器也在不断更新，随着计算机技术和测量技术的发展，激光测距仪和高精度电子经纬仪等先进设备正在逐步成为滑坡动态监测的新手段。

滑坡动态监测的主要目的和任务有：

（1）分析滑坡的稳定性；

（2）确定滑坡周界和滑动方向；

（3）了解滑坡动态（位移速率）与季节的关系；

（4）检验整治工程效果，险情预报。

通过对完整观测网的监测在取得全面的观测数据情况下可解决以下问题：

（1）确定发育尚不完全的滑坡周界；

（2）确定滑坡可能扩大的范围；

（3）确定滑坡区内各个滑动块体的分界；

（4）确定滑坡的滑动方向和主滑线的位置；

（5）确定正在滑动的滑动面位置；

（6）测定滑坡的滑动速度和滑距；

（7）为滑坡各部分的受力关系提供资料。

3.4 危岩和崩塌勘察

拟建工程场地或其附近存在对工程安全有影响的危岩或崩塌时，应进行危岩和崩塌勘察。危岩和崩塌勘察宜在可行性研究或初步勘察阶段进行，应查明产生崩塌的条件及其规模、类型、范围，并对工程建设适宜性进行评价，提出防治方案的建议。

《建筑边坡工程技术规范》GB 50330—2013 中，各类危岩和崩塌的岩土工程评价应符合下列规定：

（1）规模大，破坏后果很严重，难于治理的，不宜作为工程场地，线路应绕避；

（2）规模较大，破坏后果严重的，应对可能产生崩塌的危岩进行加固处理，线路应采取防护措施；

（3）规模小，破坏后果不严重的，可作为工程场地，但应对不稳定危岩采取治理措施。

3.4.1 危岩和崩塌勘察目的和任务

危岩和崩塌地区工程地质勘察的目的是查清危岩和崩塌的范围规模、形成条件、影响因素及发生发展过程等，并制订防治的正确措施。为此，要求工程地质勘察工作做到以下几点：

（1）掌握崩塌落石的基本规律、判别和处理方法，如崩塌落石的形成条件、发展阶段、分类、稳定性计算及其整治措施以及崩塌与其他不良地质现象的区别特点等。

（2）对崩塌落石地段的所有现象要进行详细的调查研究，而且对工点周围一些现象也要进行详细调查，相互对比。研究崩塌落石的形成及其发展与周围地质环境的关系，研究和寻找本区内同类不良物理地质现象的过程和发展。当条件可能时，做一些野外实验，据此推断和预测崩塌落石的稳定性及可能的发展趋势。

（3）对崩塌落石工点的地质条件和地貌特征都要详细的调查清楚，如结构面的特征、产状、延展距离、充填物以及各组结构面的组合形态等都应查清。

3.4.2 危岩和崩塌调查测绘

为了掌握危岩和崩塌的形成原因及发展规律，就要对危岩和崩塌工点进行工程地质勘测，其勘测方法与勘测其他不良物理地质现象一样，以工程地质测绘为主。危岩和崩塌地区进行工程地质调查测绘的内容如下：

（1）调查测绘的范围，应包括危岩和崩塌工点和可能崩落的陡坡区及其相邻地段，以便准确圈定崩落范围，查明其规模。

（2）调查崩塌区的地形地貌和微地貌特征、植被情况以及崩塌体的滚落方向和影响范围等，并应对微地貌进行定量测量，如裂缝宽度、深度、长度产状均应量测准确，对边坡坡度、高度以及陡坎、台阶的高度和宽度等也应量测清楚。

（3）查明地层、岩性、软质岩和硬质岩的分布范围、风化程度和风化速度，对软硬岩层相间的高陡边坡，因风化速度的差异，是否有风化凹槽和突出的悬岩均应查清。

（4）查明地质构造，岩体结构面的产状和裂隙性质、特征（裂隙宽度、间距、延伸长度、深度、充填物的情况等），必要时对岩体结构面进行统计，作结构面统计图。还应查清结构面的组合情况以及可能崩落岩体的形状和大小。

（5）查明地表水和地下水对崩塌落石的影响。对地下水应查清水量、出露位置、补给来源，特别是应注意查清在陡坡上出露的地下水情况，对地表水应查清渗入崩塌体的部位、在崩塌体内流动的途径以及对潜在崩塌体稳定性的影响。

（6）调查崩塌发生发展的历史，分析崩塌产生的原因、发展阶段及发展趋势，预测因工程活动或其他不利因素能否导致崩塌，可能崩塌的范围、数量、岩块大小、滚落方向和影响范围等。对巨大规模崩塌体，还应预测在崩塌过程中是否会产生破坏性的冲击气浪。

（7）搜集本地区的气象、地震、水文资料及防治崩塌的经验。

（8）在崩塌落石地区进行野外测绘时，应完成工程地质平面图和若干个工程地质横断面图，在测绘过程中应将观察到的现象填入图中，对典型有代表性的现象要作素描图或进行拍照。

《建筑边坡工程技术规范》GB 50330—2013 中，危岩和崩塌地区工程地质测绘的比例尺宜采用 1：500～1：1000，崩塌方向主剖面的比例尺宜采用 1：200，主要查明下列内容：

（1）地形地貌及崩塌类型、规模、范围，崩塌体的大小和崩落方向；

（2）岩体基本质量等级、岩性特征和风化程度；

（3）地质构造，岩体结构类型，结构面的产状、组合关系、闭合程度、力学属性、延展及贯穿情况；

（4）气象、水文、地震和地下水的活动；

（5）崩塌前的迹象和崩塌原因；

（6）当地防治崩塌的经验。

3.4.3　危岩和崩塌勘探

崩塌落石地区通常是高山峡谷区，岩石坚硬，一般基岩裸露，地质断面清楚，勘探量不大。为了查明被覆盖和充填的裂缝特征及充填物的性质，有条件时可布置挖探和少量钻探。

（1）勘探被覆盖或被填充的裂隙特征、充填物性质及充水情况，可采用钻探、槽深、井探、跨孔声波测试、孔中彩色电视及地质雷达测试等手段。

（2）勘探控制性结构面的钻孔应采用水平或倾斜钻孔，钻孔穿过控制性结构面，其深度不应小于可能的卸荷带最大宽度和结构面最大间距，水平或倾斜钻孔宜从崖脚起算危岩（陡崖）高度的 1/3～1/2 布置。

（3）崖顶卸荷带、软弱基座分布范围的勘探宜采用槽探和井探；

（4）槽探和井探的总数占勘探点总数的比例不少于 1/3。

对危岩带勘察时勘探线应尽量通过危岩体重心，勘探线间距宜为 80m～100m，对单个危岩进行勘探时，勘探线应通过危岩体重心。勘探点应能控制危岩体的主要结构面，揭露同一结构面的勘探点不宜少于 3 个。

对崩塌或危岩体滚落的途径、方向、跳跃高度、影响范围等难以判明者，有条件时，宜在现场做简易的岩块滚落试验。

崩塌落石运动的过程和特点，单凭野外的调查研究和理论计算是得不到良好效果的。在陡坡上运动的大块石，在理论上可以推测它是沿着类似抛物线形状的轨迹，连续地跳跃向下坠落。但是由于山坡的坡度、高度、形状，山坡表面的粗糙程度，堆积物的组成物质和落石形状等条件的不同，都直接影响着崩塌落石运动的状态和速度大小。块石运动有时滚动，有时跳跃，有时骤然为障碍物所阻，有滚落跳跃得高而远，有滚落得低而近。总之，情况是非常复杂的。但是，崩塌落石也是有规律可循的。要解决上述问题，就需要在测绘时进行一些人工落石试验。目的是根据多次试验，求得在各种情况下，崩塌落石在某点运动的初速度及投射角以及常用的其他计算数据。一般情况下，落石运动的速度，在野外可以按落石实际在某距离内运动所消耗的时间来反算。

此外，为了对潜在崩塌体进行稳定性计算，有时需要取岩样和土样（如裂缝或夹层的充填物）进行室内物理力学性质试验，以便求得有关计算参数。

3.4.4 危岩和崩塌监测

为了判定危岩的稳定性，必要时需对潜在崩落体和张裂缝进行长期监测，以便对危岩的变形类型、发展速度进行判断，为制订正确的整治方案提供依据。对有较大危害的大型危岩，应结合监测结果，对可能发生崩塌的时间、规模、滚落方向、途径、危害范围等作出预报。

3.5 勘察资料的分析与整理

通过对边坡工程场地进行工程测绘和调查、勘探与取样、原位调试与室内试验等岩土工程勘察工作，取得了一系列勘察资料、参数，如何运用这些资料和参数进行岩土工程分析与评价，是边坡工程勘察的重要环节之一。通过对边坡工程场地的岩土工程分析与评价，编写出合理的岩土工程勘察报告，从而为边坡工程提供技术可行、经济合理的科学依据，是工程地质勘察的最终目的。

勘察工作完成后，要对勘察过程中所取得的各类资料进行整理、分析

76

并编写勘察报告。勘察报告是岩土工程勘察的总结性文件，一般由文字报告和所附图表组成。此项工作是在工程勘察过程中所形成的各种原始资料编录的基础上进行的。为了保证勘察报告的质量，原始资料必须真实、系统、完整。因此，对岩土工程分析所依据的一切原始资料，均应及时整编和检查。

勘察报告主要内容应包括：勘察过程和采用的勘察手段、边（滑）坡区地质地貌单元、地层、岩性、构造和微地貌特征；边（滑）坡规模、形态、类型；边坡体的组成物质和岩土体强度（值）；地下水（包括区域水文地质特征、滑体内地下水分布和水力联系）；边（滑）坡成因、发展过程、滑动方向和稳定性分析；整治措施意见等。

工程地质图是综合反映地区工程地质条件并给予综合评价的图面资料。它综合了通过各种工程勘察方法如测绘和调查、勘探和取样、原位测试和室内试验以及现场检验和监测所取得的成果，结合建筑需要编制而成。工程地质图与勘察报告书一起，作为工程勘察的总结性文件，提供规划、设计或施工使用。

工程地质图是由一组图件组成，平面图是主图，其他图件如工程地质剖面图、立体图以及一系列表格称附图。主图是最主要的，而附图也是必不可少的，它可以补充平面图所反映不够的工程地质条件，有了附图就能使主图的内容更易理解，更加清晰，而且共同充分反映场区的工程地质条件，说明分区特征。边（滑）坡区工程地质图除一般地质内容外，还应包括边（滑）坡周界、台阶、裂缝、湿地、泉水和滑动方向等。对动态和稳定性较复杂的大型边（滑）坡，还应有稳定性和动态分区界限以及边（滑）坡轴向工程地质纵断面图。边（滑）坡主轴纵断面图是沿滑面最深、位移最大的部位，顺滑动方向绘制，对顺层滑坡类，因滑面基本上是一平面，轴向纵断面图可于滑体中部顺滑动方向绘制，如为几个滑坡的滑坡群，则要按不同的滑动方向分别绘制。

3.6　小结及学习指导

边坡滑坡的多样性是受复杂的岩土结构和岩土条件决定的，采用各种勘察手段查明边坡工程地质条件，是正确评价滑坡危险性和进行边坡稳定分析最重要的工作。边坡工程地质勘察的目的是掌握边坡岩土体的物理力学特性和地下水性质，为宏观分析和评价各类边坡在天然状态、施工和运营期的稳定性提供基础资料，同时也为边坡稳定分析计算提供必要的物理模型和地质参数。

通过本章内容的学习，要求熟悉边坡勘察的基本要求和一般规定，掌握边坡勘察的主要内容、边坡勘察资料的整理及分析方法，了解滑坡勘察、危岩崩塌勘察的主要内容及勘察资料分析方法。其中，边坡勘察的基本要求、边坡勘察主要内容以及边坡勘察资料的整理及分析方法是本章重点及难点内容。

习题

3-1 简述边坡工程主要岩土工程问题和勘察要点。

3-2 试述滑坡勘察的步骤、内容及其稳定性评价的要点。

3-3 简述危岩、崩塌岩土工程勘察的要点。

3-4 简述边坡工程地质测绘和调查的目的和任务。

3-5 简述边坡工程地质勘探的主要任务及其特点。

3-6 简述滑坡勘探的主要方法以及如何选择勘探手段。

3-7 简述边坡工程监测的主要内容和方法。

3-8 试述边坡工程勘察报告的主要内容。

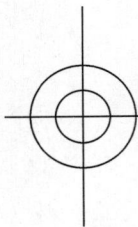

第4章
边坡稳定性分析与评价

本章知识点

> 知识点：边坡破坏的形式、边坡稳定性分析的各种典型方法原理及其计算精度和适用范围，用最优化方法搜索圆弧以及任意形状滑裂面的最小安全系数的原理和方法。
>
> 重　点：圆弧滑动法、平面滑动法、折线滑动法、赤平极射投影法以及边坡稳定性评价。
>
> 难　点：应用合适的边坡稳定性分析方法分析复杂边坡的最小安全系数并作出边坡稳定性评价。

4.1　概述

边坡稳定性分析的目的，在于预测边坡失稳的时间、规模以及危害程度和对斜坡的稳定性作出评价和预测，同时还可以为合理设计人工边坡以及制定有效整治措施提供依据。边坡稳定性的研究最早是随着土压力和地基承载力的研究同时发展起来的。早期阶段始于1776年，法国工程师库仑就提出了挡土墙压力的计算方法，之后1857年朗肯提出了主动土压力和被动土压力的计算方法。上述方法通过一系列假定使问题简化，从而使计算也得到简化，之后他们在分析土压力时采用的方法被推广到地基承载力和边坡稳定性分析中，形成了极限平衡方法应用。中期阶段，具有各种简化条件的圆弧滑动法和岩质边坡稳定性计算方法相继被提出，并获得了广泛的工程应用。进入20世纪70年代以后，随着计算机和数值方法的发展，使得高度精确的应力、应变分析和使用大型计算机计算边坡稳定性成为可能，因此在这一阶段新的计算理论和数值方法纷纷涌现。

《建筑边坡工程技术规范》指出，边坡稳定性评价应在充分查明工程地质条件的基础上，根据边坡岩土的类型和结构，综合采用工程地质类比法和其他定量的计算方法进行分析计算。对于以下建筑边坡应进行稳定性评价：选作建筑场地的自然斜坡；由于开挖或填筑形成并需要进行稳定性验算的边坡；施工期出现不利工况的边坡；使用条件发生变化的边坡。

边坡的稳定性评价预测方法有很多，一般可概括为过程机制分析、理论计算法和工程地质类比法，有些著作中将其分为定性分析法和定量分析法，前者如工程地质类比法、赤平投影作图法等，后者包括极限平衡计算方法、有限元分析法、破坏概率计算法等。

本章对于边坡稳定性计算方法依据边坡岩土体类型和破坏形式按下列原则确定：土质边坡和较大规模的碎裂结构岩质边坡宜采用圆弧滑动法计算；对可能产生平面滑动的边坡宜采用平面滑动法进行计算；对可能产生折线滑动的边坡宜采用折线滑动法进行计算；对结构复杂的岩质边坡，可配合采用赤平极射投影法和实体比例投影法分析；当边坡破坏机制复杂时，宜结合数值分析法进行分析。本章将详细介绍上述边坡稳定性计算方法的原理和具体计算步骤，并给出相应的工程案例。

4.2 工程地质类比法

4.2.1 基本原理

边坡稳定性评价应在充分查明工程地质条件的基础上，根据边坡岩土的类型和结构，综合采用工程地质类比法和定量计算方法进行分析计算。工程地质类比法是边坡稳定性分析中的一种传统方法，又称为工程地质比拟法，具有简单实用的特点，它是把已有的工程地质经验运用到条件相似的研究中去对比，从而对拟建工程作出评价和提供建设参数的一种方法。工程地质类比法的运用非常广泛，是工程地质界的一种具有代表性意义的工作和研究方法，许多重要的工程正是采用了工程地质类比法设计成功的。

工程地质类比法的主要思路是依据以往的工程经验，利用工程地质学分析方法，将边坡的岩土体类型、结构特征及其他地质条件进行类比，从而对边坡稳定性状态及可能发生的破坏类型作出经验性的定性判断。其特点在于它的经验性和相似性，这种经验性体现在它极度依赖现场调查、观测、统计和分类等的基础上。这里提到的相似性，主要指边坡岩性和岩体结构的相似性以及边坡类型的相似性。

因为边坡岩体的破坏受岩土体类型影响因素很大，所以在给定的工程地质条件下，通过对边坡岩体的结构形态、特征、性质的实地调查和观测所得到的资料进行统计、分类和地质力学分析。然后，根据介质条件和工程条件，通过类比和经验判断来定性的评价边坡岩体的稳定程度，这种做法是可取的。

类比的因素范围很广，原则上与岩土工程有关的一切因素都属于类比对象。其中包括易变因素如降雨、地震、施工等；而其他因素如岩性、构造、山体结构、岩体结构、风化程度、岩土体变形破坏规律等变化不大的因素则称为基本因素。

工程地质类比法的一般步骤是：

（1）确定研究区域，在研究区域内调查研究分析地质地貌形态、古滑坡及滑坡群、所有边坡的岩土体类型，并描述和分析研究区域内堆积和切割特性，同时对所有边坡进行相应的工程地质测绘。

（2）在边坡工程影响所及的范围内，详细勘探、测量和描述地层层次、岩性、岩体结构的单元块体的形状和大小，结构面的类型、性质、特征、产状、分布规律和发育程度，结构面富集物状态和成分，气象条件，地下水出露特征和赋存状态等。

（3）确定边坡结构面的平面图和剖面图。

（4）将上述资料与条件相同、规模相近的边坡进行对比，通过经验判断，最后作出定性的评价以确定当前边坡岩体的稳定程度及推测今后可能的发展趋势。

工程地质类比法的适用范围，从前面的介绍可知，它避开了较复杂的和需要较长时间的测试手段才能确定的定量计算指标，利用宏观调查统计规律，能够很快地评价边坡岩体的稳定情况，一般可为规模不大、影响因素不甚复杂的一些施工进度较快的边坡工程提供及时的参考性评价。但是它的缺点在于无法适用于没有比拟条件的地区和不足以构成统计规律的情况，特别是对于一些影响因素较复杂的人工高边坡，往往无法起到好的作用。

4.2.2 案例分析

在进行工程地质类比法时需要先研究可比度，可比度是为评价可比性而提出的一种半定量的经验性指标。在进行可比度研究中，主要考虑工程条件和工程地质条件两个方面。前者包括工程类型和工程规模，后者包括工程地质条件的复杂性、岩石坚硬性（综合考虑岩性和风化）、岩体结构、地下水条件和地应力条件。

综合考虑进行类比时需要考虑的不同因素，提出了可比度 C 的具体计算式，并且对可比度进行五级划分，见表 4-1。

工程类比法可比性分级及科比对标准　　　　　　表 4-1

级序	Ⅰ	Ⅱ	Ⅲ	Ⅳ	Ⅴ
可比性	强	较强	中等	较弱	弱
可比度	$1 \geqslant C > 0.8$	$0.8 \geqslant C > 0.6$	$0.6 \geqslant C > 0.4$	$0.4 \geqslant C > 0.2$	$0.2 \geqslant C$
定性归类	可比		勉强可比	基本不可比	

利用工程地质类比法可以对边坡的稳定性进行评价。例如，在五强溪水电站船闸边坡设计中采用了仿自然边坡设计方法。其实质正是人工边坡同所在部位的自然边坡的类比（杨志法等）。表 4-2 为五强溪水电站左岸船闸自然边坡与人工边坡的类比。经计算两者的可比度为 0.8667，属可比性强。由于具体计算可比度的算法比较复杂，这里只作简单介绍，有兴趣的读者可以查阅相关文献。此外，工程地质类比法不仅可以用于边坡稳定性分析，还可以用于其他工程地质领域，例如，对水库建成后几十年库岸坍塌后坡脚的预测可与上游河岸坡脚进行类比（周代荣和张丙先）。

五强溪水电站左岸船闸自然边坡与人工边坡的类比（杨志法等）　表 4-2

因素	自然边坡		人工边坡	
	类别	特征	类别	特征
工程类别	边坡		边坡	
规模	坡高	165m	坡高	165m
边坡脚		34.5°		34.5°
边坡修正系数	反倾边坡		反倾边坡	
工程地质条件复杂程度	复杂工程		复杂工程	
岩石坚硬性	软弱		中等坚硬	
岩体结构	层状		层状	
地下水	小出水量		小出水量	
地应力	低		低	

4.3　圆弧形滑坡稳定性分析

　　圆弧形滑坡稳定性分析常用的圆弧滑动法是一种很经典的边坡稳定性分析方法，将滑动面视为圆弧面，认为发生于土质边坡的滑动形态通常比较单一，以剪切破坏为主。土坡滑动的滑动面多呈圆弧形，而强风化或非常破碎的岩体中边坡破坏面也近似于圆弧形。因此对于土质边坡和较大规模的碎裂结构岩质边坡宜采用圆弧滑动法计算。

4.3.1　基本原理

　　圆弧滑动法计算时把滑动面呈圆弧形的滑动土体分成若干条块分别计算，取其总和，以各条块抗滑力总和与下滑力总和的比值为安全系数。它包括整体圆弧滑动法和圆弧条分法，这里介绍《建筑边坡工程技术规范》中介绍的圆弧滑动法，规范指出采用圆弧滑动法时，需要搜索最危险的圆弧滑动面并确定最危险圆心，然后划分计算条块。

　　如图 4-1 所示的均质简单土坡，一般而言，对于圆弧滑动面，滑动面上各点的法向应力不同，因而各点处土的抗剪强度也各不相同，因此整体圆弧法并不足够精确。这里介绍采用圆弧条分法，即将滑动面视为圆弧面，同时把滑动面呈圆弧形的滑动土体分成若干条块分别计算。如图 4-1 所示土坡，取单位长度按平面问题计算。设可能滑动面是

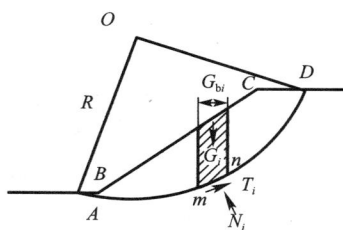

图 4-1　圆弧滑动法条块划分示意图

一圆弧 AD，圆心为 O，半径为 R。将滑动土体 $ABCDA$ 分为许多竖向土条，土条的宽度一般可以取 $b=0.1R$，假定不考虑土条两侧的作用力，任一土条 i 上的作用力包括：

　　① 该土条的重力 G_i，上覆荷载的重力 G_{bi}，其大小、作用力位置及方向均为已知。

　　② 滑动面 mn 上的法向力 N_i 和下滑力 T_i，假定 N_i 和 T_i 作用在滑动面

mn 的中点，它们的大小未知。N_i 代表沿滑动面方向的法向应力，其大小为岩土体自重和动水压力沿垂直条块滑动面 mn 的分量，而第 i 计算条块滑动面上的下滑力则包括动水压力和岩土体自重沿滑动面方向的切向分量。

③ 动水压力 P_{wi}，大小方向未知，作用点已知。

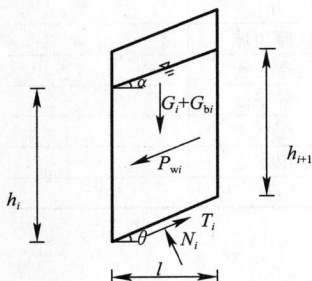

图 4-2 圆弧滑动法中单一条块受力示意图

其中根据单块土体的平衡条件（考虑图 4-2 所示的单块土体）可得：

$$N_i = (G_i + G_{bi})\cos\theta_i + P_{wi}\sin(\alpha_i - \theta_i) \tag{4-1}$$

$$T_i = (G_i + G_{bi})\sin\theta_i + P_{wi}\cos(\alpha_i - \theta_i) \tag{4-2}$$

滑动面 mn 上的土的抗剪强度为：

$$\tau_{fi} = \sigma_i\tan\varphi_i + c_i \tag{4-3}$$

分析时在土坡长度方向如图 4-2 所示，第 i 计算条块滑动面上的抗滑力由库仑摩擦定律可知，第 i 计算条块滑动面上最大抗滑力为：

$$R_i = N_i\tan\varphi_i + c_i l_i \tag{4-4}$$

式中 φ_i、c_i、l_i——分别代表第 i 计算条块滑动面上岩土体的内摩擦角标准值、第 i 计算条块滑动面上岩土体的粘结强度标准值和第 i 计算条块滑动面长度；

θ_i、α_i——分别表示第 i 计算条块底面倾角和地下水位面倾角；

G_i、G_{bi}——第 i 计算条块单位宽度岩土体自重和第 i 计算条块滑体地表建筑物的单位宽度自重；

P_{wi}——第 i 计算条块单位宽度的动水压力。

整个边坡的稳定性系数可由下式确定，其代表意义是指各条块抗滑力总和与反力总和的比值：

$$K_s = \frac{\sum R_i}{\sum T_i} \tag{4-5}$$

式中 R_i——第 i 个计算条块滑动面上的抗滑力；

T_i——第 i 个计算条块在滑动面切线上的下滑力。

单块土体的平衡条件中提到的动水压力，是针对存在地下水渗流作用的边坡，如不存在地下水渗流，可不予考虑。当考虑地下水渗流作用的时候，边坡地下水动水压力的严格计算应以流网为基础。但是，绘制流网通常是较困难的。考虑到用边坡中地下水位线与计算条块底面倾角的平均值作为地下水动水压力的作用方向具有可操作性，且可能造成的误差不会太大，因此可以采用下述方法。

不难知道，浮力作用在计算中，体现在对水下部分的岩土体取浮重度，根据动水压力基本计算表达式：

$$P_{wi} = J \cdot \gamma_w \cdot V_i \tag{4-6}$$

假设渗流途径过水下部分，且与该图 4-2 中的四边形中线平行，即为动水压力方向，指向低水头方向，则动水压力大小为：

$$J = \sin \frac{1}{2}(\alpha_i + \theta_i) \tag{4-7}$$

将该动水压力在投影到条块地面法向和切向方向上时，分别需要乘以 $\sin(\alpha_i - \theta_i)$ 和 $\cos(\alpha_i - \theta_i)$。

因此，在边坡稳定性分析应按下列方法考虑地下水的作用：

对于水下部分岩土体取浮重度，第 i 计算条块岩土体所受的动水压力 P_{wi} 可按下式计算：

$$P_{wi} = \gamma_w \cdot V_i \cdot \sin \frac{1}{2}(\alpha_i + \theta_i) \tag{4-8}$$

式中　γ_w——水的重度；

　　　V_i——第 i 计算条块单位宽度岩土体的水下体积。

4.3.2　最危险滑动面圆心位置的确定

上面介绍了对于某一假定滑动面求得稳定安全系数的方法，但是实际计算中需要试算许多可能的滑动面，相应于最小的安全系数的滑动面即为最危险滑动面。如假设有若干可能的滑动面，需重复进行计算，将每一个可能滑动面的安全系数逐一计算出来。计算值最小的安全系数对应的滑动面就是最危险滑动面。如果此最小值小于1，则说明此边坡不稳定。这里需要说明的是设计边坡的安全系数是大于1的某一数值，这需要综合工程重要性来决定。计算最小安全系数不得小于设计安全系数，否则需要重新设计坡高和坡面角，直到符合设计要求。

由上节的计算基本原理可知条分法的计算工作量很大，需要计算出很多个圆弧滑动面来找出最危险滑动面。为了简化计算，一些学者就找出最危险滑动面的简便方法进行了研究，以下介绍几种方法：

1. 费兰纽斯方法

（1）当土的内摩擦角 $\varphi = 0°$ 时，比如黏性很大的高塑性黏土，费兰纽斯认为土坡的最危险滑动面通过坡脚，其圆心为图 4-3 所示的 D 点。寻找该点的具体的做法是过坡脚 B 及坡顶 C 分别作 BD 及 CD 线，其交点即 D 点，BD 及 CD 线分别与坡面及水平面呈 β_1 及 β_2 角，β_1 及 β_2 角是与土坡坡脚 β 有关的参数，可以根据表 4-3 查得。

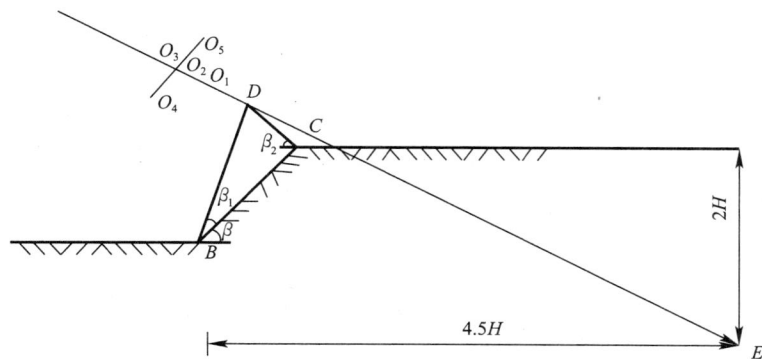

图 4-3　费兰纽斯经验方法示意图

		β_1 及 β_2 经验数值		表 4-3
土坡坡度	坡角 β	β_1	β_2
1：0.58	60°	29°	40°
1：1	45°	28°	37°
1：1.5	34°	26°	35°
1：2	27°	25°	35°
1：3	18°	25°	35°
1：4	14°	25°	37°
1：5	11°	25°	37°

（2）当土的内摩擦角 $\varphi > 0°$ 时，费兰纽斯同样认为土坡的最危险滑动面圆心也通过坡脚位于一条直线上，首先作出位于坡脚右侧的 E 点，E 点的位置距 B 点水平距离为 $4.5H$，距离坡顶垂直距离为 $2H$，该圆心位于 ED 延长线上。随着 φ 值增大，圆心向外移，计算时，先在 ED 延长线上取几个试算圆心 O_1、O_2…，并分别求出对应的安全系数，绘制相应的安全系数曲线即可以得到最小安全系数值 K_{min}，因此其对应的圆心 O_m 就是最危险滑动面的圆心。

（3）实际上土坡的最危险滑动面的圆心位置有时候并不一定在 ED 的外延线上，为了解决这个问题，一般通过试算圆心 O_m 作垂直于 ED 线的垂线，在这条垂线上再取几个试算点，将它们作 K 值比较，确定最小 K 值的圆心才是真正最危险滑动面的圆心。

从上述介绍可以看出，费兰纽斯的方法确定了最危险滑动面圆心的区域范围，通过试算该区域内的最危险滑动面圆心对应的安全系数，最终确定最危险滑动面圆心，但是它的缺点是对不同圆心的 K 值计算工作量很大。

2．泰勒经验方法

泰勒提出确定最危险圆弧面的三种方法，该方法与内摩擦角 φ 值、坡脚 β 以及硬层埋藏深度等因素有关，具体分析步骤如下：

（1）当 $\beta > 53°$ 且当 $\varphi > 3°$ 时，滑动面为坡脚圆，其最危险滑动面圆心位置，可根据 φ 和 β 从图 4-4（b）曲线中查得 θ 及 α 值作图求出。其中，α 为滑动面坡顶与坡底连线的倾角，β 为边坡面倾角，φ 为土体内摩擦角，2θ 为滑动面弧长对应的圆心角，下同。

（2）当 $\beta > 53°$ 且 $\varphi = 0°$ 时，滑动面也为坡脚圆，其最危险滑动面圆心位置，根据 φ 和 β 从图 4-4（b）曲线中查得 θ 及 α 值作图求出。

（3）当 $\beta < 53°$ 且 $\varphi = 0°$ 时，滑动面可能是中点圆，坡脚圆或坡面圆，取决于硬层的埋藏深度。当土体高度为 H，硬层的埋藏深度为 $n_d H$（如图 4-5a 所示）。若滑动面为中点圆，则圆心位置在坡面中点 M 的铅直线上，且与硬层相切，滑动面与土面的交点为 A，A 点距坡脚 B 的距离为 $n_x H$，n_x 值可根据 n_d 及 β 值由图 4-5（b）查得。若硬层埋藏较浅，则滑动面可能是坡脚圆或坡面圆，其圆心位置需通过试算确定。

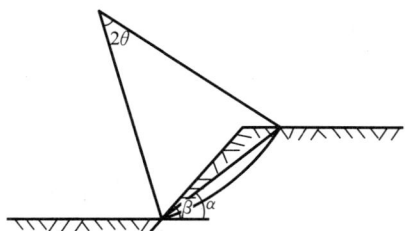

（a）

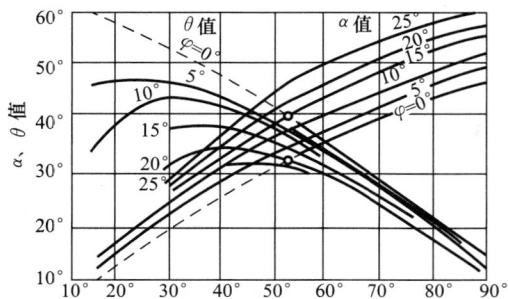

（a）

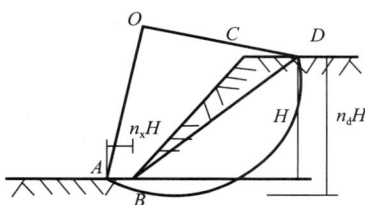

（b）

图 4-4　当 $\varphi>3°$ 或当 $\varphi=0°$，且 $\beta>53°$ 时

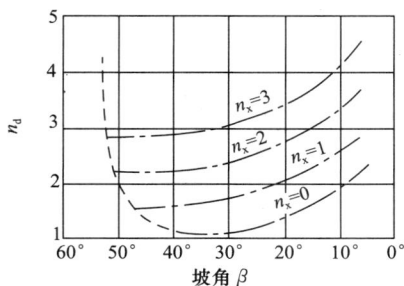

（b）

图 4-5　（当 $\varphi=0°$，且 $\beta<53°$ 时）

4.3.3　例题

【例 4-1】某简单土坡 *BCD* 如图 4-6 所示，已知土坡高度 $H=8\mathrm{m}$，坡脚 $\beta=55°$，土的性质为：$\gamma=20\mathrm{kN/m^3}$，$\varphi=12°$，$c=20\mathrm{kPa}$。试用圆弧滑动法法验算土坡的稳定安全系数。

【解】（1）按比例绘出土坡的剖面图，按泰勒的经验方法确定最危险滑动面圆心位置。当 $\varphi=12°$、$\beta=55°$ 时，可知土坡的滑动面是坡脚圆，其最危险滑动面圆心的位置，可从图 4-3（b）的曲线得到 $\alpha=40°$、$\theta=34°$。由此作图可求得圆心 *O*。

（2）将滑动土体 *BCD* 划分为垂直土条。滑动圆弧 *BD* 的水平投影长为 $H/\tan\alpha=$

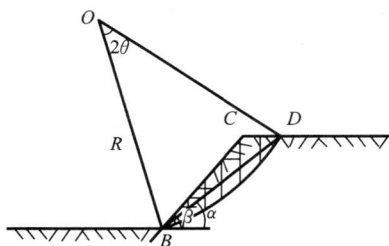

图 4-6　圆弧滑动面示意图

9.53m，将滑动土体划分为 7 个土条，从坡脚处进行编号 1~7，其中 1~6 条宽度为 1m，第 7 条宽度为 1.15m。

（3）计算各土条滑动面中心与圆心的连线同竖直线的夹角 α_i 值，这个角度同时也是条块底面与水平线的夹角。这里可以按照以下公式进行计算：

$$\sin\alpha_i=\frac{b_i}{R}$$

$$R=\frac{d}{2\sin\theta}=\frac{H}{2\sin\alpha\sin\theta}=8.35\mathrm{m}$$

式中 b_i——各土条 i 的滑动面中点与圆心 O 的水平距离；

$\qquad$ R——圆弧滑动面 BD 的半径；

$\qquad$ d——BD 的长度；

（4）从图中量出各土条的中心高度 h_i，计算各土条面积和重力，将结果列于表 4-4，由于本例中不考虑动水压力，如考虑需计算动水压力值并列于表 4-4。

圆弧滑动法计算表 $\qquad$ 表 4-4

土条编号	土条宽度 b_i（m）	土条及上覆荷载 G_i+G_{bi}（kPa）	α_i（°）	T_i（kPa）	R_i（kPa）
1	1	12	9.5	1.84	22.34
2	1	36	16.5	9.51	26.82
3	1	57	23.8	21.39	30.31
4	1	75	31.8	36.56	32.63
5	1	82	40.1	49.12	32.40
6	1	61	49.8	43.33	27.78
7	1.15	30	63.0	24.86	22.69

（5）按下式计算土坡的稳定安全系数：

$$K_s = \frac{\sum R_i}{\sum T_i} = 1.045$$

因此，该边坡目前处于稳定状态，在其他工程地质因素发生变化的情况下，极有可能发生失稳。

4.4 平面形滑坡稳定性分析

可能产生平面滑动的边坡，主要是岩质边坡沿着单一平面滑动。边坡沿着某一倾斜平面发生滑动，很可能是因为坡顶面存在张裂隙。岩体内的结构面，尤其是软弱结构面的存在，常常是岩坡不稳定的主要因素，大部分岩坡在丧失稳定性时的滑动面可能有三种，一种是沿着岩体软弱岩层滑动；另一种是沿着岩体中的结构面滑动；此外，当这两种软弱面不存在时，也可能在岩体中滑动，但主要的是前面两种情况较多。在进行岩坡分析时，应当特别注意结构面和软弱层的影响。

岩坡沿着单一的平面发生滑动，一般必须满足下列几何条件：

（1）滑动面的走向必须与坡面走向平行或接近平行（约在 ±20° 的范围内）；

（2）滑动面必须在边坡面露出，即滑动面的倾角 β 必小于坡面的倾角 α，即 $\beta < \alpha$；

（3）滑动面的倾角 β 必大于该平面的摩擦角，即 $\beta > \varphi$；

（4）岩体中必须存在对于动阻力很小的分离面，以定出滑动的侧面边界。

4.4.1 基本原理

考虑某岩体中存在软弱结构面 AC，因此由它切割形成的滑动体 ABC 如图 4-7 所示。已知岩体重度 γ，该岩体体积为 V，结构面面积为 A，结构面黏聚力为 c，内摩擦角为 φ，边坡倾角 α。

考虑岩体的整体受力平衡：

下滑力等于岩土体重力在滑动平面切线方向上的分量即 $\gamma V\sin\theta$；

作用在滑动平面上的法向应力为岩土体重力在滑动平面切线方向上的法向分量即 $\gamma V\cos\theta$；

在该面上考虑摩尔-库仑准则，该滑动面能承受的极限抗滑力等于 $\gamma V\cos\theta\tan\varphi + Ac$。

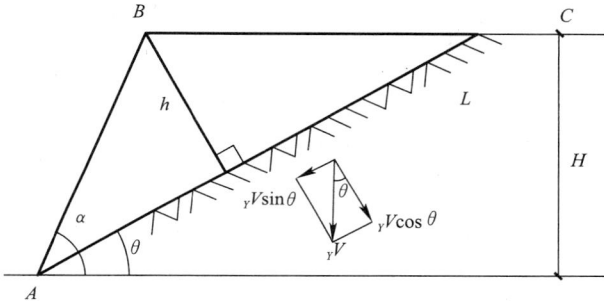

图 4-7 平面滑动法示意图

因此边坡稳定性系数等于该滑动面上的抗滑力与下滑力的比值，可按下式计算：

$$K_s = \frac{\gamma V\cos\theta\tan\varphi + Ac}{\gamma V\sin\theta} \qquad (4-9)$$

式中 γ——岩土体的重度（kN/m³）；

$\quad\quad c$——结构面的黏聚力（kPa）；

$\quad\quad \varphi$——结构面的内摩擦角（°）；

$\quad\quad A$——结构面的面积（m²）；

$\quad\quad V$——岩体的体积（m³）；

$\quad\quad \theta$——结构面的倾角（°）。

4.4.2 例题

【例 4-2】考虑图 4-8 所示的简单岩质边坡，已知该岩体内存在单一软弱结构面 $ABCD$ 并可能沿该结构面发生滑动，岩体重度 $\gamma = 25\text{kN/m}^3$，体积为 3180m^3，该软弱结构面积 A 为 105m^2，倾角为 $36°$，内摩擦角 φ 为 $30°$，黏聚力为 100kPa。试用平

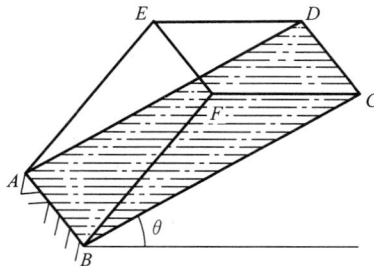

图 4-8 沿平面滑动的岩质边坡示意图

面滑动法验算边坡的稳定安全系数。

【解】 采用平面滑动法，将上述参数直接带入公式，可得：

$$K_s = \frac{\gamma V \cos\theta \tan\varphi + Ac}{\gamma V \sin\theta} = \frac{25 \times 3180 \times \cos36° \times \tan30° + 100 \times 105}{25 \times 3180 \times \sin36°} = 1.17$$

因此，目前该边坡处于较为稳定状态，不会沿软弱结构面发生滑动。

4.5　楔形块体滑动滑坡稳定性分析

4.5.1　基本原理

岩质边坡除了发生上述单一结构面的平面滑动外，当存在多结构面时还容易楔形体滑动，比如边坡中存在两组结构面，这两组结构面共同切割边坡形成各个块体，这时的块体如果沿着结构面的组合交线向下滑动，就发生所谓的楔形体破坏，如图 4-9 所示。

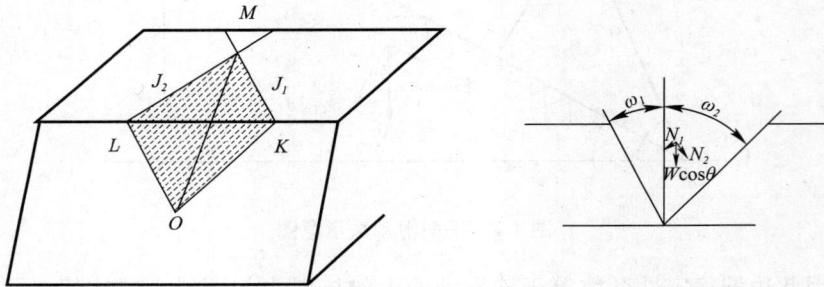

图 4-9　楔形体滑动法示意图
(a) 整体视图；(b) 沿交线示意图

如图所示，结构面 J_1 和结构面 J_2 切割边坡，两结构面交线为 OM，形成的楔形体为 $OLMK$，该楔形体可能沿着某一个结构面下滑，更多的时候是沿着结构面交线 OM 下滑，下面介绍沿着交线下滑的这种情况。

对图 4-9 进行力学分析，确定其稳定状态，目前采用的最多的是传统极限平衡法。下滑力等于岩土体重力在滑动平面切线方向上的分量，即 $S = W\sin\theta$，其中重力 $W = \gamma V$，边坡稳定性系数等于该滑动面上的抗滑力与下滑力的比值，可按式（4-10）计算：

$$K_s = \frac{c_1 A_1 + c_2 A_2 + N_1 \tan\varphi_1 + N_2 \tan\varphi_2}{\gamma V \sin\theta} \tag{4-10}$$

其中平衡条件为式（4-11）：

$$N_1 \sin\omega_1 + N_2 \sin\omega_2 = W\cos\theta \tag{4-11a}$$

$$N_1 \cos\omega_1 = N_2 \cos\omega_2 \tag{4-11b}$$

可按下式计算得到滑动面上的法向力 N_1、N_2：

$$N_1 = \frac{W\cos\theta\cos\omega_2}{\sin\omega_1\cos\omega_2 + \cos\omega_1\sin\omega_2} \tag{4-12a}$$

$$N_2 = \frac{W\cos\theta\cos\omega_1}{\sin\omega_1\cos\omega_2 + \cos\omega_1\sin\omega_2} \tag{4-12b}$$

式中

$$\sin\omega_i = \sin\beta_i\sin\theta\sin(\psi_s - \psi_i) + \cos\beta_i\cos\theta\,(i=1,2) \tag{4-13}$$

结构面组合交线方位角（走向）和倾角可按下式计算：

$$\psi_s = \arctan\frac{\cos\psi_2\cdot\tan\beta_2 - \cos\psi_1\cdot\tan\beta_1}{\sin\psi_1\cdot\tan\beta_1 - \sin\psi_2\cdot\tan\beta_2} \tag{4-14}$$

$$\theta = \arctan[\cos(\psi_s - \psi_1)\tan\beta_1] \tag{4-15}$$

其中，当计算得走向 ψ_s 为负时加上 $360°$。

式中 γ——岩土体的重度（kN/m^3）；

ω_1、ω_2——交线的法线与两结构面的夹角；

β_1、β_2——结构面倾角（°）；

ψ_1、ψ_2——分别为两结构面走向（°）；

c_1、c_2——结构面的黏聚力（kPa）；

φ_1、φ_2——结构面的内摩擦角（°）；

N_1、N_2——作用在结构面上的法向力（kN）

A_1、A_2——结构面的面积（m^2）；

V——楔形体的体积（m^3）；

θ、ψ_s——结构面交线的倾角及走向（°）。

此外，还可以利用赤平投影等知识求解出此楔形体下滑时的体积，具体分析方法及例题见 4.7 小节中的相关内容。

4.5.2　例题

【例 4-3】对于上一小节 4.5.1 中图 4-9 楔形体滑动问题，边坡为简单岩质边坡，边坡面产状为 S180°∠60°，坡高 30m，若已计算得楔形体积 7527m³，岩体重度 $\gamma = 26kN/m^3$，J_1 面产状为 SE130°∠45°，结构面强度参数：内摩擦角 φ 为 20°，黏聚力 20kPa，面积约 940.322m²，J_2 面产状为 SW245°∠50°，相应的结构面强度参数：内摩擦角 φ 为 25°，黏聚力为 30kPa，面积约 733.645m²。结构面交线的倾角 $\theta = 30.26°$。试用岩质边坡的楔形体滑动法验算边坡的稳定安全系数。

【解】采用楔形体滑动法，利用公式（4-12）及式（4-13）计算得：

$$N_1 = \frac{W\cos\theta\cos\omega_2}{\sin\omega_1\cos\omega_2 + \cos\omega_1\sin\omega_2} = 1.16\times10^5 kN$$

$$N_2 = \frac{W\cos\theta\cos\omega_1}{\sin\omega_1\cos\omega_2 + \cos\omega_1\sin\omega_2} = 9.96\times10^4 kN$$

可得边坡安全系数为：

$$\begin{aligned}
K_s &= \frac{c_1A_1 + c_2A_2 + N_1\tan\varphi_1 + N_2\tan\varphi_2}{\gamma V\sin\theta}\\
&= \frac{20\cdot940.32 + 30\cdot733.65 + 116000\cdot\tan20 + 99600\cdot\tan25}{26\cdot7527\cdot\sin30.26} = 1.32
\end{aligned}$$

因此，目前该边坡处于较为稳定状态，不会沿软弱结构面发生滑动。

4.6　折线形滑坡稳定性分析

折线形滑坡稳定性分析假设滑动面为一折线，折线滑动法又称为传递系数法，在坡面可能为折线时适宜采用。这也是实际工程中常常遇到的非圆弧滑动面的边坡稳定分析问题，如土坡下面有软弱夹层存在，或者倾斜岩层面上的土坡，或者滑动面形状受夹层或硬层影响表现出非圆弧的形状，这时复杂滑动面形状可能是折线形。

折线滑动法是一种经典且广泛采用的计算方法，又称为不平衡推力传递法，计算假设条间力的合力与上一土条底面平行，同样需要考虑可能的滑动折线，并针对不同的滑动折线计算各折线安全系数且取最小值。计算中将滑动土体中的土骨架作为研究对象，并对水位线以上取天然重量，对水位线以下取土条浮重和渗透压力，渗透压力采用土条中饱浸水面积、水的重度、水力坡降的乘积。把土体作为整体取隔离体，水位线以上取天然重量，水位线以下取土条饱和重量，同时考虑三边静水压力。

对存在多个滑动面的边坡，应分别对各种可能的滑动面组合进行稳定性计算分析，并取最小稳定性系数为边坡稳定性系数。对多级滑动面的边坡，应分别对各级滑动面进行稳定性计算分析。

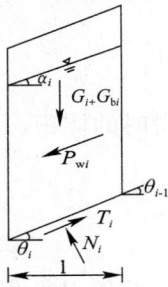

图 4-10　折线滑动法中单一条块受力示意图

4.6.1　基本原理

下面介绍该方法的计算原理，首先根据折线将边坡划分为 n 个条块，考虑单一条块 i 中的受力平衡：

其中根据单块土体的平衡条件（考虑图 4-10 所示的单块土体）可得：

$$N_i = (G_i + G_{bi})\cos\theta_i + P_{wi}\sin(\alpha_i - \theta_i) \tag{4-16}$$

$$T_i = (G_i + G_{bi})\sin\theta_i + P_{wi}\cos(\alpha_i - \theta_i) \tag{4-17}$$

在滑动面上考虑摩尔-库仑准则，该滑动面能承受的极限抗滑力等于 $N_i\tan\varphi_i + c_i l_i$。

式中　φ_i、c_i、l_i——分别代表第 i 计算条块滑动面上岩土体的内摩擦角标准值、第 i 计算条块滑动面上岩土体的粘接强度标准值和第 i 计算条块滑动面长度；

θ_i、α_i——分别表示第 i 计算条块底面倾角和地下水位面倾角；

G_i、G_{bi}——分别代表第 i 计算条块单位宽度岩土体自重和第 i 计算条块滑体地表建筑物的单位宽度自重；

P_{wi}——第 i 计算条块单位宽度的动水压力；

S_i——条块间力；

F_s——安全系数。

对于整个滑动体：

$$K_s = \frac{\sum R_i}{\sum T_i}$$

因此 $K_s \sum T_i = \sum R_i$

对于单个土条，如图 4-11 所示：

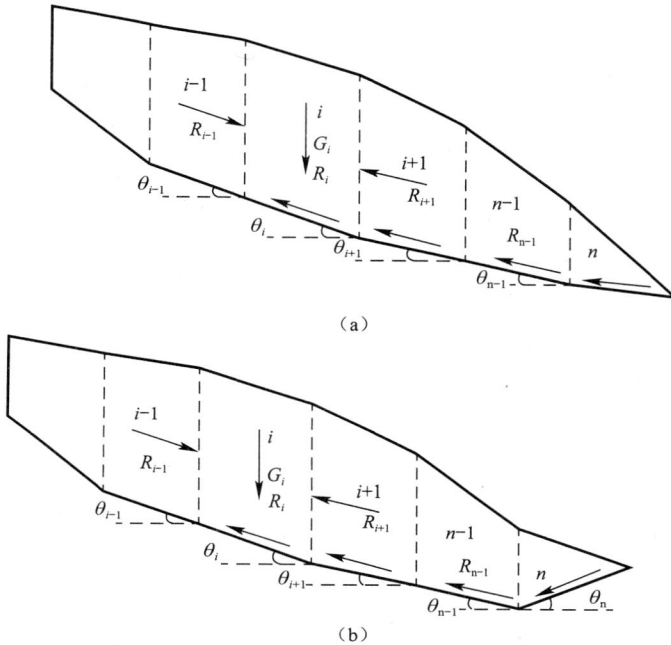

图 4-11　相邻块体受力示意图

（a）无反倾向坡段；（b）有反倾向坡段

注：图中 ϑ 按顺坡向锐夹角取正，计算的力按其性质均为正值。

对于第 1 条块，根据 $K_s \sum T_i = \sum R_i$，可知条间力：$S_1 = K_s T_1 - R_1$

对于第 2 条块，条间力：$S_2 = K_s T_2 - R_2 - S_1 [\cos(\theta_1 - \theta_2) - \sin(\theta_1 - \theta_2) \tan\theta_2]$

对于第 i 条块，条间力：$S_i = K_s T_i - R_i - S_{i-1} [\cos(\theta_{i-1} - \theta_i) - \sin(\theta_{i-1} - \theta_i) \tan\theta_i]$

令 $\psi_{i-1} = \cos(\theta_{i-1} - \theta_i) - \sin(\theta_{i-1} - \theta_i) \tan\theta_i$

则 $S_i = K_s T_i - R_i - S_{i-1} \psi_{i-1}$ (4-18)

展开上式可得：

$$S_i = K_s T_i - R_i + (K_s T_i - R_i)\psi_{i-1} + \cdots + (K_s T_1 - R_1)\psi_{i-1}\psi_{i-2} \cdots \psi_1$$

(4-19)

考虑边坡处于极限平衡状态时，边坡底部的第 n 条块的下滑力为 0，即 $S_n = 0$，整理上式可得：

$$K_s \left[\sum_{i=1}^{n-1} \left(T_i \prod_{j=i}^{n-1} \psi_j \right) + T_n \right] = \sum_{i=1}^{n-1} \left(R_i \prod_{j=i}^{n-1} \psi_j \right) + R_n$$ (4-20)

因此，采用折线滑动法时，边坡稳定性系数可按式（4-21）计算：

$$K_s = \frac{\sum_{i=1}^{n-1}\left(R_i\prod_{j=i}^{n-1}\psi_j\right) + R_n}{\sum_{i=1}^{n-1}\left(T_i\prod_{j=i}^{n-1}\psi_j\right) + T_n} = \frac{\sum R_i\psi_i\psi_{i+1}\cdots\psi_{n-1} + R_n}{\sum T_i\psi_i\psi_{i+1}\cdots\psi_{n-1} + T_n} \tag{4-21}$$

当图中存在反倾向段时，第 n 段下滑力 T_n 应按抗滑力考虑，如图 4-11（b）情况，安全系数按下式计算：

$$K_s = \frac{\sum_{i=1}^{n-1}\left(R_i\prod_{j=i}^{n-1}\psi_j\right) + R_n + T_n}{\sum_{i=1}^{n-1}\left(T_i\prod_{j=i}^{n-1}\psi_j\right)} = \frac{\sum R_i\psi_i\psi_{i+1}\cdots\psi_{n-1} + R_n + T_n}{\sum T_i\psi_i\psi_{i+1}\cdots\psi_{n-1}}$$

$$\tag{4-22}$$

4.6.2 例题

【例 4-4】如图 4-12 所示边坡，已知某土坡高度 $H = 6m$，坡度为 3：8，土的性质为：$\gamma = 19.4 kN/m^3$，$\varphi = 20°$，$c = 10 kPa$。试用折线滑动法试算沿可能的滑动面 ABCDEF 滑动的边坡安全系数，AB、BC、CD、AF 的长度和坡度分别为 4m、8m、4m、4m，1：4、3：8、1：1、1：4。其中反坡向 AF 段坡度为 1：4，坡底 25°，AE 段高 2m，GF 高 1m。

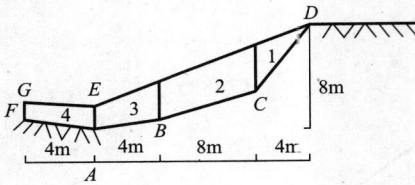

图 4-12 某折线形滑动边坡示意图

【解】若可能的滑动面 ABCD 如图 4-12 所示，将滑动土体分成 4 条，各土条的基本数据列于表 4-5。

各土条基本参数   表 4-5

土条编号	土条宽 b_i（m）	底坡角 θ_i（°）	条块重力 W_i（kN）
1	4	45°	97
2	8	21°	388
3	4	14°	174.6
4	4	−25°	116.4

计算出稳定性计算公式中的各项参数见表 4-6。

折线滑动法计算表   表 4-6

土条编号	法向应力 N_i（kN）	抗滑力 R_n（kN）	下滑力 T_n（kN）	传递系数 ψ_i
1	68.6	81.53	68.6	0.765
2	362.2	217.26	139	0.948
3	169.4	102.8	42.2	0.55
4	105.5	81.84	49.19	/

最后，根据边坡稳定性计算公式，有：

$$K_s = \frac{\sum R_i\psi_i\psi_{i+1}\cdots\psi_{n-1} + R_n + T_n}{\sum T_i\psi_i\psi_{i+1}\cdots\psi_{n-1}} = \frac{333.37}{123.1} = 2.71$$

因此，该边坡体处于稳定状态，不会滑动。

4.7 赤平极射投影法和实体比例投影法

当前对于岩质边坡的稳定性分析，依照《建筑边坡工程规范》，边坡稳定性计算方法对结构复杂的岩质边坡，可配合采用赤平极射投影法和实体比例投影法分析。

赤平投影是一种作图的投影方法。最早用于天文学上表示星体位置和相邻角度大小，后来被用于航海学和地图学中。20世纪初开始应用于地质科学并在晶体矿物学和构造地质学研究中发挥了重要作用。20世纪60年代，该方法被引进工程地质学，在岩质边坡的稳定性分析和工程地质测绘、岩体结构分析、地下洞室围岩稳定分析、应力分析和空间力系的求解等方面都充分展现出了它的价值和作用。

4.7.1 赤平极射投影的基本原理

任何一个过球心的无限伸展的平面（岩层面、断层面、节理面或轴面等）和线，必然与球面相交成球面大圆和点。球面大圆与极射点的连线必然穿过赤平面，在赤平面上这些穿透点的连线即为该平面的相应大圆的赤平投影，简称大圆弧。

赤平投影的投影要素包括：

投影球；赤平面：过投影球球心的水平面；基圆：赤平面与球面相交的大圆；极射点：球上两极发射点，分为上半球投影和下半球投影。

具体的投影方法分为线的投影和平面的投影方法。线的投影方法：比如图 4-13 中直线（OG）的产状为：$90°\angle40°$，投影到赤平面上为 H 点。OD 为直线的倾伏向，HD 为倾伏角。平面的投影方法：如图 4-13 中平面（PGF）产状为 $SN/90°\angle40°$，投影到赤平面上为 PHF，PF 代表走向，OH 代表倾向，DH 代表倾角。

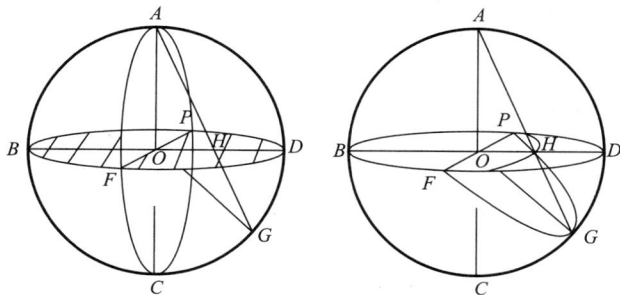

图 4-13　面的投影和线的投影示意图

注：此图为北极点投射，即投射点在北极，线和面在南半球。

单一边坡面经赤平极射投影到大圆上，一般分为图 4-14 所示的 4 种情况。

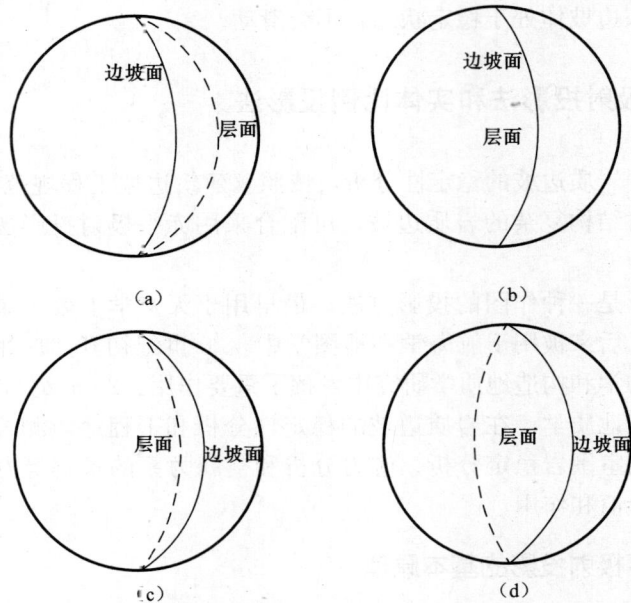

图 4-14　赤平投影分析图

（1）不稳定。这种情况下当层面与边坡面的倾向相同，并且层面的倾角 β 比边坡面的倾角 α 缓（$\beta < \alpha$），赤平极射投影如图 4-14（a）所示，这时候边坡将处于不稳定状态。

（2）基本稳定。这种情况对应于图 4-14（b），这时候层面的倾角等于边坡角，沿层面不易出现滑动现象，边坡基本是稳定的。这种情况下的边坡角，就是从岩体结构分析的观点推断得到的稳定边坡角。

（3）稳定。这种情况对应于图 4-14（c），层面的倾角大于边坡角，边坡处于更稳定状态。

（4）最稳定条件。这种情况对应于图 4-14（d），当层面与边坡倾向相反，即层面倾向坡内时，不管层面的倾角陡或缓，对于滑动破坏而言，边坡都处于最稳定状态，但从变形观点来看，反倾向边坡也可能发生变形，只不过是没有统一的滑动而已。

4.7.2　赤平极射投影作图

如图 4-15 所示，已知某结构面走向 N40°E，倾向 SE，倾角 65°，请绘制其赤平极射投影（此处极射点在南极），现简述投影步骤，作出该结构面赤平投影。

（1）将透明纸放置在投影网上，按网大小作圆并标出 E、S、W、N 四个方向。

（2）根据结构面的走向方位，在圆周上取位于 N40°E 方位的 a 点，并连接 a 点和圆心，其方向就是结构面走向。

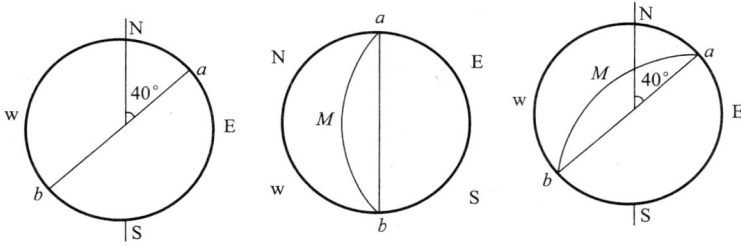

图 4-15　赤平极射投影步骤

（3）转动透明纸，使 a、b 连线位于竖直方向，根据赤平投影原理，结构面倾向 EN 方向，代表结构面投影弧应面向 EN，圆弧投影线应位于投影网的左半部分，根据倾角为 65°作出圆弧，此圆弧即为所求结构面的赤平极射投影，然后根据图 4-15 中的分析步骤进行初步分析。

赤平极射投影虽然能准确、迅速、简便地表示物体上的点、线、面的空间方位和角度关系，但不能表示结构面在边坡上的相对位置和结构体形状大小，为此需要以赤平极射投影为基础，结合实体比例投影法，就能全面分析结构面、结构体和边坡坡面的关系。

4.7.3　赤平极射投影法实例

【例 4-5】考虑某岩质边坡，其岩层产状为 NW315°∠45°，边坡的自然坡度为 40°～50°，坡向 170°。此坡经开挖后形成的人工边坡高 12.5m，坡度 70°。坡面基岩裂隙发育，岩体被切割成 0.3～1.0m 的岩块，经测量，主要裂隙有 5 组，由强到弱依次为：第一组 224°∠60°，第二组 244°∠26°，第三组 292°∠65°，第四组 116°∠85°，第五组 168°∠85°。请用赤平极射投影法分析该边坡的稳定性。

【解】作出该边坡结构面的赤平极射投影如图 4-16 所示。

从赤平极射投影图 4-16 上可以看出，第 1 和 4 组裂隙面的交点 A 与边坡投影弧之间，说明裂隙面组合交线的倾向与边坡倾向一致，边坡倾角小于开挖坡角而大于天然坡角，为不稳定结构。

第 2 组与第 3、4 组裂隙面的交点 C 和 B 和边坡投影弧在同一侧，说明结构面组合交线的倾向与边坡一致，但边坡倾角小于天然边坡，因此属于较稳定结构，所以第 1 组和第 4 组裂隙对边坡稳定性的影响最大，第 2、3 组次之，综上所述，该边坡的稳定性较差，边坡岩体在第 1～4 组裂隙的切割下，形成了大小不一的分离体，可能沿着 AO（200°∠62°）、BO（206°∠20°）和

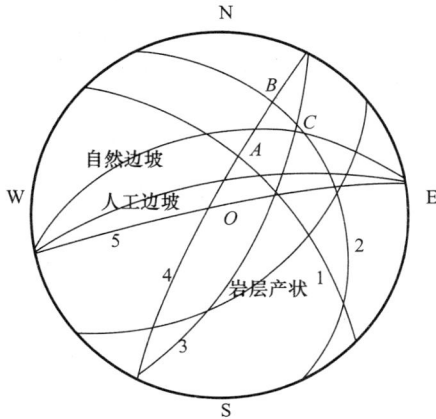

图 4-16　该岩质边坡的赤平极射投影图

$CO(214°\angle22°)$ 方向滑动，从而造成边坡失稳。

4.7.4 实体比例投影法的基本原理

实体比例投影，是运用垂直投影的原理和方法，将岩体的立体结构化为平面几何图形，以赤平极射投影为基础，并根据实例数据按比例作图，以求结构面和组合交线的相对关系及具体空间方位。

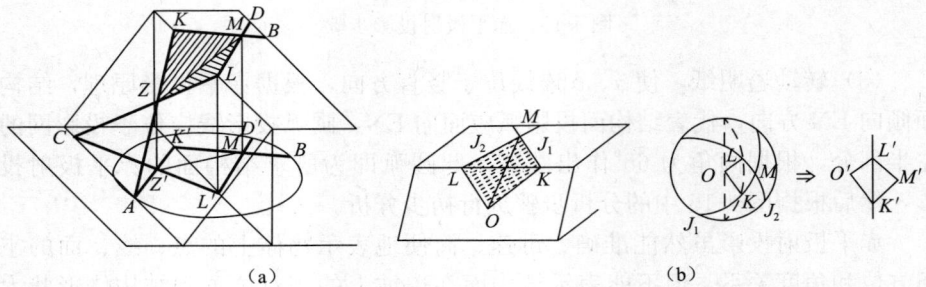

图 4-17 实体比例分析作图

图 4-17（a）中的结构面 *AZKMB* 和 *CZLMD* 两个组合起来，把边坡切割成不稳定岩体 *KMLZ*。如果不稳定岩体欲发生破坏或变形，它一定要沿着组合交线 *MZ* 向下滑动。在水平投影图上作不稳定岩体 *KMLZ* 及组合交线 *MZ* 的垂直投影，得到 $K'M'L'Z'$ 及 $M'Z'$，则 $K'M'L'Z'$ 即为不稳定岩体在水平投影图形上的边界。在立体图中，*K* 和 *L* 两点是野外实测的两个结构面的控制点，用以表示两组结构面的相对位置关系。

平面投影图比例尺的大小，需要根据实测或设计边坡的底宽和高度来选择，便于制图和准确表示距离方位，一般可以采用 1/100、1/200～1/1000。

楔形体的滑动也可以利用实体比例投影估算滑坡体体积步骤。

由于实体比例投影分坡顶水平和坡顶倾斜两种情况，限于篇幅，此处仅介绍坡顶水平图 4-17（b）的实体比例投影具体做法：

（1）赤平投影作图：把 4-17（b）中左侧各产状要素进行赤平投影作图，包括两个结构面和一个边坡面，结构面相交的组合交线为 *OM*。

（2）*L* 点和 *K* 点为两个结构面与坡顶交线外侧点，*LK* 平行于边坡走向线。

（3）在赤平投影图右侧作图，取长度 $L'K=LK$（实测值），注意作出比例尺表示，再过 $L'K$ 作 $O'L'//OL$，$O'K'//OK$，最后作 $L'M'$，$K'M'$ 分别平行 J_1、J_2 走向线。

（4）可以计算楔形体体积 V，其中楔形体底面为 $S_{K'M'L'}$，高为 $h_v=O'M'\tan\alpha$，则估算楔形体体积 $V=\frac{1}{3}S_{K'M'L'}\cdot h_v$。

4.7.5 例题

【例 4-6】 已知边坡高度为 H，底宽为 m，有 2 组结构面切割边坡岩体，实测两组结构面在边坡坡顶线上的距离为 n，坡面和结构面的产状参数见表 4-7，求不稳定边坡体的滑动方向。

结构面产状　　　　　　　　　　　　　表 4-7

结构面	走向	倾向	倾角
A-A	N35°W	SW	45°
B-B	N35°E	SE	45°
坡面 C-C	EW	S	55°

【解】（1）用赤平极射投影法做出结构面、边坡面及各面的组合交线的赤平极射投影如图 4-18 所示。

图 4-18 中，C_1RSC_2 为坡面的赤平投影，A_1MSA_2 为 A-A 结构面的赤平投影，B_1RMB_2 为 B-B 结构面的赤平投影，读取组合交线的产状如表 4-8。

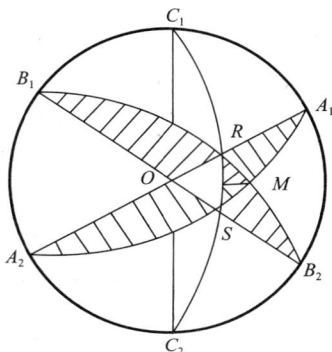

图 4-18　该边坡的赤平极射投影

（2）绘制边坡的水平投影图，根据实测的坡面宽度为半径画图，作为实体水平投影图，通过圆心画出对应坡顶线的投影 C_3-C_4，并将投影平面分为左右两个部分，左侧为结构面与边坡面的投影区，右侧为结构面与坡顶面交线投影区，实测的结构面在坡顶线上的出露点距离按比例绘制在水平投影面上，即 R_1 和 S_1 点。

组合交线产状　　　　　　　　　　　　表 4-8

组合交线	倾向	倾角
OR	SE	45°
OS	SW	45°
OM	S	35°

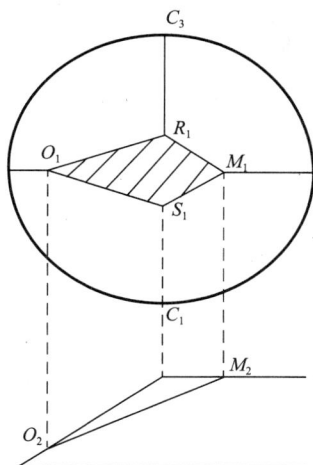

图 4-19　该边坡实体比例投影

（3）过 R_1 和 S_1 点作赤平投影面上 A_1-A_2 和 B_1-B_2 的平行线 R_1M_1 和 S_1M_1，在投影面左侧过 R_1 和 S_1 点分别作 OR 和 OS 平行线相交于 O_1 点，那么 $O_1R_1M_1S_1$ 就是不稳定边坡体的实体比例投影，O_1M_1 就是两结构面组合交线的投影。

（4）为了反映不稳定体的滑动方向，可选择通过 O_1M_1 作剖面，取 D_1D_4 为坡顶线，在已知坡高和坡角的情况下，绘制边坡断面图如图 4-19 所示。再作 O_1 和 M_1 的垂直投影在坡面上得 O_2，在坡顶面得到 M_2，由此可以确定，O_2M_2 就是不稳定体的滑动线。

4.8 数值分析方法

《建筑边坡工程规范》指出，当边坡破坏机制复杂时，宜结合数值分析法进行分析。例如，运用数值方法进行岩质边坡的稳定性计算分析有许多优点，边坡工程所处的边界条件和地质环境的复杂性还有岩体的不连续性、不均匀性、各向异性等特性均可以利用数值分析方法方便地处理这些问题。

同时数值分析法可以根据岩体的破坏准则，确定边坡的塑性区、拉裂和压碎区，分析边坡的渐进破坏过程和确定边坡起始破坏部位，可以得到岩质边坡的应力场、应变场和位移场，可用于分析边坡工程的分步开挖、边坡岩体与加固结构的相互作用、地下水渗流、爆破和地震等因素对边坡稳定性的影响等。本书对一些广泛运用于边坡稳定性分析的数值分析方法，包括有限单元法、有限差分法、离散单元法、非连续变形分析方法、光滑粒子流体动力学方法进行了介绍，包括基本原理和适用范围。

4.8.1 数值分析方法简介

1. 有限单元法

有限单元法的基本思想是利用离散化的概念，将连续介质体划分成由许多有限大小的子区域组成的集合体。把研究对象看做是由无限多个单元组成的连续体，同时在求解这一连续体时将连续体离散化，然后将物理方程、平衡方程、几何方程结合起来，将工程计算变换为求解线性方程组问题。

有限单元法的每一个子区域称为单元，同时单元的集合组成网格，实际研究的边坡体可以看成是这些单元通过单元节点处相互连接而组成的集合体；具体的求解步骤包括通过对每个单元体进行力学特性分析，再组合各单元的特性矩阵从而建立力学计算模型并输入所需的数据和信息，运用计算机进行求解。

物理方程：

$$\{\sigma\} = [D]\{\varepsilon\} \tag{4-23}$$

平衡方程：

$$\begin{cases} \dfrac{\partial \sigma_x}{\partial x} + \dfrac{\partial \tau_{yx}}{\partial y} + \dfrac{\partial \tau_{zx}}{\partial z} = 0 \\[2mm] \dfrac{\partial \sigma_y}{\partial y} + \dfrac{\partial \tau_{zy}}{\partial z} + \dfrac{\partial \tau_{xy}}{\partial x} = 0 \\[2mm] \dfrac{\partial \sigma_z}{\partial z} + \dfrac{\partial \tau_{xz}}{\partial x} + \dfrac{\partial \tau_{yz}}{\partial y} = \rho g \end{cases} \tag{4-24}$$

几何方程：

$$\begin{cases} \varepsilon_x = \dfrac{\partial u}{\partial x} & \gamma_{xy} = -\left(\dfrac{\partial u}{\partial y} + \dfrac{\partial v}{\partial x}\right) \\[3mm] \varepsilon_y = \dfrac{\partial v}{\partial y} & \gamma_{yz} = -\left(\dfrac{\partial v}{\partial z} + \dfrac{\partial w}{\partial y}\right) \\[3mm] \varepsilon_z = \dfrac{\partial w}{\partial z} & \gamma_{xz} = -\left(\dfrac{\partial w}{\partial x} + \dfrac{\partial u}{\partial z}\right) \end{cases} \qquad (4\text{-}25)$$

具体的有限元边坡工程稳定性步骤分析如下：

（1）建立计算模式，确定边界条件。

计算模式是指根据实践经验，确定计算模式的宽度和深度。而边界条件是指对不同方向的边界依据实际情况取固定或位移边界条件。

（2）确定外荷载。

作用在边坡体上的外荷载：只考虑边坡体的重力，或加上水压力、地震作用等。

（3）单元划分及节点编号。

平面问题通常考虑三角形或四边形单元，常用的是三角形；主要结构面可用节理单元或夹层单元；三维问题常用四面体和不规则六面体单元。

单元划分原则和要求：考虑靠近边坡面的单元需要划分密些，坡体后和坡底下的深处划分稀些，并按计算精度要求和计算容量大小考虑单元大小和多少。采用三角形单元时应尽量划分为正三角形或接近正三角形，对于有明显的断层、软弱断层、夹层的边坡，应采用四边形节理单元或宽度为零的杆单元。

（4）输出结果：单元的应力值、节点的位移、边坡稳定性系数、编制位移分布图、主应力矢量图、主应力等值线图。

边坡稳定系数可以用下式计算

$$K = \dfrac{\displaystyle\sum_{i=1}^{n} \left[c + \sigma_n \tan\phi\right]\Delta l}{\displaystyle\sum_{i=1}^{n} \tau_n \Delta l} \qquad (4\text{-}26)$$

式中　c、ϕ——岩体强度指标；

σ_n、τ_n——分别为节点的法向应力、切向应力；

n——一条滑动面所通过节点的总数；

Δl——滑动面节点间距。

有限差分法的基本原理与有限单元法类似，只是它们各自的求解方法有所差别，这里不作单独介绍。它通过刚度矩阵的形式求解每一单元的应力与应变，而在有限差分法中，空间离散点处的控制方程组中每一个导数直接由含场变量的代数表达式替换，通过"显式"的方式逐步求解每一单元的应力与应变。

为求解由偏微分方程定解问题所构造的数学模型，有限差分法是将定解区域（场区）离散化为网格离散节点的集合。并以各离散点上函数的差商来近似该点的偏导数，使待求的偏微分方程定解问题转化为一组相应的差分方程。根据差分方程组解出各离散点处的待求函数值——离散解。

在这里着重讲解一下在边坡稳定性分析中被广泛应用的有限元分析方法中的强度折减法。

强度折减法最早由 Zienkiewicz 等提出，提出一个抗剪强度折减系数的概念：在外荷载保持不变的情况下，边坡内土体所能提供的最大抗剪强度与外荷载在边坡内产生的实际剪应力之比。在假定边坡内土体抗剪强度发挥程度相同时，这种抗剪强度折减系数与传统意义的边坡稳定性安全系数相同，与极限平衡法中的稳定性安全系数概念一致。

折减后的抗剪强度参数表达式为：

$$c_m = c/F_r \tag{4-27}$$

$$\varphi_m = \arctan(\tan\varphi/F_r) \tag{4-28}$$

式中　c、φ——土体所能提供的抗剪强度；

c_m、φ_m——维持平衡的土体发挥的抗剪强度；

F_r——强度折减系数。

计算时假定不同的强度折减系数 F_r，对折减后的强度进行有限元分析，观察计算是否收敛。计算过程中不断增加 F_r，直至达到临界破坏状态，这时的强度折减系数就是边坡的稳定安全系数。

2. 离散单元法（DEM）

离散元法（Distinct Element Method）是 Cundall 于 20 世纪 70 年代初提出的，最初它的研究对象主要是岩石等非连续介质的力学行为。在边坡稳定性研究中，由于离散元法在模拟过程中可以考虑边坡失稳破坏的动态过程，允许岩块之间存在滑动、平移、转动和岩体的断裂等复杂过程，具有宏观上的不连续性，可以较真实地、动态地模拟边坡在形成和开挖过程中应力、位移和变形状态的变化及破坏过程。

（1）基本假定

离散单元法（DEM）的基本假定：各块体单元在计算过程中保持形状和大小不变，为准刚性的；所有块体单元间的接触关系为边和角的接触，边与边的接触可分解为两种角-边关系的组合；变形发生在块体的表面。接触点的法向接触力和切向接触力，分别由代表结构面法向刚度和切向（剪切）刚度的弹簧 K_n、K_t 提供，与刚度有关的黏性阻尼元件 C_n、C_t 在接触点吸收块体单元相对运动的能量，与质量和速度有关的黏性阻尼件 C_m 吸收块体单元相对运动的动能；块体在接触点 C 点发生切向滑移时，有库仑-莫尔元件 U 进行阻尼，并解除切向黏性阻尼元件 C_t，当块体间有拉力时，则解除接触点切向力和法向力。

（2）基本方程

主要的基本方程包括物理方程和运动方程。

其中，物理方程指块体间接触点处的力－位移关系，不同的物理方程形成不同的离散单元法，最简单的方程是库仑－莫尔定律。

运动方程包括牛顿第二定律、柯西运动方程和欧拉方程。

$$m\ddot{u}_x + c\dot{u}_x = \sum_{i=1}^{n}(F_x^i + D_x^i) \tag{4-29}$$

$$m\ddot{u}_y + c\dot{u}_y = \sum_{i=1}^{n}(F_y^i + D_y^i) - mg \qquad (4\text{-}30)$$

$$I\ddot{\theta} + \bar{c}\dot{\theta} = \sum_{i=1}^{n}(M_i) \qquad (4\text{-}31)$$

式中　u_x、$\dot{u}_x$、$\ddot{u}_x$——分别为块体重心处的位移、速度和加速度的水平分量；

u_y、$\dot{u}_y$、$\ddot{u}_y$——分别为块体重心处的位移、速度和加速度的竖直分量；

θ、$\dot{\theta}$、$\ddot{\theta}$——分别为块体重心处的旋转角、转动角速度和角加速度；

n——块体与其相邻块体的接触数目；

m、I——分别为块体重量和关于重心处的转动惯量；

c、$\bar{c}$——分别为平动和转动的整体黏滞阻尼；

F_x^i、F_y^i——分别为第 i 个接触力在 x 和 y 方向的分量；

D_x^i、D_y^i——分别为第 i 个黏滞力在 x 和 y 方向的分量。

离散单元法的求解思想是动态松弛法，其实质是对临界阻尼振动方程逐步积分，求解中利用的中心差分法是一种显示解法。这种方法的优点是不需要解大型矩阵，计算比较简便，而且允许单元有很大的平移和转动，因此，已经广泛运用于边坡稳定性分析。

3. 非连续变形分析方法（DDA）

非连续变形分析这个方法首先是基于石根华 20 世纪 70 年代提出的块体理论。它的基本原理是将结构面和开挖临空面看成空间平面，将结构体看成凸体，将各种作用荷载看成是空间向量，进而应用几何方法包括拓扑学和集合论详尽研究在已知各空间平面的条件下，岩体内将构成多少种块体类型及可动性。通过矢量运算法和作图法求出各种失稳块体的滑动力，为边坡稳定性分析和边坡工程设计提供依据。

它的缺点在于它基本上属于一种几何方法，将地质结构面视为不承受任何外力，不具有任何物理、力学含义的几何面来处理，因而忽视了它们的相互作用。同时，它仅考虑初始块体的运动，是一种静态分析法。

所谓"流形"是把许多个别的重叠的区域连接在一起，去覆盖全部材料体，它是利用现代数学——"流形"的有限覆盖技术建立起来的一种数值计算方法。有限覆盖技术的基本思想是在求解区域上构造一组函数，称为覆盖函数，这种覆盖函数具有如下基本性质：

（1）局部非零性，即只在一个局部区域范围内恒为零；

（2）这组覆盖函数之和在解区域内恒为 1。

它往往可以采用光滑性比较差的单位分解函数。对于连续变形区域采用分片可微分函数；对于非连续变形区域部分，即块体之间的接触面处，则采用非连续的覆盖函数。

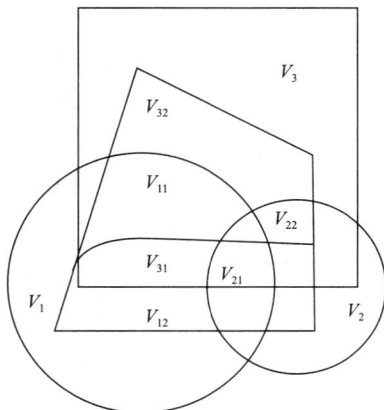

图 4-20　DDA 分析示意图

DDA 方法将动力学、运动接触问题以及弹性理论基本方程融为一体，关于利用 DDA 方法研究块体系统接触力问题以及利用 DDA 方法进一步进行边坡稳定性分析也有相应的研究进展。

4. 光滑粒子流体动力学方法（SPH）

光滑粒子流体动力学方法（SPH）的基本思想是将连续的流体用相互作用的质点组来描述，各个物质点上承载各种物理量，包括质量和速度等，通过求解质点组的动力学方程和跟踪每个质点的运动轨道，求得整个系统的力学行为。这类似于物理学中的粒子云（particle-in-cell）模拟。从原理上说，只要质点的数目足够多，就能精确地描述力学过程。虽然在 SPH 方法中，解的精度也依赖于质点的排列，但它对点阵排列的要求远远低于网格方法的要求。由于质点之间不存在网格关系，对问题域的离散化采用的是无固定连接的粒子，因此，它可以避免极度大变形时网格扭曲而造成的精度不足等问题，并且也能较为方便地处理不同介质的交界面。

SPH 的优点还在于它是一种拉格朗日方法，能避免欧拉描述中欧拉网格与材料的界面问题，因此特别适合于求解复杂流动问题。具体而言具有以下优点：①偏微分方程里不存在迁移项，故程序的方案设计简单高效；②易追踪物质点上所有场变量的整个时间历程；③自动施加、追踪和确定自由表面、运动边界和材料交界面的边界条件；④易处理不规则、复杂的几何形状。因此，SPH 方法是一种新颖的有前途的计算流体力学方法，已经运用到边坡稳定性计算过程中。

SPH 的基本思想是将空间连续的实体离散成一系列的质点，质量、速度、应力、变形等所有信息由这些质点承载，质点之间没有任何链接。在整个计算过程中，SPH 方法追踪每个质点在每个时刻的运动信息。SPH 方法无网格及质点间相互作用的特点使其更易处理大变形问题，从而消除了传统拉格朗日方法中的网格畸变和扭曲等问题，可避免网格消蚀和网格重新划分。同时，SPH 方法又是拉格朗日公式与粒子近似法的和谐结合，与其他无网格方法不同的是，SPH 方法中的粒子同时具有近似点和材料成分的功能，更具灵活性。它是一种纯拉格朗日、无网格的动力学方法，其强大的功能使它不仅适用于流体动力学问题的处理，还有效地解决了大量的关于固体力学的问题。在斜坡抗震分析中 SPH 方法也具有一定的优势，例如黄雨等对滑坡动力学研究，建立滑坡运动分析的 SPH 数值模拟方法，并验证与确认数值模型的正确性，进而应用该方法对汶川地震触发的唐家山滑坡、王家岩滑坡等进行了数值模拟取得了不错的成果。

SPH 方法的核心问题包括场函数核近似和粒子近似。场函数核近似即宏观变量的函数用积分形式表示。场函数的粒子近似指的是计算质点的运动信息由影响半径内临近质点的运动信息求和平均近似代替，影响区域的半径——光滑长度则是人为确定，视具体问题的精度而定，如图 4-21 所示。

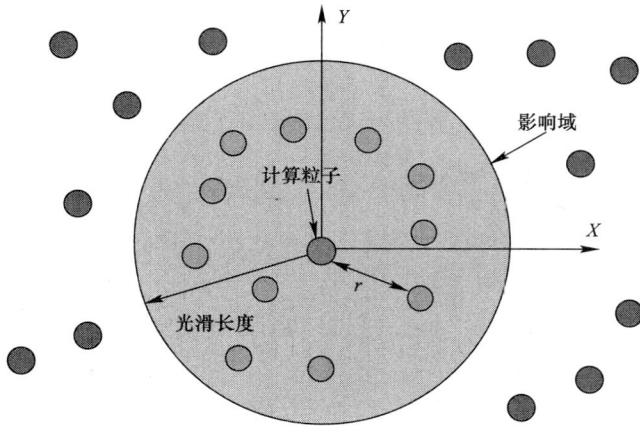

图 4-21 SPH 方法中的影响域和光滑长度

在 SPH 中，连续变量场中任意宏观变量函数（如密度、压力、温度等）$f(x)$ 可改写成为该函数和一个脉冲函数乘积的积分式，其形式为：

$$f(x) = \int_D f(x')\delta(x - x')\mathrm{d}x' \qquad (4\text{-}32)$$

式中　$f(x)$ ——任意空间变量 x 的函数；

　　　D ——x 的积分区间；

　$\delta(x - x')$ ——Dirac delta 函数，定义如下：

$$\delta(x - x') = \begin{cases} 1 & x = x' \\ 0 & x \neq x' \end{cases} \qquad (4\text{-}33)$$

当 $f(x)$ 在 D 上有定义且连续，则上式严格成立。若将其中的 Delta 函数 $\delta(x - x')$ 以光滑核函数 $W(x - x', h)$ 替代，则 $f(x)$ 的近似积分形式为：

$$f(x) \approx \int_D f(x')W(x - x', h)\mathrm{d}x' \qquad (4\text{-}34)$$

$f(x)$ 的近似微分形式为：

$$\langle \nabla f(x) \rangle \approx -\int_D f(x')W(x - x', h)\mathrm{d}x' \qquad (4\text{-}35)$$

光滑核函数 $W(x - x', h)$（图 4-22）又被称作插值核函数（interpolation kernel function），其具有以下两个特点：

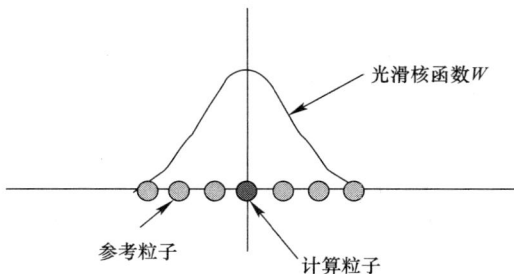

图 4-22　SPH 方法中的光滑核函数

归一化条件

$$\int_D W(x\text{-}x',h)\mathrm{d}x' = 1 \tag{4-36}$$

紧支性条件

$$\lim_{h\to 0} W(x - x',h) = \delta(x - x') \tag{4-37}$$

如果核函数 W 是 n 次可微的，则由式（4-35）可知 $\langle f(x)\rangle$ 同样是 n 次可微。假设有密度为 $\rho(x)$ 的流体在流动，设想将流体剖分为 N 个小体积元（volume elements），分别具有质量为 m_1、m_2、$m_3\cdots m_n$，质量的中心位置为 x_1、x_2、$x_3\cdots x_n$，则利用黎曼（Riemman）和式可实现用一个解析函数 $\langle f(x)\rangle$ 来逼近任一场函数 $f(x)$。

这一过程及被称为质点的近似逼近。在数值计算中，SPH 方法中所使用的用以离散计算区域且具有有限大小的体积元称为点，由于其本身含有质量等信息量，故称之为质点。连续密度场是可以通过一组质点的质量，经过核光滑化所得。这也是 SPH 方法取名为"光滑质点"的原因。SPH 方法当前已经在边坡稳定性分析以及滑动过程模拟等岩土问题中展现了它的作用。

4.8.2　案例分析

（1）有限元分析——强度折减法

对于如图 4-23 所示的边坡模型，路面厚 69cm，路堤为 8m 高的回填土，路基为 2m 厚的粉质黏土和 8m 厚的淤泥质黏土，边坡比为 1∶1.5。除路面（pavement）采用线弹性模型外，其余材料均采用 Mohr Coulomb 弹塑性模型，其参数如表 4-9 所示，请分析该边坡的稳定性。

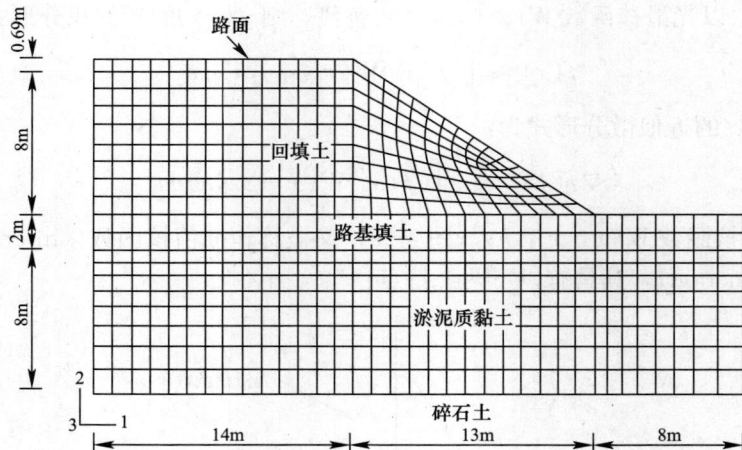

图 4-23　模型分析示意图

利用 abaqus 有限元分析中的强度折减法可以计算边坡的稳定性，将上述地层建模并进行分析并划分网格，得到图 4-23 所示的模型。

表 4-9

材料类型	γ_d（kN/m³）	c（kPa）	φ（°）	E（kPa）	v
路面材料	23.0	—	—	1.2E6	0.3
路堤回填土	18.2	15	25	50000	0.3
路基填土	18.2	15	25	50000	0.3
淤泥质粉质黏土	18.2	15	25	50000	0.3

将最终计算结果 FV_1（类似于安全系数）和顶部位移值 U_1 输出在一个图中。可以近似得到边坡的安全系数。

由图 4-24 可知，在场变量的值大于 1.6 之后，坡顶水平位移迅速增长，结果不收敛，说明在强度折减超过这一程度之后，边坡发生破坏，因此，取边坡安全系数为 1.6。

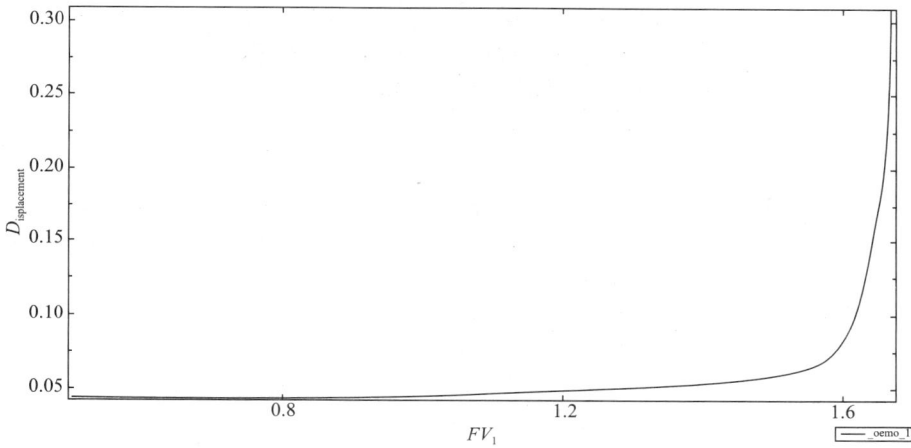

图 4-24　FV_1 和 U_1 变化关系

如图 4-25 所示，滑动面大致呈圆弧状，并且通过坡脚点。此外使用简化毕肖普法大致计算安全系数 $F_s = 1.71$，基本与此相符合，可以得知强度折减法计算边坡稳定性是可行的。

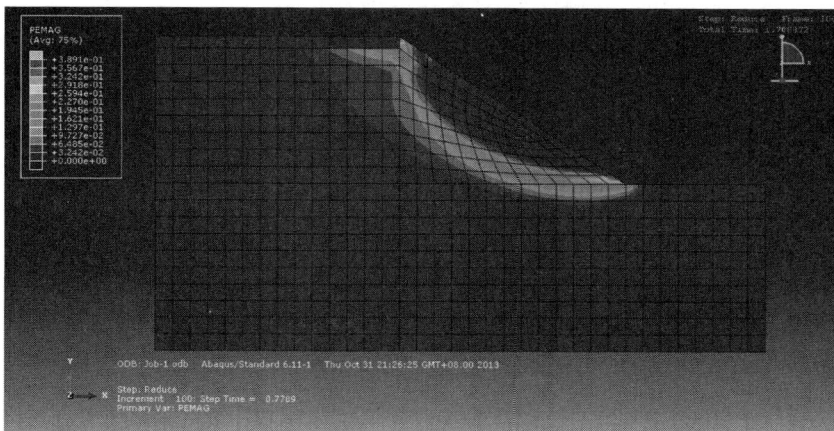

图 4-25　滑动面大致形状

4.8　数值分析方法

（2）光滑粒子流体动力学方法

唐家山、王家岩和东河口滑坡都是典型的汶川地震引发的山体滑坡。应用 SPH 方法来分析这些滑坡的流滑过程，可用以在地震多发区进行边坡稳定性分析和协助灾后重建选址。

图 4-26 唐家山滑坡

唐家山位于北川县上游 6km，期间遭遇了汶川地震，导致山体滑坡造成 84 人死亡。唐家山滑坡的前端和后缘高差为 650m，水平滑动距离超 900m。该山体滑坡，形成一个非常大的容量为 2.5 亿 m³ 的蓄水湖，主要的边坡岩土体由风化的硅酸盐、砂岩、泥灰岩和泥岩组成。SPH 分析所用的参数来自胡卸文等人的研究，并列于表 4-10。

唐家山滑坡流滑分析参数 表 4-10

密度	ρ（kg/m³）	2000
等价黏滞系数	η（Pa·s）	1.9
内聚力	c（kPa）	30
内摩擦角	ϕ（°）	30.0

SPH 模拟的滑坡流滑过程如图 4-27 所示，可以很清楚地通过 SPH 模拟的滑动后坡形变化和实际滑坡坡形变化的对比，观察和研究滑坡失稳及失稳后滑动机制。图 4-28 表现了滑动后坡形变化和实际滑坡坡形变化的对比，该图验证了通过 SPH 方法进行边坡稳定性分析的可能性和研究效果，表明了 SPH 模拟可以准确分析边坡稳定性和再现滑坡的整个流滑过程。

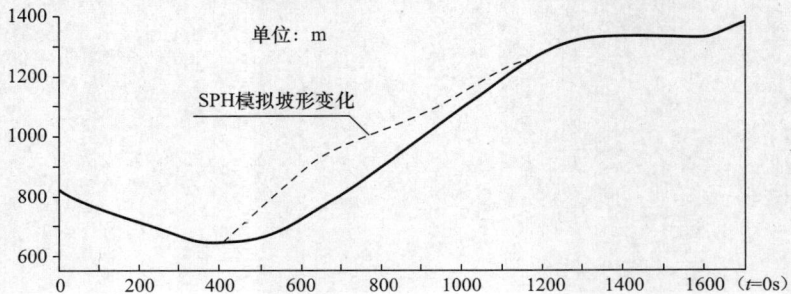

图 4-27 唐家山滑坡流滑过程模拟（一）

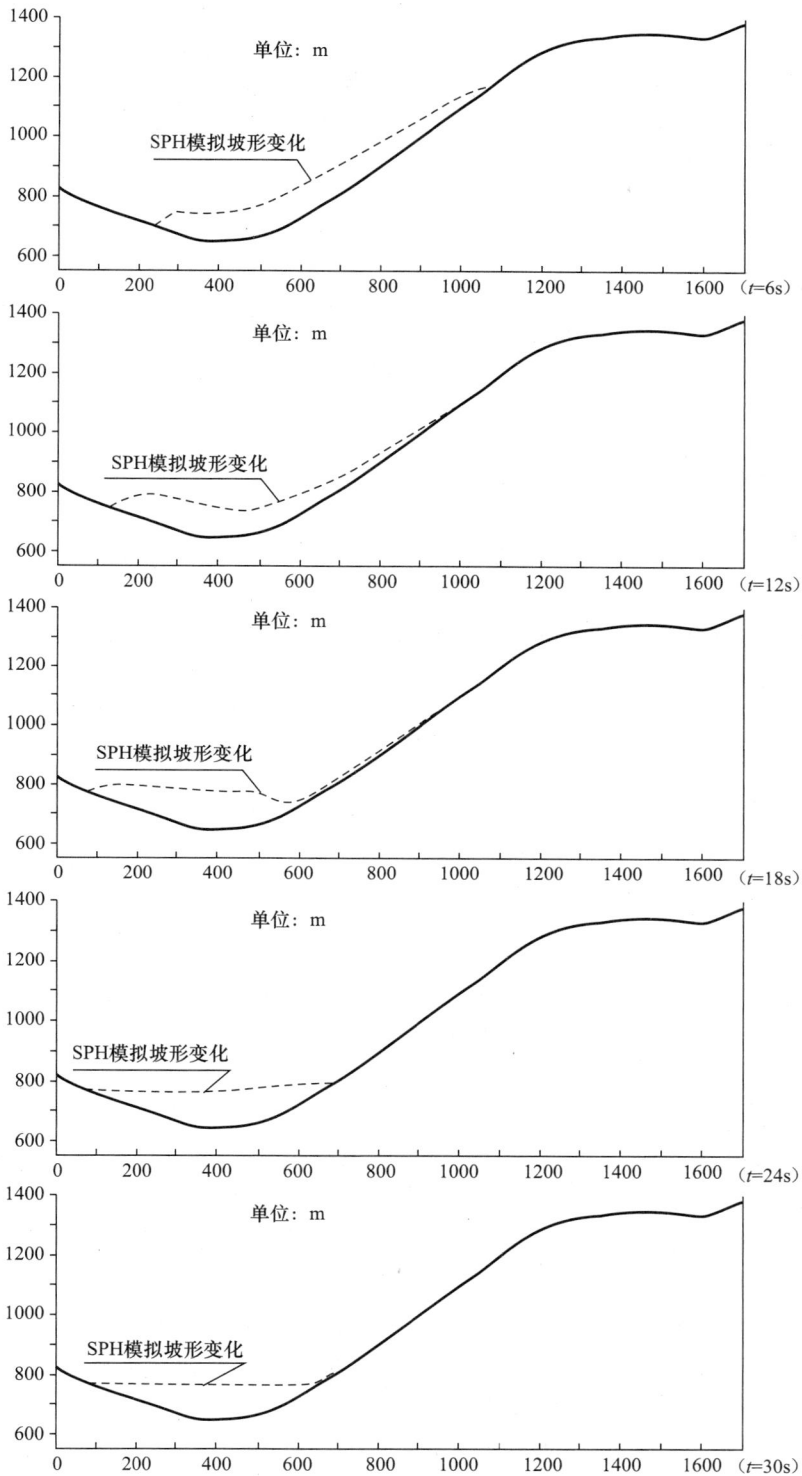

图 4-27 唐家山滑坡流滑过程模拟（二）

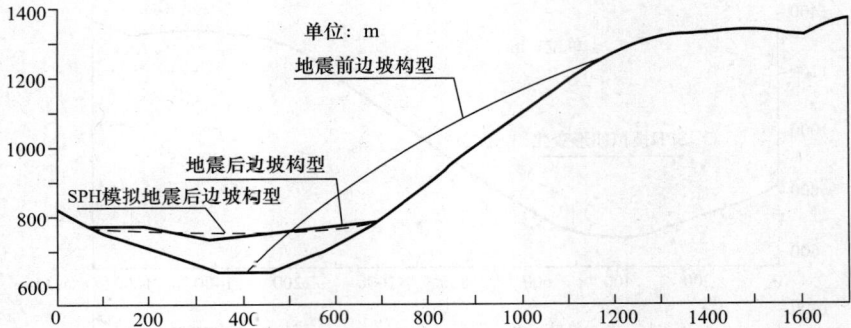

图 4-28　唐家山滑坡流滑过程模拟和实际滑动对比

4.9　边坡稳定性评价

边坡稳定性研究是一项难度较大、综合性较强和涉及面较广的研究工作，对边坡进行稳定性评价也是边坡稳定性研究的核心问题和中心环节。边坡稳定性评价的内容包括：边坡稳定性状态的定性判断；边坡稳定性计算；边坡稳定性综合评价；边坡稳定性发展趋势分析。《建筑边坡工程技术规范》指出在边坡工程稳定性验算时，其稳定性系数应不小于规范规定的稳定安全系数的要求，否则应对边坡进行处理。

4.9.1　综合评价

由于边坡稳定性的影响因素十分复杂，这些复杂的因素难以完全查清，同时一些未知的因素也可能超出了我们传统的认知范围，因此，边坡稳定性计算结果只能近似或定性地说明边坡的稳定性情况，为了使得稳定性评价尽可能接近实际情况，需要综合各种信息进行综合评价。

边坡稳定性计算方法包括定量和定性计算方法及不确定分析方法，上述各种方法都有其局限性，比如定性计算方法和不确定分析方法无法提供工程需要的量的概念，而各种定量计算方法又有着各种各样的理论局限性，为了解决这个问题，需要进行边坡稳定性分析综合评价。综合评价边坡稳定性的意义在于综合考虑定性和定量评价，并加以深入研究边坡的工程地质环境，这是边坡稳定性的研究基础，我们只有在此基础上结合必要的稳定性计算作出综合评价才能得到较好的评价结果。

一般的边坡稳定性计算方法都是取边坡代表性剖面按平面问题进行计算，而各种各样的边坡稳定性计算方法中，其计算条件都会受到实际问题的制约。这里需要指出，我们应该先分析边坡的综合自然条件，划分出地质单元体，这种地质单元体指代表了一定边界条件的部分岩土体，然后考虑该地质单元体上的荷载，以地质单元体为计算单元进行边坡稳定性计算，需要重点考虑计算单元和地质单元的一致性。

同时，边坡稳定性评价方法都是建立在详细的边界条件和荷载条件的基础上的，对边界条件应该注意查明边坡可能失稳岩体的范围、几何形态、可能滑面或组合滑面的形态、侧限条件、边坡岩体的物理力学特征和地下水活动特征等。而荷载条件除岩体自重还需考虑工程荷载的作用。

边坡的自然地质条件非常复杂多样，再精确的边坡稳定性计算也很难完全反映实际情况，因此，当遇到类似边坡稳定性影响因素和滑动面参数难于确定时，可以采用工程地质类比法进行边坡稳定性评价。工程地质类比法避开了较复杂的和需要较长时间的测试手段才能确定的定量计算指标，利用宏观调查统计规律，能够很快地评价边坡岩体的稳定情况，只要将边坡的自然条件和其他相关因素进行广泛调查，并进行类比，如果选取的边坡条件较为类似，则稳定程度可以借鉴考虑。

4.9.2　敏感性分析

在稳定性计算中，安全系数是许多参数的函数。敏感性分析是指在稳定性计算中，分别改变某一项参数的值，而保持其他参数不变，用以探寻每个参数的重要性。它的目的之一就是确定一些最主要的影响因素，并研究它们对边坡稳定性的影响，这里改变的参数可以是固有的，比如岩土体的各种性质，而更多的则是一些变化参数，诸如边坡坡角等。

一般在敏感性分析中，需要作出安全系数和所研究参数的关系曲线，从而可以根据曲线看出，在安全系数取某一数值时。考虑改变总坡脚参数而不改变其他参数，作出安全系数对总坡脚的曲线。由此可以看出，如果对各种可变因素进行逐一分析，最后进行综合比较，就能提出最佳的参数选取和做出相应的工程措施。

而某些情况下，我们也去要对岩土体固有参数，以及内摩擦角 φ 值等固定参数进行敏感性分析，其目的在于了解它的敏感情况用以确定适宜的试验计划。它的不敏感意味着对于试样数量和试验方法就没有特殊要求甚至采用经验数值确定，因此可以大大缩减计算过程而不较大影响边坡工程计算结果。但是如果 φ 值非常敏感，制定详细的试验计划保证取得较准确的数据来确定 φ 值，因为它的变化将极大影响边坡稳定性分析结果，在这点上必须谨慎考虑。

4.9.3　安全系数的选用

在边坡稳定性分析中，边坡稳定与否，常用安全系数表示。安全系数的定义为滑坡体上滑动面的抗滑力与下滑力之比。安全系数大于 1，则意味着边坡是稳定的；小于 1 则是不稳定的；等于 1 时说明边坡处于临界状态。安全系数的影响因素主要包括：①岩体工程地质特征研究的详细程度；②各种计算参数误差的大小；③计算稳定性系数时，是否考虑了全部作用力；④计算过程中各种中间结果的误差大小；⑤工程的设计年限、重要性以及边坡破坏后的后果。

安全系数是稳定性分析计算的结果，要获得准确的安全系数，首要的前提是取得有关构造地质、岩石力学性质及地下水条件随时间变化的可靠资料。

110

工程问题中常遇到边坡实际情况与安全系数的计算值不协调的情况，例如，有时候按试验指标计算的安全系数小于 1，而边坡处于稳定状态；设计时安全系数大于 1 的边坡，随后却发生了破坏。而且不同的设计者按照各自的经验用不同的方法研究同一边坡问题会出现差别，产生这些现象的原因跟很多方法有关，如计算模型的选取、试验方法的选取、数据处理及其他可变因素。设计中不能脱离这些因素的综合考虑，同时为使安全系数能真实反映实际情况，还需要正确评估安全系数的作用并加以有效使用。

由于稳定性计算中的不稳定性因素，为保证设计边坡处于稳定状态，应使计算的安全系数大于 1，以使其具有一定的安全储备，就是规定一个高于 1 的设计限值。表 4-11 是《建筑边坡工程技术规范》推荐的边坡稳定安全系数值。

边坡稳定安全系数　　　　　　　　　　　　　　表 4-11

安全系数 计算方法	边坡工程安全等级		
	一级边坡	二级边坡	三级边坡
平面滑动法折线滑动法	1.35	1.30	1.25
圆弧滑动法	1.30	1.25	1.20

注：对地质条件很复杂或破坏后果极严重的边坡工程，其稳定安全系数宜适当提高

安全系数是指根据各种因素规定的允许的稳定性系数。大小是根据各种影响因素人为规定的，必须大于 1，安全系数一般在 1.05～1.5 之间。

边坡稳定安全系数因所采用的计算方法不同，计算结果存在一定差别，通常圆弧法计算结果较平面滑动法和折线滑动法偏低。因此，在依据计算稳定安全系数评价边坡稳定性状态时，评价标准应根据所采用的计算方法按表 4-11 分类取值。地质条件特殊的边坡，是指边坡高度较大或地质条件十分复杂的边坡，其稳定安全系数标准可按表 4-11 的标准适当提高。

由于影响边坡稳定性的各种因素的复杂性和多边性，还包括人们对边坡稳定性认识上的局限性，因此，安全系数只能从某种程度上提供一种准确性。计算结果与实际情况不符也是可能发生的，稳定性计算虽然有一些不确定性，但是整体还是遵循科学的原理和实测资料进行的，随着我们不断总结经验改进工作方法，那么边坡稳定性系数接近实际边坡的程度就会提高，因此，进行边坡稳定性计算的任务就是做好各项工作来相对客观地评价边坡的稳定性。

4.10　小节及学习指导

本章主要讲述了有关边坡稳定性分析的几种方法，其中工程地质类比法只是作定性的分析，其他分析方法是在一定的假定和简化基础上进行定量的计算。圆弧形滑坡的稳定性分析主要适用于土质滑坡，而平面和楔形块体滑坡主要适用于岩质滑坡，前者用以分析单一倾斜岩层，而后者用以分析存在多结构面的情况。折线形滑坡假定滑动面为折线段，需要注意的是存在反坡

向地段时需要考虑反向推力的作用。

赤平投影和实体比例投影作为常用的几何类分析方法，可以将空间问题在平面上进行具体的分析，属于比较传统的分析方法。数值分析方法可以用以分析边坡稳定性的有很多，比较常见的是基于连续介质力学的有限单元法，但是这一方法对于边坡滑动之后存在破裂面这一问题分析与实际差异较大，此时可以使用离散元或者SPH等方法进行分析计算。

对于边坡稳定性，除了进行分析计算，最主要的是对其稳定性进行评价，关于稳定性评价，一般可以根据计算得到安全系数和边坡等级进行评价，对于稳定性良好的边坡可以只进行简单处理，对于可能滑动的边坡要采取相应的措施进行治理，这将在下一章进行讲解。

习题

4-1 简述工程地质类比法分析边坡稳定性的基本原理。

4-2 土质边坡和岩质边坡进行稳定性分析时采用的方法是否相同？各有哪些？

4-3 采用圆弧滑动法对强风化岩质边坡进行稳定性分析是否合理并说明理由。

4-4 在滑动面形状大致为折线时，当边坡下部存在反倾向的坡段时该如何处理？

4-5 常用的数值分析方法有哪些？简述强度折减法的基本概念。

4-6 某均质土质边坡，高 20m，倾角 55°，土体强度参数为 $c=20\text{kPa}$，$\Phi=16°$，假设滑动面为圆弧，试评价其稳定性。

4-7 某简单岩质边坡，已知该岩体内存在单一软弱结构面并可能沿该结构面发生滑动，岩体重度 25kN/m^3，体积约为 3000m^3，该软弱结构面面积为 600m^2，倾角为 35°，内摩擦角为 24°，黏聚力为 100kPa，试用平面滑动法计算边坡的稳定安全系数。

4-8 某岩质边坡面产状为 $270°\angle 50°$，坡顶水平。其中一个结构面产状为 $200°\angle 45°$，另一个结构面产状为 $285°\angle 30°$，则：

（1）不考虑结构面强度参数，利用赤平投影作图，分析该边坡可能的下滑方式。

（2）利用 4.7.3 节中的做法，估算该楔形体的体积（在坡顶测得 $200°\angle 45°$ 结构面出露长度为 50m）。

（3）利用（1）作图所得组合交线产状与本章 4.5 节的公式计算进行对比。

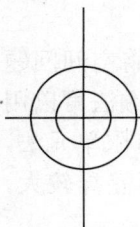

第5章
边坡工程防护技术及加固处理方法

本章知识点

> 知识点：边坡工程的防治原则及常见的防护加固技术，排水措施、重力式挡墙、悬臂式及扶壁式挡土墙、格构锚固、抗滑桩、加筋土挡墙、土钉墙的稳定性分析、构造要求及设计计算方法。
>
> 重　点：重力式挡墙、悬臂式及扶壁式挡土墙、格构锚固的稳定性分析及设计计算方法。
>
> 难　点：悬臂式及扶壁式挡土墙、格构锚固的设计计算方法。

5.1　概述

在自然界中，对于一些边坡要确保其不发生变形破坏，或发生变形破坏出现滑坡之后，使其不再继续发展，则必须进行防治。边坡工程的防治应以"以防为主、治早治小、力求根治、注意排水、综合治理、经济安全、绿色环保"为原则。同时在边坡工程实施之前，要做到准确勘察边坡体的岩土性质及其相关的工程地质条件，以避免较大的安全事故产生，同时也为设计和施工提供详尽的资料。

5.1.1　防治原则

（1）以防为主，防治结合。边坡的防治工程立足于"防"，在预防上做好相关工作。以工程地质条件为依据，在对边坡进行定性评价和定量评价基础上，实施预防边坡破坏的措施，预防达不到要求的条件下再实施治理措施。对于性质复杂的大型边坡工程，应尽量绕避。当绕避有困难或经济成本过高时，应视边坡规模、道路与边坡的相互影响程度、防治成本等条件，设计不同的治理方案比选。

（2）治早治小。对于有监测资料或有变形破坏征兆的边坡，争取及早进行治理，避免出现大的破坏。

（3）力求根治。边坡变形破坏的产生是由于影响因素的变化或各因素之间相互作用的结果，因此，应以影响边坡变形破坏的主要因素为依据，选择合理的治理方案，并力求根治。

（4）注意排水。一般水在边坡稳定性中是非常活跃的因素，因此，滑坡治理过程中要做好排水系统，消除或降低水的影响。

（5）综合治理。任何边坡的变形破坏都不是单一因素造成的，而每一种边坡防治措施都不是万能的，要达到防治效果，需多种措施综合使用。

（6）经济安全。根据边坡工程的重要程度、设计使用年限、地震地质条件、水文地质条件合理设定边坡的安全系数，同时在确保安全的条件下，对边坡的治理采取因地制宜的工程措施，充分利用一切地形、地质条件，加强边坡的整体稳定性，做到技术、经济合理性。

（7）绿色环保。在达到避免边坡变形破坏的目的基础上，尽可能对边坡体进行绿色防护，避免对山体进行大的扰动，同时采用一些绿色防护措施，恢复山体的植被。

5.1.2 防护技术及加固处理方法

在边坡防治原则的指导下，边坡工程的治理主要综合考虑各方面因素的影响，采用一定的防护技术及加固处理方法来实施边坡工程。其中边坡的防护技术分为工程防护技术、植物防护技术及两者结合的共同防治技术。边坡加固处理方法分为排水措施、减滑措施、抗滑措施及岩土体改良等。

1. 边坡工程的防护技术

（1）工程防护

工程防护措施用于对边坡的坡面进行防护，边坡坡面防护措施主要有抹面、捶面、喷混凝土和喷砂浆、勾缝和灌浆、护面墙、浆砌片石、干砌片石等方式。

1）抹面防护

在易风化的软质岩层路堑边坡的坡面上抹上一层耐风化的表层，隔离空气的影响防止风化。抹面材料主要有石灰混合料灰浆、水泥砂浆等，抹面厚度一般为3~7cm，为防止坡体表面产生微细裂缝减少抹面的使用寿命，可在抹面上涂一层沥青保护层。

2）捶面防护

该法适用于易受风化剥落的岩质边坡或易受冲刷的土质边坡，坡度不大于1：0.5，其防护性质与抹面防护相近且使用材料也大致相同，捶面厚度比抹面要大，强度较高，可抵御较强的雨水的冲刷。

3）喷砂浆和喷混凝土防护

该法适用于节理裂隙发育、坡面为碎裂结构的岩石坡面，主要是防止岩石进一步风化，发生落石崩塌。喷射砂浆和喷射混凝土护坡具有重量轻、防风化和施工操作简单等优点的同时，也具有喷射厚度难以控制、成本较高、坡体的水不易排出引起边坡饱水引发滑坡等自然灾害的缺点。

4）勾缝和注浆

该法适用于节理裂隙发育，表面不易风化的岩质路堑边坡，裂隙多而细者用勾缝，大而深者用灌浆。

5) 做护面墙

该法适用于易风化或风化严重的软质岩，也适用于坡面易受侵蚀和破碎岩石的挖方边坡。护面墙的基础应设在稳定地基上，这样既提高了挖方边坡的稳定性，降低了边坡高度，又减少了边坡挖方数量，节省了工程造价。

6) 干砌片石防护

该法适用于软岩、土质边坡及易风化的填挖路基边坡。干砌片石结构可以适应边坡较大变形，但干砌石在水流作用下，细小颗粒易被水流冲刷带走引起较大的沉陷，为防止坡面土层被水流冲刷，应在干砌片石的防护下设置反滤层，干砌结构可分为单层铺砌和双层铺砌两种。

(2) 边坡植物防护技术

植物防护技术是在稳定的边坡上进行种草、植树、铺草皮等对边坡进行绿化防护的形式。

1) 种草保护

该法适用于高度不高的稳定边坡，坡度一般小于 1∶1.25，边坡高度一般要求小于 6m，不浸水或短期浸水，边坡上已扎根种草的坡面可容许缓慢流水的短期冲刷。种草的几种常用的播种方法：①撒播：最简单易行的方法，适用于较松软的土质边坡；②沟播：适用于较坚硬的土质边坡，可对沟内土体进行换土处理，使草籽易于发芽生长；③喷播：适用于岩质边坡、土质贫瘠的土质边坡；④植生带：在暴雨强度较大的地区，坡面上铺设草坪植生带。

通过种草来护坡的特点：成本低、施工简单方便、施工进度快、美化道路且具有较好的经济效益与社会效益。但其也具有种草难以成活及不能立即发挥防护作用的缺点，为克服该缺点可用栽草来代替种草，大批草籽成活后，拔草移栽到边坡上，可较快地形成绿化带，较快发挥边坡防护作用。

2) 铺草皮防护

铺草皮防护是一种传统的边坡植物防护措施，通过人工在边坡面铺设天然草皮，该方法适用于边坡坡度较陡，表面冲刷严重，需迅速得到防护或绿化的土质边坡。草皮的铺设方法根据坡面冲刷情况，边坡坡度，坡面径流速度等条件采用平铺（平行于坡面铺装）、水平叠铺（平行于水平地面）、垂直叠铺（垂直于坡面）、斜交铺叠（与水平坡面垂直成锐角）等形式。铺设草皮防护，施工简单、工程造价较低，是设计上最常采用的坡面植物防护措施之一，但由于施工后期养护管理困难，平铺草皮易被冲走，成活率低，工程质量难以保证，达不到满意的边坡防护效果。

2. 边坡加固措施

边坡的加固措施一般分为减滑措施、抗滑措施、土质改良三大类。

(1) 减滑措施

此种方法的目的是减少坡面荷重，也是为了减少边坡岩土体向下的作用力。采用此法的技术条件简单，施工容易，也比较经济。一般不需要建筑材料，仅用简单的土石方施工机具即可完成，在边坡工程中普遍被采用。但其缺点是工作量大，在一些大的滑坡体上难以解决边坡的稳定问题，有时还会诱发其他灾害，因此在使用过程中必须清楚边坡的岩体结构，特别是滑动面的位置，同时在实施过程中要反复验算。常用的方法是刷方、减重、清除。

（2）抗滑措施

本类方法是为了增大边坡的抗滑能力，主要方法有锚杆（索）加固、挡土墙加固、抗滑桩加固等。

1）锚杆（索）加固

锚杆（索）加固适用于碎裂结构的硬质岩石、层状不连续地层、坡面岩石和基岩的分离容易导致下滑的挖方边坡。当岩层倾角接近边坡坡角和裂隙发育的厚层岩体时可用锚杆加固的方法。一些土质边坡常用土钉墙，原理和锚杆和抗滑桩相似，以增加边坡体的整体抗滑力，增加边坡稳定系数。

2）挡土墙

挡土墙是治理滑坡常用的方法之一，一般设置于滑坡前缘，挡土墙基础需深埋于滑动面稳定土层中，防止滑体被推走。重力式挡土墙利用自身重力来抗衡滑体，取材容易，机械化程度不高、施工方便、效果好。

3）抗滑桩

抗滑桩是一种新型抗滑支挡结构物，抗滑桩依靠桩与桩间土体的相互作用将滑坡推力传递到稳定地层中，利用稳定地层的锚固作用来稳定边坡。

（3）土质改良

此法是针对边坡的岩土性质进行人工处理，使滑面上或其他破坏面上的岩土物理力学性质得到改善，以符合边坡稳定条件的要求。边坡的岩土改良技术，目的在于提高岩土的抗剪强度、抗拉强度及抗压强度、抗水性、降低透水性以及进行脱水作用等。常用的方法有水泥灌浆法、硅化法、电化学加固法、焙烧法、冷冻法等。

5.1.3 边坡排水措施

边坡失稳的发生，与水的危害是密切相关的。除河岸冲刷是由河水直接冲刷形成以外，其余坍塌、滑坡等不良地质现象都是由于地表径流或地下水的作用所引起的。设置排水系统，消除水的危害，是处理边坡失稳的首选且可靠的措施。

排水措施可分地表排水和地下排水两大类。

1. 地表排水措施

地表排水的是拦截边坡失稳的病害地段或滑坡、坍塌等地段范围以外的地表水，不使水流入此病害区内，并尽快排出病害区范围内的雨水，引导地表水在病害范围以外的稳定山坡处排出。

对于滑体内的地表排水工程，在滑坡未稳定前先做成临时性的，待滑坡稳定后再做成永久性的。但根据具体情况也可以一次做成永久性的，不过必须做到当滑坡移动或排水工程出现裂缝时应随时修补。

地表排水的原则：

滑体以外的地表水，以拦截和旁引为原则；滑体以内的地表水以防渗、尽快汇集和引出为原则。因此，滑体外，设置一条或多条环形截水沟，拦截旁引地表径流，不使流入滑坡范围之内。滑体内，充分利用自然沟谷，布置成树枝状排水系统。滑体内的湿地及泉水出露处，修建渗沟及明沟等引水工程，以减少对滑坡的供水。此外，滑坡周围的自然边坡坡面应整平夯实，减少坑洼及裂缝，防止积水下渗。斜坡区的绿化工程（铺草皮、植树）可以减少地表雨水的下渗，防止坡面冲刷及淤塞排水沟。

（1）环形截水沟

一般应按山坡汇水面积、降雨量（尤其是暴雨量）进行设计，经常采用 20～25 年最大的流量作为设计的依据。截水沟应设置在滑体可能发展的边界以外不小于 5m 处，当山坡坡面较大，地表径流速度相对较大，应设计数条截水沟，间距以 50～60m 为宜，每条截水沟的断面根据沟间汇水面积设计。

环形截水沟断面设计要点：

1）基础资料

① 设计流量 Q，根据汇水面积所汇集的最大暴雨量设计。

② 渠道纵坡 i。

③ 断面边坡系数 m，即边坡的坡度为 $1:m$，如 $1:3$、$1:2.5$ 等。

④ 渠道粗糙系数 n，可见表 5-2。

⑤ 渠道中的容许（不冲刷）流速 v_m（m/s）。

2）截水沟断面计算

截水沟通常采用梯形或矩形断面，安全超高一般为 0.3～0.5m。梯形断面的最佳宽深比见表 5-1。

梯形断面的最佳宽深比值　　　　　　　　　表 5-1

边坡系数 m	0.00	0.10	0.20	0.25	0.50	0.75	1.00	1.25	1.50	2.00	2.50	3.00
最佳宽深比（B/H）	2.00	1.81	1.64	1.56	1.24	1.00	0.828	0.702	0.606	0.472	0.385	0.325

人工渠道粗糙系数 n 值　　　　　　　　　表 5-2

序号	渠道表面的性质	n
1	坚实光滑的土渠	0.017
2	掺有少量黏土或石砾的砂土渠	0.020
3	砂砾底砌石坡的渠道	0.02～0.022
4	细砾石（$d=10～30mm$）渠道	0.022
5	中砾石（$d=20～60mm$）渠道	0.025
6	粗砾石（$d=50～150mm$）渠道	0.030
7	散布粗石块的土渠	0.033～0.04
8	野草丛生的砂壤土渠或砾石渠天然石渠	0.04～0.05
9	中等粗糙的凿岩渠	0.033～0.04
10	细致爆开的凿岩渠	0.04～0.05
11	粗糙的极不规则的凿岩渠、砖石渠道	0.05～0.065
12	整齐勾缝的浆砌砖渠	0.013
13	细琢条石	0.014～0.018

序号	渠道表面的性质	n
14	细致浆砌碎石渠	0.013
15	一般的浆砌碎石渠	0.017
16	粗糙的浆砌碎石渠、混凝土渠	0.020
17	水泥浆抹光	0.010
18	钢模浇筑的混凝土	0.010～0.011
19	水泥浆粉刷	0.0105～0.011
20	混凝土碾光	0.011
21	模板较光高灰分的光混凝土	0.011～0.013
22	木模不加喷浆的混凝土	0.014～0.0155
23	表面较光的夯打混凝土	0.0155～0.0165
24	表面干净的旧混凝土	0.0165
25	粗糙的混凝土衬砌	0.018
26	表面不整齐的混凝土木槽	0.020
27	新的光滑槽	0.0105
28	刨光、接缝很好的木槽	0.011
29	未加刨光的木槽	0.013
30	旧木槽、其他材料	0.014～0.0155
31	滚浇石棉的渠道	0.013～0.014

3）计算公式

$$Q = w v_{m} \tag{5-1}$$

式中　Q——设计流量（m^3/s）；

w——过水断面面积（m^2）；

v_m——平均流速（m/s），按 $v_m = c\sqrt{R_i}$（m/s）计算；

C——谢才系数，巴甫洛夫斯基给出了求 C 值的公式：

$$C = \frac{1}{n} R^{y} \tag{5-2}$$

n——水道的粗糙系数，根据相应规范取值；

R——水力半径，$C = \frac{\omega}{\rho}$，ρ 为湿周；

y——指数，可根据经验公式确定：

$$y = 2.5\sqrt{n} - 0.13 - 0.75\sqrt{R}(\sqrt{n} - 0.1) \tag{5-3}$$

当 $R < 1m$ 时，$y = 1.5\sqrt{n}$

当 $R > 1m$ 时，$y = 1.3\sqrt{n}$

当 $n < 0.02$ 及 $R < 0.5m$ 时，曼宁简化了式（5-2）的计算，即

$$C = \frac{1}{n} R^{\frac{1}{6}} \tag{5-4}$$

从上述公式可求出过水断面面积 w。如果，当过水断面一定，而通过流量 Q 最大的那种形状的断面，成为输水性能最佳的断面。这时，渠道输水性能最佳断面条件为：

$$w = 常数, \qquad \frac{\mathrm{d}w}{\mathrm{d}h} = 0$$

$$\rho = 最小, \qquad \frac{\mathrm{d}\rho}{\mathrm{d}h} = 0$$

$$\frac{\mathrm{d}^2\rho}{\mathrm{d}h^2} > 0 \tag{5-5}$$

式中 h——明渠水深。

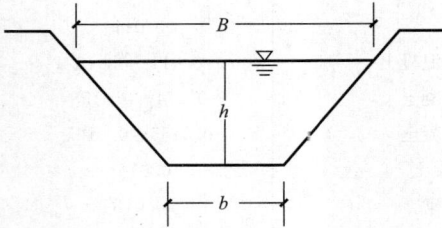

图 5-1 梯形断面

在截水沟的实践中经常用体形断面和矩形断面。因此，下面将介绍在已定的梯形断面两腰坡度 m 的前提下，推求梯形断面输水性能最佳的条件。

在梯形断面中（图 5-1），相应于一定水深 h 的过水断面面积 w 为：

$$w = h(b + mb) \tag{5-6}$$

而相应的湿周 ρ 为：

$$\rho = b + 2\sqrt{1+m^2}\,h = b + m'h \tag{5-7}$$

式中

$$m' = 2\sqrt{1+m^2}$$

将式（5-6）微分，可得：

$$\frac{\mathrm{d}w}{\mathrm{d}h} = (b + mb) + \left(\frac{\mathrm{d}b}{\mathrm{d}h} + m\right) \tag{5-8}$$

然后微分公式（5-7），可得：

$$\frac{\mathrm{d}\rho}{\mathrm{d}h} = \frac{\mathrm{d}b}{\mathrm{d}h} + m' = 0 \tag{5-9}$$

取将 $\dfrac{\mathrm{d}\rho}{\mathrm{d}h}$ 微分，得：

$$\frac{\mathrm{d}^2\rho}{\mathrm{d}h^2} = \frac{\partial\rho}{\partial h^2} > 0 \tag{5-10}$$

解上述两公式，得梯形断面输水性能最佳条件为：

$$\frac{b}{h} = m' - 2m \tag{5-11}$$

若以 β_0 代表梯形断面输水性能最佳的底宽水深比，于是：

$$\beta_0 = (m' - 2m) \tag{5-12}$$

对于矩形断面，由于 $m=0$，故：

$$\beta_0 = 2\sqrt{1+m^2} - 2m = 2 \tag{5-13}$$

根据上述计算，可求出最佳输水能力的断面。

截水沟铺砌时应先砌沟壁，后砌沟底，以增加坚固性。迎水面沟壁应设泄水孔（尺寸 10cm×20cm）以排泄土壤中水（如图 5-2）。

当地表水横向流入截水沟，对水沟边坡及坡面有半冲刷危险时需铺砌到坡顶，并向外铺砌 0.3～0.1m。如无冲刷危险时，只铺设到水位以上 0.20～0.25m（图 5-3）。

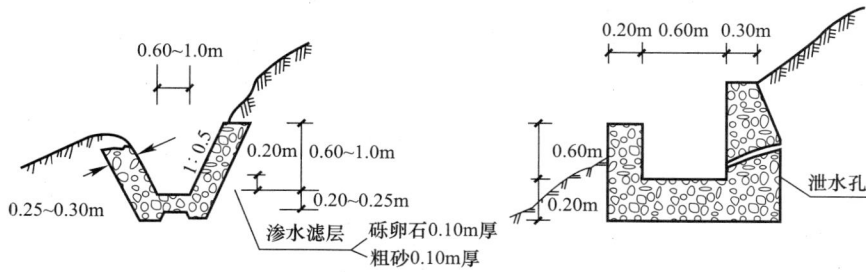

图 5-2

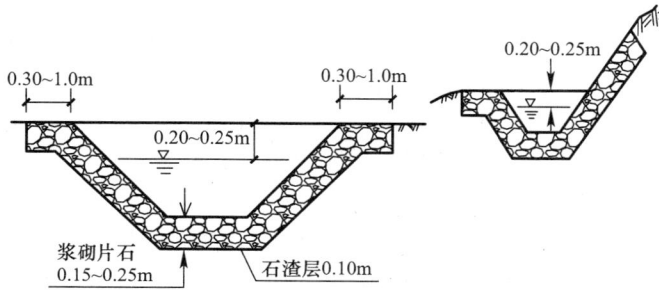

图 5-3

在陡于 1：1 的土坡上，还常采用陡坡排水槽（图 5-4）来拦截坡上方的坡面径流。

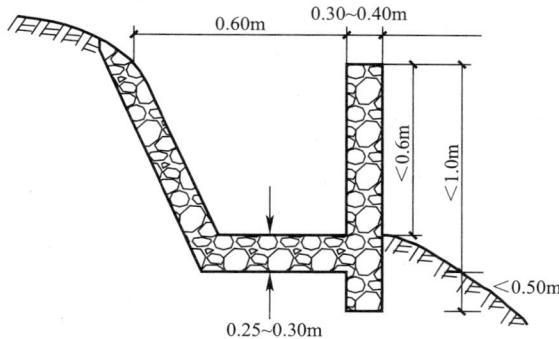

图 5-4　陡坡排水槽

（2）滑体内树枝状排水系统

首先应充分利用滑坡范围内的自然沟谷作为排除地表水的渠道，为此要对自然沟谷进行必要的整修、加固及铺砌工作，达到不溢流、不渗漏的目的。

一般修成复式断面（即铺砌经常流水槽，对洪水槽则不铺砌），沟底、沟坡的铺砌厚度为 20～20cm 的浆砌片石。当遇到表土松软的地段可简便地夯成沟形，上铺黏土、三合土，作为临时排水沟。

排水沟的布置每隔 20～30m 一条，应尽量避免横砌滑坡体，主沟应该与滑坡移动方向大体一致，支沟与滑坡移动方向应斜交 20°～45°（如图 5-5）。

截水沟

排水明沟

引水渗沟

▨ 清理或铺砌石的自然沟　⚬⚬ 泉水和湿地

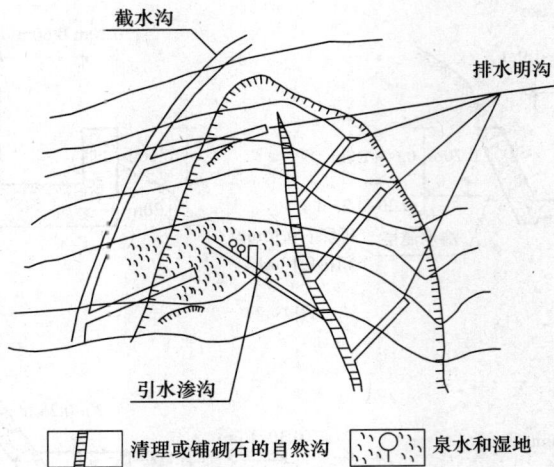

图 5-5　树枝状排水系统

当自然沟谷的沟床较深，滑体中的部分地下水沿切割面流出时，应因势利导，尽快将地下水排出滑坡体外，在自然沟谷两侧附近地段有地下水露头，并且沟谷两侧边坡受雨水冲刷容易坍塌，则应该在沟谷两侧地下水露头处设置渗水沟（又称小盲沟），如图 5-6 所示。以防止沟谷两侧的坍塌并及时疏干土中水。

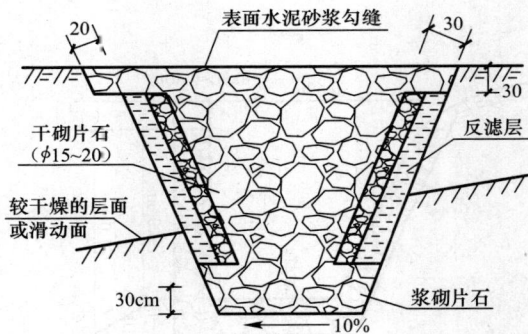

20　　表面水泥砂浆勾缝　　30

30

干砌片石
（φ15~20）

反滤层

较干燥的层面
或滑动面

30cm

浆砌片石

10%

图 5-6　渗水沟（小盲沟）示意剖面

（3）滑体内的泉水露头、湿地处需设置渗水沟与明沟相配合的引水工程（平面布置见图 5-5）

其目的是排除滑体内的上层滞水和疏干边坡。这类引水工程包括集水和排水两部分，埋入地下为集水部分，常采用渗水沟（又称集水盲沟）形式，露出地面部分是排水明沟。集水部分要设计滤层，排水部分是不透水的浆砌明沟。明沟常用的有梯形和矩形两种（图 5-7），常用浆砌片石防渗。

滑坡体内的自然边坡由于受滑坡影响，坡面通常是不平的，为此必须将坡面整平夯实。

滑坡范围内绿化工作，是配合地表排水工程的一项有效措施。尤其对渗水严重的塑性滑坡和浅层滑坡，采用绿化的措施，效果显著。

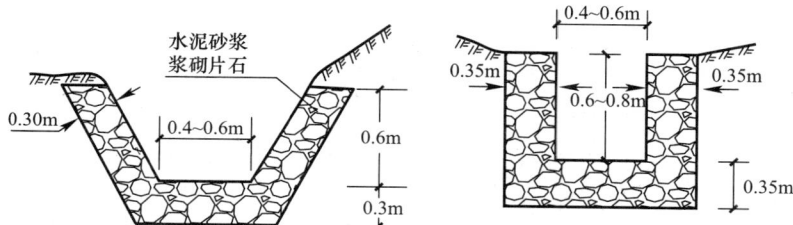

图 5-7　明沟断面图

2. 地下排水措施

由于斜坡土层（岩体）中埋藏有地下水，流入边坡变形区，产生了动水压力和静水压力，是斜坡不稳定的主要原因之一。为减弱这种压力的作用，确保边坡稳定，可采用地下排水的方法，由于滑体内地下含水带厚薄、分布、补给条件和当地的地形地质条件的差异，故有截、排、疏和降低地下水位等办法。一般在获得较准确而足够的地质和水文地质资料之后，才能提出切合实际的设计和施工方法。

（1）盲沟

盲沟又叫渗沟，按其作用的不同可分为支撑盲沟、截水盲沟及边坡渗沟。

1）支撑盲沟

一般深度为 2～10m，以支撑山体滑动为其主要作用，并疏干滑坡体，效果较好。

支撑盲沟的平面布置形状有 IYI、YYY 和 III 形，盲沟的间距根据土质情况而定，一般采用 6～15m（图 5-8）。支撑盲沟的上部分岔成支沟，支沟方向与滑坡移动方向呈 30°～45°的交角为宜，同时支沟部分可伸展到滑坡范围以外，以达到拦截地下水的作用。

支撑盲沟的结构如图 5-9 所示。盲沟的内部堆砌坚硬石块，使其具有很好的透水性和支撑作用。支撑盲沟的宽度一般应根据抗滑需要，沟深和便于施工来考虑，常采用 2～4m 的沟宽。

如果滑坡规模较大，范围较广，滑坡推力大，可采用抗滑墙和支撑盲沟联合的结构形式，如图 5-10 所示。

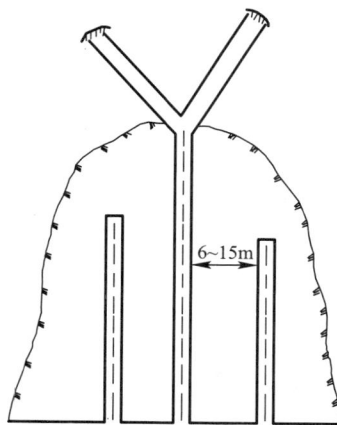

图 5-8　支撑盲沟平面示意图

关于支撑盲沟的支撑力和结构，需按照滑体的下滑力、滑动面的位置及地下水的情况进行支撑力的计算和盲沟设计。

2）截水盲沟

当滑坡范围外界有比较丰富的地下水补给时，常采用截水盲沟，以便将地下水尚未流入滑坡之前就拦截引走。一般布置在滑坡可能发展的范围以外约 5m 的稳定地段，要求与地下水流垂直（图 5-11）。

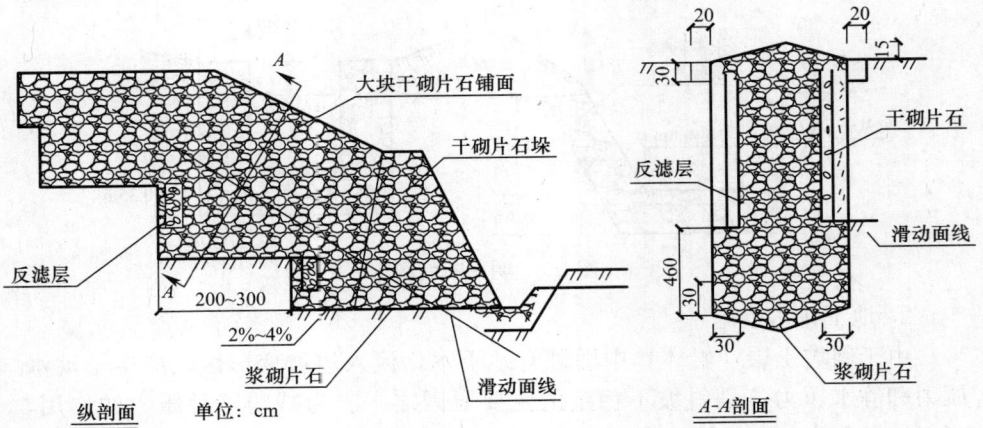

图 5-9　支撑盲沟结构示意图

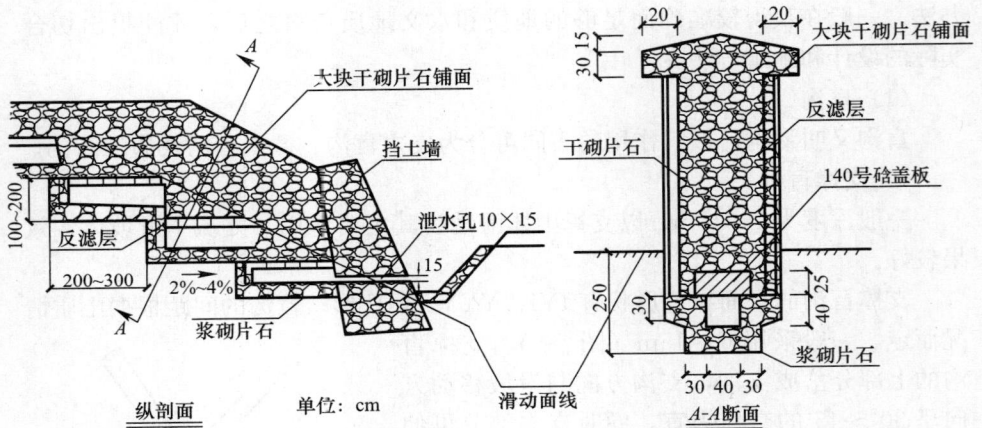

图 5-10　抗滑墙和支撑盲沟联合的结构形式

截水盲沟结构要求：断面尺寸取决于施工之前开挖的方便以及地下水流量。其结构如图 5-12 所示。

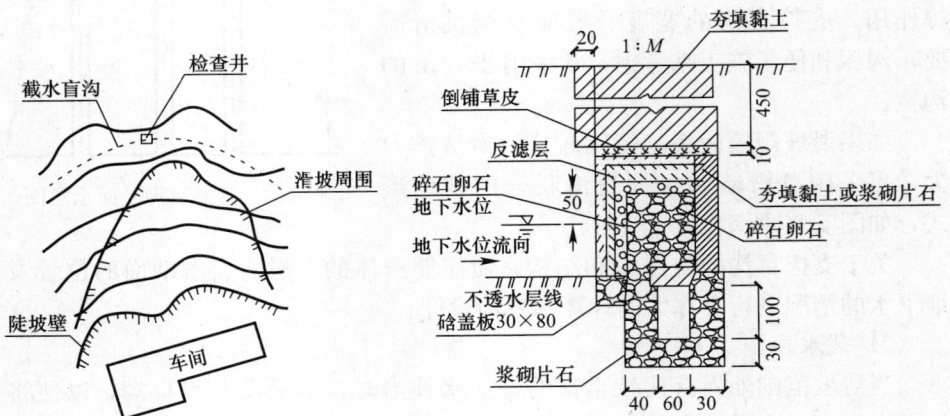

图 5-11

图 5-12　截水盲沟断面图

由于截水盲沟一般长而深，为了维修疏通的需要，在直线段每隔30～50m和盲沟转折点、变坡点应设置检查井，凡深度较大（超过20m深度）的检查井必须进行专门设计。

（2）边坡渗沟

渗沟的作用是排除滑坡前缘的边坡土中水，疏干边坡，同时对边坡的局部地段有支撑作用。其形状从平面来分有垂直的、分支的、拱形等几种（图5-13）。

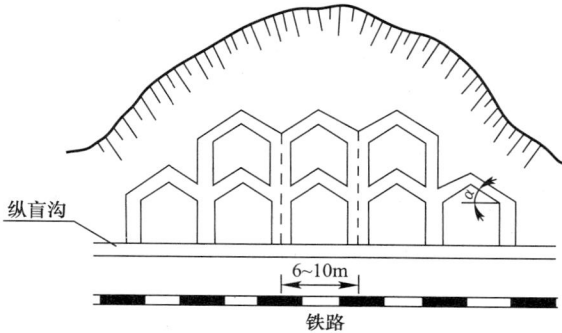

图5-13　分支渗沟

主沟起到支撑作用，支沟起疏干作用。适用在地下水分布比较均匀或者边坡有明显的大片潮湿而没有明显地下水露头的地段，同时亦用来截阻坡面地表水，以减轻边坡的冲刷。

渗沟布置在滑坡前缘的边坡面上，渗沟的间距取于地下水分布、流量和边坡土质（或岩体）的性质，当地下水丰富，易受地下水影响的地段，渗沟间距要小一些，如地下水分布不均匀，呈泉眼出露，则边坡渗沟应布置在泉眼或坡面潮湿的地段。边坡渗沟的间距一般采用6～15m。

平行设置相隔不远的边坡渗沟，可使边坡土体形成连续的天然拱效应，并将其土压力传于渗沟砌体上，这样上部土体较为稳定。这时该边坡渗沟起到支撑作用，或称支撑渗沟（图5-14）。

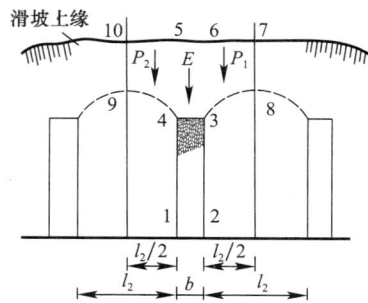

图5-14　支撑渗沟平面图

边坡渗沟的结构如图5-15所示。

（3）钻孔排水

多数采用垂直孔群排除地下水，其方法是：借助孔群穿透滑动带至深部含水层，用抽水试验方法排泄滑体内地下水的一种工程措施。

1）垂直孔群排水方法的应用必须具备有下列基本条件：

滑动体土石透水性能好，且持水能力差，给水度大。

干砌片石表面用M5
水泥砂浆勾缝

干砌片石

100~200

200~300

400~600

边坡渗沟纵断面　　　　　　　　单位：cm

20

15

干砌片石表面用M5
水泥砂浆勾缝

反滤层

卵石　碎石　粗砂

较稳定土层层面
或较干燥层面

450

10

30

M5浆砌片石

10%　　　10%

30　　100~150　　30

A—A断面图

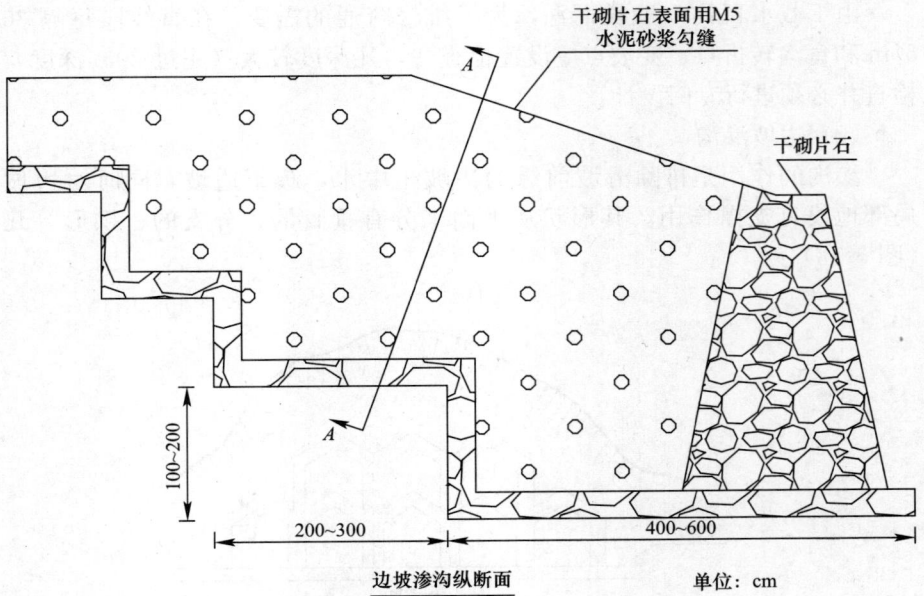

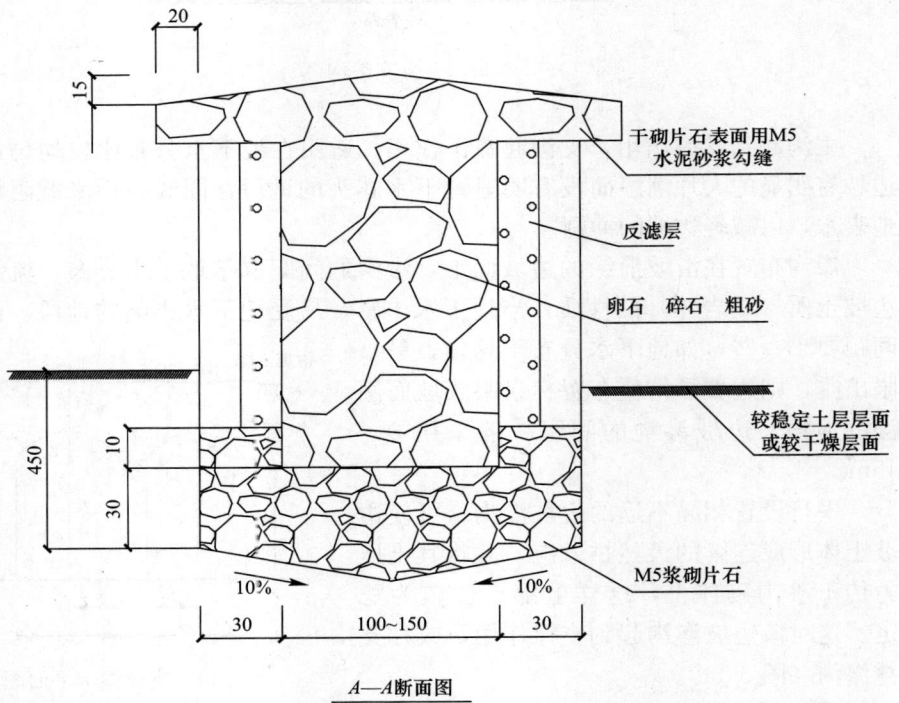

图 5-15　边坡渗沟结构示意图

　　滑体下部深处应存在有稳定的含水层，而且其渗透系数 K 应大于滑体内含水层的渗透系数。

　　2）垂直钻孔群排水设计所需的主要水文地质资料应该有：

滑体土石的颗粒成分（％）、孔隙度或裂隙度（％）、用于计算过滤管孔眼尺寸及过滤层粒径大小，以计算含水层渗透系数，估算需排除地下水的净储量。

滑体内含水层厚度、等水位线、渗透系数、影响半径及钻孔涌水量，用以计算排水钻孔设计最大排水量，拟定干扰孔群的设置范围和数量、孔群的排列方向等。

（4）砂井——平孔排水

砂井——平孔排水是以砂井聚集滑体内地下水，用平孔（近与水平的钻孔）连通砂井把水排出，以疏干滑体，如图 5-16 所示。

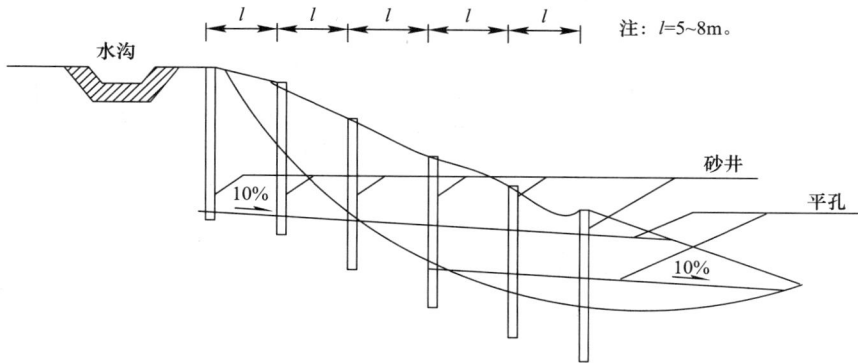

图 5-16　砂井——平孔排水示意图

对于土质不好、结构不匀的黏土质滑坡，滑体内地下水分布不匀、多呈鸡窝状和透镜体分布，彼此间水力联系差，由于地下水排泄不畅常软化土质边坡，使其呈软塑状态，极易引起边坡的滑动。在这种水文地质条件下采用砂井——平孔排水以疏干滑体、稳定滑坡是比较适宜的。

5.2　重力式挡土墙

5.2.1　重力式挡土墙的类型及使用条件

1. 概述

重力式挡土墙是指依靠墙身自重来维持挡土墙稳定性的挡墙形式，重力式挡土墙是传统的结构形式，也是目前最常用的一种挡土墙。

重力式挡土墙多用浆砌片（块）石砌筑，缺乏石料的地区有时可用混凝土预制块作为砌体，也可直接用混凝土浇筑，一般不配钢筋或只在局部范围配置少量钢筋。这种挡土墙形式简单、施工方便，可就地取材，适应性强，因而应用广泛。由于重力式挡土墙依靠自身重力来维持平衡和稳定，因此墙身断面大，圬工数量也大，在软弱地基上修建时往往受到承载力的限制。如果墙过高，材料耗费将会增多，因而也不一定经济。当地基较好，墙高不大，且当地又有石料时，一般优先选用重力式挡土墙。

在有石料的地区，重力式挡土墙应尽可能采用浆砌片石砌筑，片石的极限抗压强度不得低于 30MPa。在一般地区及寒冷地区，采用 M7.5 水泥砂浆；在浸水地区及严寒地区，采用 M10 水泥砂浆。在缺乏石料的地区，重力式挡土墙可用 C15 混凝土或片石混凝土建造；在严寒地区采用 C20 混凝土或片石混凝土。

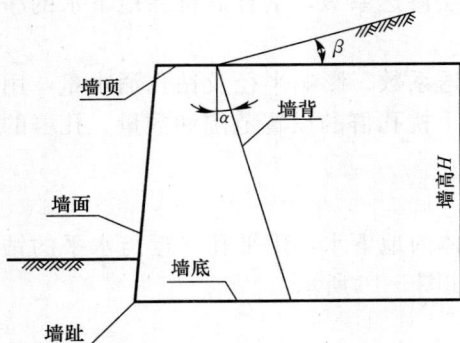

图 5-17　重力式挡土墙

如图 5-17 所示，重力式挡土墙一般由以下几部分组成：

（1）墙身靠填土（或山体）一侧称为墙背。

（2）墙身大部分外露的一侧称为墙面（或墙胸）。

（3）墙身的顶面部分称为墙顶。

（4）墙的底面部分称为墙底。

（5）墙背与墙底的交线称为墙踵。

（6）墙面与墙底的交线称为墙趾。

（7）墙背与竖直面的夹角称为墙背倾角，一般用 α 表示。

（8）墙踵到墙顶的垂直距离称为墙高，用 H 表示。

另外，重力式挡墙还有护栏、排水、伸缩缝、沉降缝等部分。

2. 重力式挡土墙的类型及使用条件

重力式挡土墙按材料和施工方法分为以下几种类型：浆砌片（块）石砌体挡土墙、浆砌料石砌体挡土墙、干砌片（块）石挡土墙、普通黏土砖砌体挡土墙、混凝土预制块砌体挡土墙、现浇混凝土挡土墙以及片石混凝土挡土墙。

重力式挡土墙，当墙背只有单一坡度时，称为直线形墙背；若多于一个坡度，则称为折线形墙背。直线形墙背可做成俯斜、仰斜、垂直三种，墙背向外侧倾斜时称为俯斜，墙背向填土一侧倾斜时称为仰斜，墙背垂直时称为垂直。折线形墙背有凸形折线墙背和衡重式墙背两种，如图 5-18 所示。

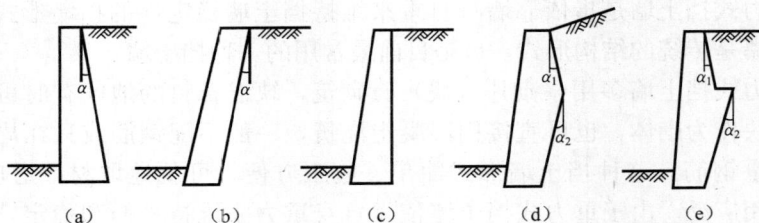

图 5-18　重力式挡土墙类型

（a）俯斜；（b）仰斜；（c）垂直；（d）凸形；（e）衡重式

5.2.2　构造要求

重力式挡土墙的构造必须满足强度与稳定性的要求，同时应考虑就地取材、经济合理、施工养护的方便与安全。具体要求如下：

（1）重力式挡墙材料可使用浆砌块石、条石或素混凝土。块石、条石的强度等级应不低于 MU30，混凝土的强度等级应不低于 C15。

（2）重力式挡墙基底可做成逆坡。对土质地基，基底逆坡坡度不宜大于 0.1：1.0；对岩质地基，基底逆坡坡度不宜大于 0.2：1.0。

（3）块、条石挡墙墙顶宽度不宜小于 400mm，素混凝土挡墙墙顶宽度不宜小于 300mm。

（4）重力式挡墙的基础埋置深度，应根据地基稳定性、地基承载力、冻结深度、水流冲刷情况和岩石风化程度等因素确定。在土质地基中，基础最小埋置深度不宜小于 0.5～0.8m（挡墙较高时取大值，反之取小值）；在岩质地基中，基础埋置深度不宜小于 0.3m。基础埋置深度应从坡脚排水沟底起算。

（5）重力式挡墙的伸缩缝间距，对条石、块石挡墙应采用 20～25m，对素混凝土挡墙应采用 10～15m。在地基性状和挡墙高度变化处应设沉降缝，缝宽应采用 20～30mm，缝中应填塞沥青麻筋或其他有弹性的防水材料，填塞深度不应小于 150mm。在挡墙拐角处，应适当加强构造措施。

（6）挡墙后面的填土，应优先选择透水性较强的填料。当采用黏性土作填料时，宜掺入适量的碎石。不应采用淤泥、耕植土、膨胀性黏土等软弱有害的岩土体作为填料。

（7）挡墙地基纵向坡度大于 5% 时，基底应做成台阶形。

另外，挡土墙常要满足墙身、基础、排水设施和伸缩沉降缝等几方面的构造要求，现分述如下。

1. 墙背

重力式挡土墙当墙背只有单一坡度时，称为直线形墙背。直线形墙背可做成俯斜、仰斜、垂直三种，墙背向外侧倾斜时称为俯斜，墙背向填土一侧倾斜时称为仰斜，墙背垂直时称为垂直，如图 5-18 所示。

对仰斜、垂直和俯斜三种不同形式的墙背所受的土压力进行分析，在墙高和墙后填料等条件相同时，仰斜墙背所受的土压力最小，垂直墙背次之，俯斜墙背较大，因此三种挡墙形式中仰斜式的墙身断面较经济，这一点从图 5-18 三种形式挡墙的对比中也可以比较直观地看出来。

仰斜墙背所受的土压力较小，用于路堑墙时墙背与开挖面边坡较贴合，因而开挖量和回填量均较小，但墙后填土不易压实，不便施工。仰斜墙背的坡度愈缓，所受的土压力愈小，但施工愈困难，故仰斜墙背的坡度不宜缓于 1：0.3。

当墙趾处地面横坡较陡时，采用仰斜墙背将使墙身增高，断面增大，如图 5-19 所示，因此，仰斜墙背适用于路堑墙及墙趾处地面平坦的路肩墙或路

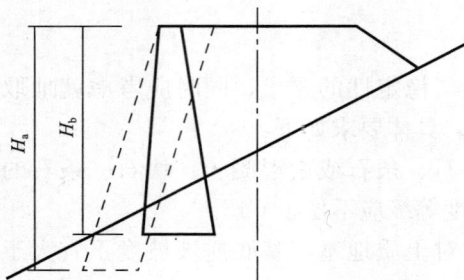

图 5-19

堤墙（主要用于路堑墙）。

俯斜墙背所受土压力较大，其墙身断面较仰斜墙背时要大，通常在地面横坡陡峻时，利用陡直的墙面，以减小墙高（见图 5-19）。俯斜墙背可做成台阶形，以增加墙背与填土之间的摩擦力。俯斜墙背的坡度不宜过缓，通常控制在 1：0.4 作用。

垂直墙背的特点介于仰斜和俯斜墙背之间。

重力式挡土墙若墙背多于一个坡度，则称为折线形墙背。折线形墙背有凸形折线墙背和衡重式墙背两种，如图 5-18 所示。

凸形折线墙背系将仰斜式挡土墙的上部墙背改为俯斜，以减小上部断面尺寸，所以断面较为经济，多用于路堑墙，也可用于路肩墙。衡重式墙背可视为在凸形折线式的上下墙之间设一衡重台，并采用陡直的墙面，衡重式挡土墙上墙与下墙的高度之比，一般采用 2：3 较为经济合理。适用于山区地形陡峻处的路肩墙和路堤墙，也可用于路堑墙（开挖面较大）。

重力式挡土墙的仰斜墙背坡度一般采用 1：0.25，不宜缓于 1：0.30；俯斜墙背坡度一般为 1：0.25～1：0.40；衡重式或凸折式挡土墙下墙墙背坡度多采用 1：0.25～1：0.30 仰斜，上墙墙背坡度受墙身强度控制，根据上墙高度，采用 1：0.25～1：0.45 俯斜，如图 5-20 所示。

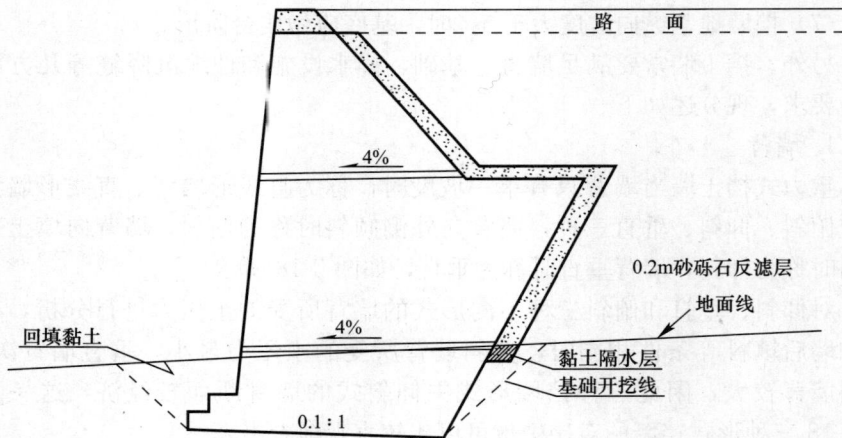

图 5-20　挡土墙墙背和墙面坡度

2. 墙面

重力式挡墙墙面一般为直线形，其坡度应与墙背坡度相协调，同时还应考虑墙趾处的地面横坡。

3. 墙顶

重力式挡土墙可采用浆砌或干砌圬工。墙顶最小宽度：浆砌时不小于 50cm，干砌时应不小于 60cm。干砌挡土墙的高度一般不宜大于 6m。路肩挡土墙墙顶应以粗料石或 C15 混凝土做帽石，其厚度不得小于 0.4m（见图 5-21）。如不做帽石或为路堤墙和路堑墙，应选用大块片石置于墙顶并用砂浆抹平。

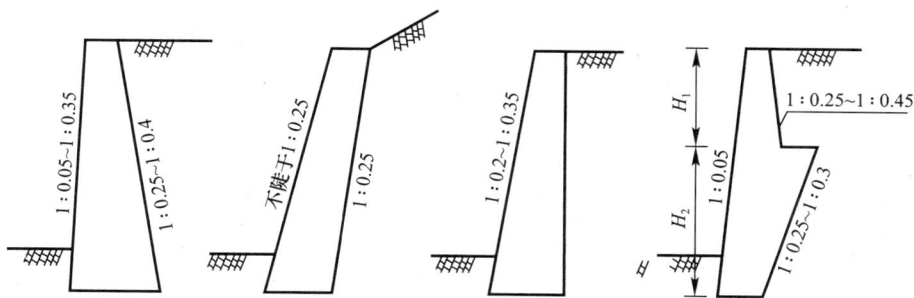

图 5-21 墙顶

4. 墙底

重力式挡墙的墙底一般取 0.1：1 的坡度，也可以直接做成水平墙底，如图 5-21 所示。

5. 墙身材料

挡土墙所用的砖石及混凝土材料，应质地均匀、强度符合要求，并具有耐风化和抗侵蚀性能，在冰冻地区还应具有耐冻性。

砌筑挡土墙所用的砂浆强度等级按表 5-3 选用。高寒地区、抗震设防烈度 8 度且墙高大于 12m 和抗震设防烈度 9 度以上的地震地区，砂浆强度等级按表列强度等级提高一级。

各项材料的最低强度等级：石料抗压强度不小于 30MPa，混凝土 C15，砖 MU10。但砖砌体不应用于盐渍土地区的挡土墙。

干砌挡土墙，墙高时最好采用块石砌筑，在墙身超高 6m 或石料质量较低时，可沿墙高每隔 3～4m 设置厚度不小于 0.5m 的砂浆水平层，以增加墙身的稳定性。

砌筑挡土墙砂浆强度等级   表 5-3

挡土墙类别、部位及用途	砂浆强度等级
一般挡土墙	M5.0
浸水挡土墙水位以下部分	M7.5
勾缝用	比相应砌筑强度等级提高一级，并不得低于 M5

6. 基础

地基不良和基础处理不当，往往引起挡土墙的破坏，因此，应重视挡土墙的基础设计。基础设计的程序：首先应对地基的地质条件作详细调查，必要时须做挖探或钻探，然后再确定基础类型与埋置深度。

（1）基础类型

挡土墙大多数都是直接砌筑在天然地基上的浅基础。当地基承载力不足且墙趾处地形平坦时，为减少基底应力和增加抗倾覆稳定性，常常采用扩大基础，如图 5-22 所示，将墙趾部分加宽成台阶（路堑墙），或墙趾墙踵同时加宽（路堤或路肩墙），以加大承压面积。加宽宽度视基底应力需要减少的程度和加宽后的合力偏心距的大小而定，一般不小于 20cm。台阶高度按基础材料的刚性角的要求确定，对于砖、片石、块石、粗料石砌体，当用低于 M5 的砂浆砌筑时，刚性角应不大于 35°；对混凝土砌体，应不大于 40°。当地基压应力超过地基承载力过高时，需要的加宽值较大，为避免加宽部分的台阶过高，可采用钢筋混凝土底板基础，其厚度由剪力和主拉应力控制，如图 5-23 所示。

当挡土墙修筑在陡坡上，而地基又为较为稳定的坚硬岩石时，为节省圬工和基坑开挖数量，可采用台阶形基础，如图 5-24 所示。台阶的高宽比应不大于 2：1。

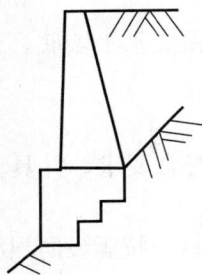 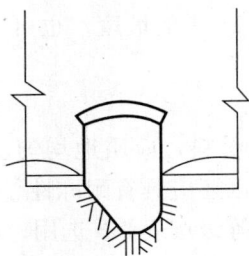 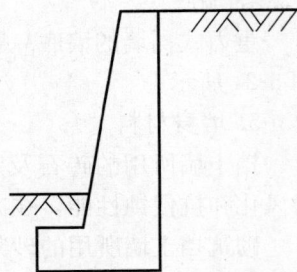

图 5-22 　　　　　图 5-23 　　　　　图 5-24

（2）基础埋置深度

挡土墙一般采用明挖基础。当地基为松软土层时，可采用加宽基础、换填或桩基础。

挡土墙基础置于土质地基上时，其基础埋深应符合下列要求：

基础埋置深度不小于 1m。当有冻结且冻结深度小于或等于 1m 时，应在冻结线以下不小于 0.25m。

受水流冲刷时，基础应埋置在冲刷线以下不小于 1m。

路堑挡土墙基础底面应在路肩以下不小于 1m，并应低于侧沟砌体底面不小于 0.2m。

挡土墙基础置于硬质岩石地基上时，应置于风化层以下。当风化层较厚，难以全部清除时，可根据地基的风化程度及其相应的承载力将基底埋于风化层中。置于软质岩石地基上时，埋置深度不小于 1m。挡土墙基础置于斜坡地面时，其趾部埋入深度和距地面的水平距离应符合表 5-4 的要求。

斜坡地面墙趾埋入的最小尺寸（m）　　　表 5-4

地层类别	埋入深度	距斜坡地面的水平距离 L	示意图
较完整的硬质岩层	0.25	0.25～0.50	
一般硬质岩层	0.60	0.60～1.50	
软质岩层	1.00	1.00～2.00	
土层	≥1.00	1.50～2.50	

7. 排水设施

挡土墙排水设施的作用在于疏干墙后土体中的水和防止地表水下渗后积水，以免墙后积水致使墙身承受额外的静水压力；减少季节性冰冻地区填料的冻胀压力；消除黏性土填料浸水后的膨胀压力。挡土墙的排水措施通常由地面排水和墙身排水两部分组成。地面排水主要是防止地表水渗入墙后土体或地基，地面排水措施有：

（1）设置地面排水沟，截引地表水；

（2）夯实回填土顶面和地表松土，防止雨水和地面水下渗，必要时可设铺砌层；

（3）路堑挡土墙趾前的边沟应予以铺砌加固，以防止边沟水渗入基础。

墙身排水主要是为了排除墙后积水，通常在墙身的适当高度处布置一排或数排泄水孔，如图 5-25 所示。泄水孔的尺寸可视泄水量的大小分别采用 0.05m×0.1m、0.1m×0.1m、0.15m×0.2m 的方孔或直径为 0.05～0.1m 的圆孔。孔眼间距一般为 2～3m，干旱地区可予增大，多雨地区则可减小。浸水挡土墙则为 1.0～1.5m，孔眼应上下左右交错设置。最下一排泄水孔的出水口应高出地面 0.3m；如为路堑挡土墙，应高出边沟水位 0.3m；浸水挡土墙则应高出常水位 0.3m。泄水孔的进水口部分应设置粗粒料反滤层，以防孔道淤塞。泄水孔应有向外倾斜的坡度。在特殊情况下，墙后填土采用全封闭防水，一般不设泄水孔。干砌挡土墙可不设泄水孔。

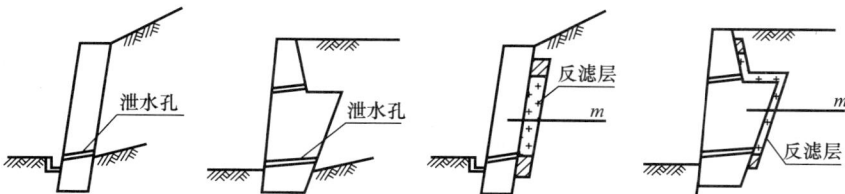

图 5-25　挡土墙泻水孔及反滤层

8. 沉降缝和伸缩缝

为了防止因地基不均匀沉陷而引起墙身开裂，应根据地基的地质条件及墙高、墙身断面的变化情况设置沉降缝。为了防止圬工砌体因砂浆硬化收缩和温度变化而产生裂缝，必须设置伸缩缝。

工程中通常把沉降缝与伸缩缝合并在一起，统称为沉降伸缩缝或变形缝。沉降伸缩缝的间距按实际情况而定，一般宜每隔 10～15m 设置一道沉降伸缩

131

缝；沉降伸缩缝的缝宽一般为 $2\sim3cm$。浆砌挡土墙的沉降伸缩缝内宜用沥青麻筋、沥青木板、胶泥等材料填塞。

5.2.3 稳定性分析及设计计算过程

挡土墙是用来承受土体侧压力的构造物，它应具有足够的强度和稳定性。挡土墙可能的破坏形式有：滑移、倾覆、不均匀沉陷和墙身断裂等，为此重力式挡土墙设计需满足表 5-5 中所列的各项要求，这就要求在拟定墙身断面形式及尺寸之后，还需进行验算。

重力式挡土墙计算的要求 表 5-5

要求	指标
不产生墙身沿基底的滑移破坏	滑动稳定系数 $K_c \geq 1.3$
不产生墙身绕墙趾倾覆	倾覆稳定系数 $K_0 \geq 1.5$
不出现因基底过度不均匀沉陷而引起的墙身倾斜	作用于基底的合力偏心距 $e \leq B/6$（土质地基）或 $e \leq B/5$（岩质地基）
地基不出现过大的下沉	基底的最大应力 σ 小于地基的容许承载力
墙身截面不产生开裂、破坏	墙身截面上的压应力 σ_{max} 及剪应力 τ_1、拉力 σ_{min} 应小于材料的容许应力，作用于截面上的合力偏心距 $e_1 \leq 0.25B_t$

注：1. 荷载组合Ⅲ时，K_c 和 K_0 均为 1.3；作用于截面上的合力偏心距 $e_1 \leq 0.3B_t$；
2. 坚硬岩质地基上的偏心距 e，可考虑放宽至 $e \leq 0.25B$；
3. B 和 B_t 为基底和截面的宽度。

1. 抗滑稳定性验算

挡土墙的抗滑稳定性是指在土压力和其他外荷载的作用下，基底摩阻力抵抗挡土墙滑移的能力，用抗滑稳定系数 K_c 表示，即作用于挡土墙最大可能的抗滑力与实际滑动力之比。见图 5-26，一般情况下，有：

$$K_c = \frac{T}{E_x} = \frac{(W + E_y) \cdot f}{E_x} \tag{5-14}$$

式中 T——抗滑力（kN）；

E_x——滑动力（kN）；

E_y——主动土压力的垂直分力（kN）；

W——挡土墙自重；

f——基底摩擦系数，可通过现场试验确定，无试验资料时，参考表 5-6。

基底摩擦系数 f 的参考值 表 5-6

黏性土	可塑	$0.20\sim0.25$
	硬塑	$0.25\sim0.30$
	坚塑	$0.30\sim0.40$
粉土		$0.25\sim0.35$
中砂、粗砂、砾砂		$0.35\sim0.45$
碎石土		$0.40\sim0.50$
极软岩、软岩		$0.40\sim0.60$
表面粗糙的坚硬岩、较硬岩		$0.65\sim0.75$

2. 抗倾覆稳定性验算

挡土墙的抗倾覆稳定性是指它抵抗墙身绕墙趾向外转动倾覆的能力，用抗倾覆稳定系数 K_0 表示，其值为对墙趾的稳定力矩之和与倾覆力矩之和的比值，见图 5-26，表达式为：

$$K_0 = \frac{\sum M_y}{\sum M_0} = \frac{W \cdot Z_w + E_y \cdot Z_y}{E_x \cdot Z_x} \geqslant [K_0]$$

(5-15)

式中 Z_x、Z_y——分别为 E_x、E_y 对墙趾的力臂（m）；

Z_w——墙重 W 对墙趾的力臂（m）。

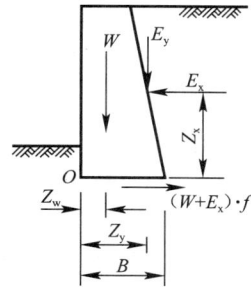

图 5-26 挡土墙的
滑动与倾覆稳定

3. 基底应力及合力偏心距验算

为了保证挡土墙的基底应力不超过地基的容许承载力，应进行基底应力验算。为了使挡土墙墙型结构合理和避免发生显著的不均匀沉陷，还应控制作用于挡土墙基底的合力偏心距。如图 5-27 所示，作用于基底的合力偏心距 e 为：

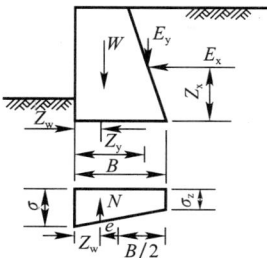

图 5-27 基底应力分布

$$e = \frac{B}{2} - Z_N = \frac{B}{2} - \frac{W \cdot Z_w + E_y \cdot Z_y - E_x \cdot Z_x}{W + E_y}$$

(5-16)

基底应力为：

$$\sigma_{1,2} = \frac{N}{A} \pm \frac{\sum M}{W} = \frac{W + E_y}{B}\left(1 \pm \frac{6e}{B}\right) \leqslant [\sigma]$$

(5-17)

式中 $\sigma_{1,2}$——分别为基底面墙趾和墙踵处的最大和最小压应力（kPa）；

$\sum M$——挡土墙上的水平力和竖向力对基底的弯矩（kN·m）；

Z_N——基底垂直力总和对 O 点的力臂（m）；

A——基底底面积（m²）。

为控制偏心距，规定土质地基 $e \leqslant B/6$，石质较差的软石地基 $e \leqslant B/5$，紧密岩石地基 $e \leqslant B/4$。

4. 墙身截面强度验算

通常，选取 1~2 个墙身截面进行验算，验算截面可选在基础顶面（襟边以上截面）、1/2 墙高处、上下墙（凸形及衡重式墙）交界处等，如图 5-28 所示。墙身截面强度验算包括法向应力和剪应力验算。

（1）法向应力验算

如图 5-28 所示，取截面 I-I，则：

$$\sigma_{max}、\sigma_{min} = \frac{W_1 + E_{y1}}{B_1}\left(1 \pm \frac{6e_1}{B_1}\right) \leqslant [\sigma_a]$$

(5-18)

式中 σ_{max}、σ_{min}——分别为验算截面处最大和最小法向应力（kPa）；

W_1、E_{y1}——分别为断面 I-I 的墙重、土压力的垂直分力（kN）；

133

B_1、e_1——分别为截面 Ⅰ-Ⅰ 处墙底宽及偏心距（m）；

[σ_a]——砌体的容许应力（kPa）。

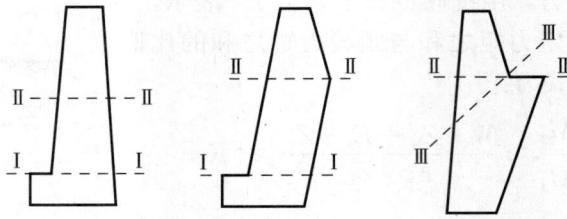

图 5-28　墙身截面强度验算

（2）剪应力验算

剪应力分水平剪应力和斜剪应力两种。重力式挡土墙只验算水平剪应力，而衡重式挡土墙还需进行斜截面剪应力的验算。水平截面上的剪应力为：

$$\tau_1 = \frac{Q}{F_1} = \frac{(E_{x1} - W_1 + E_{y1}) \cdot f_1}{B_1} \leqslant [\tau] \tag{5-19}$$

式中　Q——验算截面的切向力（kN）；

F_1——受剪断面面积（m²）；

τ_1——水平断面 Ⅰ-Ⅰ 的剪应力（kPa）；

f_1——摩擦系数，主要荷载为 0.4，附加荷载为 0.25；

[τ]——墙身材料容许应力。

为了安全，亦有将验算截面摩擦力 $(W_1 + E_{y1}) \cdot f_1$ 一项略去不计，当墙身截面出现拉应力，应考虑裂缝对受剪面积的折减。

5.3　悬臂式和扶壁式挡土墙

5.3.1　悬臂式挡土墙

1. 悬臂式挡土墙构造

悬臂式挡土墙是由立臂、墙趾板和墙踵板三部分组成，为便于施工，立臂内侧（即墙背）做成竖直面，外侧即墙面可做成 1∶0.02～1∶0.05 的斜坡，具体坡度值将根据立臂的强度和刚度要求确定。当挡土墙墙高不大时，立臂可做成等厚度。墙顶的最小厚度通常采用 20cm，当墙较高时宜在立臂下部将截面加厚。

墙趾板和墙踵板一般水平设置。通常做成变厚度，底面水平，顶面则自与立臂连接处向两侧倾斜。当墙身受抗滑稳定控制时，多采用凸榫基础。墙踵板长度由墙身抗滑稳定验算确定，并具有一定的刚度。靠近立臂处厚度一般取为墙高的 1/12～1/10，且不应小于 30cm。墙趾板的长度应根据全墙的倾覆稳定、基底应力（即地基承载力）和偏心距等条件来确定，其厚度与墙踵板相同。通常底板的宽度 B 由墙的整体稳定来决定，一般可取墙高度 H 的

0.6~0.8 倍。当墙后地下水位较高且地基承载力为很小的软弱地基时，B 值可能会增大到 1 倍墙高或者更大。

为提高挡土墙抗滑稳定的能力，底板可设置凸榫如图 5-29 所示。凸榫的高度应根据凸榫前土体的被动土压力能够满足全墙的抗滑稳定要求而定。凸榫的厚度除了满足混凝土的直剪和抗弯的要求以外，为了便于施工，还不应小于 30cm。

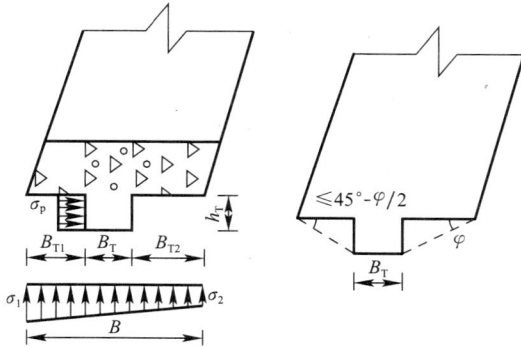

图 5-29 凸榫的设置

2. 悬臂式挡土墙设计

悬臂式挡土墙设计分为墙身截面尺寸拟定及钢筋混凝土结构设计两部分。确定墙身的断面尺寸是通过试算法进行的，其做法是先拟定截面的试算尺寸，计算作用其上的土压力，通过全部稳定验算来最终确定墙踵板和墙趾板的长度。

钢筋混凝土结构设计则是对已确定的墙身截面尺寸进行内力计算和钢筋设计。在配筋设计时，可能会调整截面尺寸，特别是墙身的厚度。一般情况下这种墙身厚度的调整对整体稳定影响不大，可不再进行全墙的稳定验算。

（1）墙身截面尺寸的拟定

根据上节的构造要求，也可以参考以往成功的设计，初步拟定出试算的墙身截面尺寸，墙高 H 是根据工程需要确定的，墙顶宽可选用 20cm。墙背取竖直面，墙面取 1∶0.02~1∶0.05 的倾斜面，因而定出立臂的截面尺寸。

底板在与立臂相接处厚度为 $(1/12~1/10)H$，而墙趾板与墙踵板端部厚度不小于 30cm，其宽度 B 可近似取 $(0.6~0.8)H$，当遇到地下水位高或软弱地基时，B 值应增大。

1）墙踵板长度

墙踵板长度可按下式确定：

一般情况下

$$K_c = \frac{f \cdot \sum G}{E_x} \geq 1.3 \tag{5-20}$$

有凸榫时

$$K_c = \frac{f \cdot \sum G}{E_x} \geqslant 1.0 \qquad (5\text{-}21)$$

a. 路肩墙，墙顶有均布荷载 h_0、立臂面坡度为 0 时如图 5-30（a）所示：

$$K_c = \frac{K_c E_x}{f(H + h_0)\mu\gamma} - B_2 \qquad (5\text{-}22)$$

b. 路堤墙，墙顶地面与水平线呈 β 角，立臂面坡的坡度为 0 时如图 5-30（b）所示：

$$K_c = \frac{K_c E_x - f E_y}{f\left(H + \dfrac{1}{2}B_3\tan\beta\right)\mu\gamma} \qquad (5\text{-}23)$$

c. 当立臂面坡的坡度为 1：m 时，上两式应加上立臂面坡修正长度 ΔB_3 如图 5-30（c）所示：

$$\Delta B_3 = \frac{1}{2}m H_1 \qquad (5\text{-}24)$$

式中　K_c——滑动稳定系数；

f——基底摩擦系数；

γ——填土重度；

h_0——活荷载的换算土层高；

E_x——主动土压力水平分力；

E_y——主动土压力竖直分力；

$\sum G$——墙身自重力，墙踵板以上第二破裂面（或假想墙背）与墙背之间的土体自重力和土压力的竖向分量之和，一般情况下墙趾板上的土体重力将忽略；

μ——重度修正系数，由于未考虑墙趾板及其上部土重对抗滑动的作用，因而将填土的重度根据不同的 γ 和 f 提高 3%～20%，见表 5-7。

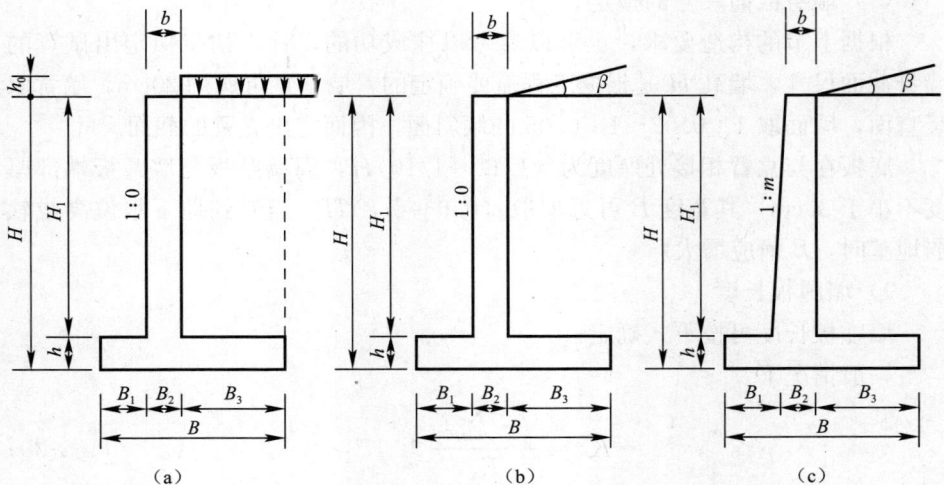

图 5-30　墙踵板长度计算图

重度（kN/m³）	摩擦系数 f								
	0.30	0.35	0.40	0.45	0.50	0.60	0.70	0.84	1.00
16	1.07	1.08	1.09	1.10	1.12	1.13	1.15	1.17	1.20
18	1.05	1.06	1.07	1.08	1.09	1.11	1.12	1.14	1.16
20	1.03	1.04	1.04	1.05	1.06	1.07	1.08	1.10	1.12

2）墙趾板长度

a. 路肩墙如图 5-30（a）所示：

$$B_1 = 0.5fH \frac{2\sigma_0 + \sigma_H}{K_c(\sigma_0 + \sigma_H)} - 0.25B_2(B_2 + B_3) \tag{5-25}$$

式中　　　　　　　　　$\sigma_0 = \gamma h_0 K$

$$\sigma_H = \gamma H K \tag{5-26}$$

b. 路堤墙如图 5-30（b）所示：

$$B_1 = \frac{0.5(H + B_3\tan\beta)f}{K_c} - 0.25B_2(B_2 + B_3) \tag{5-27}$$

如果由 $B = B_1 + B_2 + B_3$ 计算出的基底应力 $\sigma > [\sigma]$，或偏心距 $e > \dfrac{B}{6}$ 时，应采取加宽，基础的方法加大 B_1 使其满足要求。

（2）土压力计算

为了简化计算，铁路列车活载、公路汽车荷载均可按等效的均布荷载计算作用于挡土墙上的土压力。

1）按库仑理论计算

用墙踵下缘与立板上边缘连线作为假想墙背，按库仑公式计算，如图 5-31（a）所示。此时，σ 值应取土的内摩擦角 φ，ρ 应为假想墙背的倾角。计算 $\sum G$ 时，要计入墙背与假想墙背之间 $\triangle ABD$ 的土体自重力。

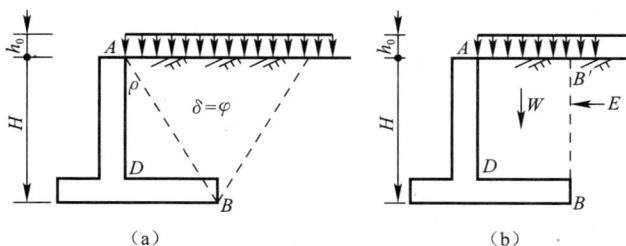

图 5-31　土压力计算图式

2）按朗金理论计算

用墙踵的竖直面作为假想墙背，如图 5-31（b）所示。

$$E = \frac{1}{2}\gamma H^2 K_a \left(1 + \frac{2h_0}{H}\right) \tag{5-28}$$

$$K_a = \frac{1 - \sin\varphi}{1 + \sin\varphi} \tag{5-29}$$

3）按第二破裂面理论计算

当墙踵下边缘与立板上边缘连线的倾角大于临界角，在墙后填土中将会出现第二破裂面，则应按第二破裂面理论计算公式计算。稳定计算时应记入第二破裂面与墙背之间的土体作用（见图 5-32）。

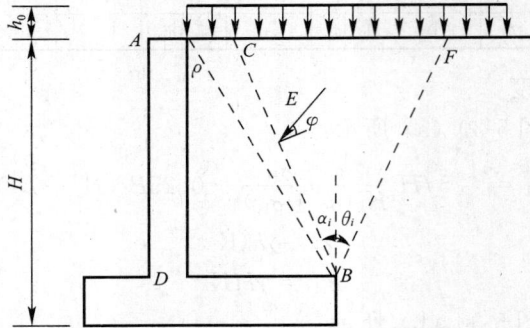

图 5-32 墙背出现第二破裂面

$$E = \frac{1}{2}\gamma H^2 KK_1 \tag{5-30}$$

$$K = \frac{\tan^2\left(45° - \dfrac{\varphi}{2}\right)}{\cos\left(45° + \dfrac{\varphi}{2}\right)} \tag{5-31}$$

$$K_1 = 1 + \frac{2h_0}{H} \tag{5-32}$$

$$\alpha_i = \theta_i = 45° - \frac{\varphi}{2} \tag{5-33}$$

（3）墙身内力计算

1）立臂的内力

立臂为固定在墙底板上的悬臂梁，主要承受墙后的主动土压力与地下水压力。墙前的土压力一般不考虑，立臂较薄，自重小可略去不计，立臂按受弯构件计算，各截面的剪力、弯矩按下列公式计算（见图 5-33）：

$$Q_{1z} = \gamma z(2h_0 + z)K_a/2 \tag{5-34}$$

$$M_{1z} = \gamma z^2(3h_0 + z)K_a/6 \tag{5-35}$$

式中　Q_{1z}——距墙顶 z 处立臂的剪力；

$\quad\quad M_{1z}$——距墙顶 z 处立臂的弯矩；

$\quad\quad z$——计算截面到墙顶的距离；

$\quad\quad \gamma$——填土的重度；

$\quad\quad h_0$——列车汽车等活载的等代换算土柱高；

$\quad\quad K_a$——主动土压力系数。

2）墙踵板的内力

墙踵板是以立臂底端为固定端的悬臂梁。墙踵板上作用有第二破裂面（或假想墙背）与墙背之间的土体（含其上的列车汽车等活载）的自重力、墙踵板自重力、主动土压力的竖直分量、地基反力、地下水浮托力、板上水重

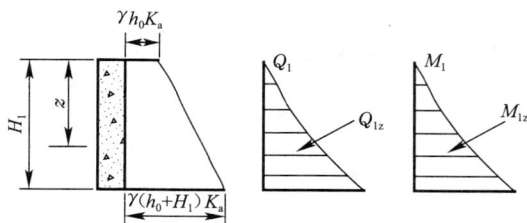

图 5-33　立臂受力及内力计算

和静水压力等荷载作用。内力计算如图 5-34 所示。无地下水时，可用下式计算：

$$Q_{2x} = B_x \left[\sigma_{y2} + \gamma_k h_1 - \sigma_2 + \frac{(\gamma H_1 - \sigma_{y2} + \sigma_{y1})B_x}{2B_3} - \frac{(\sigma_1 - \sigma_2)B_x}{2B} \right] \quad (5\text{-}36)$$

$$M_{2x} = B_x^2 \left[3(\sigma_{y2} + \gamma_k h_1 - \sigma_2) + \frac{(\gamma H_1 - \sigma_{y2} + \sigma_{y1})B_x}{B_3} - \frac{(\sigma_1 - \sigma_2)B_x}{2B} \right] \Big/ 6$$

$$(5\text{-}37)$$

式中　Q_{2x}——距墙踵为 B_x 截面的剪力；

　　　M_{2x}——距墙踵为 B_x 截面的弯矩；

　　　B_x——计算截面到墙踵的距离；

　　　h_1——墙踵板的厚度；

　　　H_1——立臂高度；

　　　γ_k——钢筋混凝土的重度；

σ_{y1}、σ_{y2}——分别为墙顶、墙踵处的竖直土压应力；

　σ_1、σ_2——分别为墙趾、墙踵处的地基压力；

　　　B_3——墙踵板长度；

　　　B——墙底板长度。

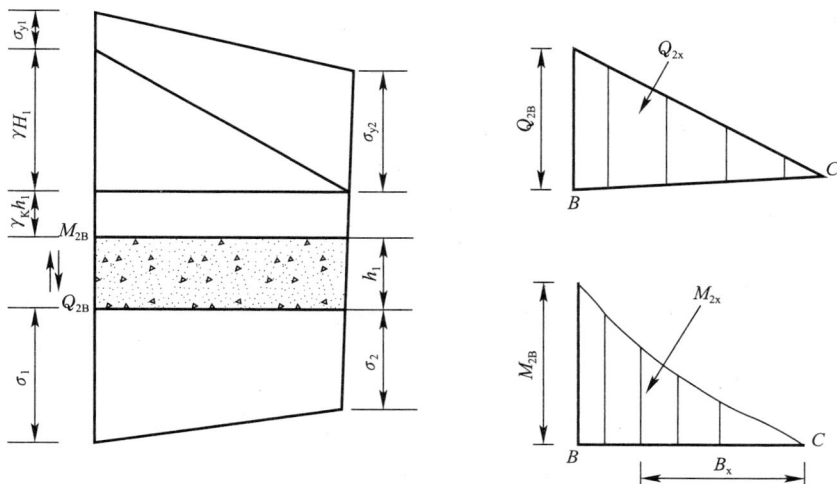

图 5-34　墙踵板内力计算

3）墙趾板的内力计算

墙趾板受力如图 5-35 所示，各截面的剪力和弯矩分别为：

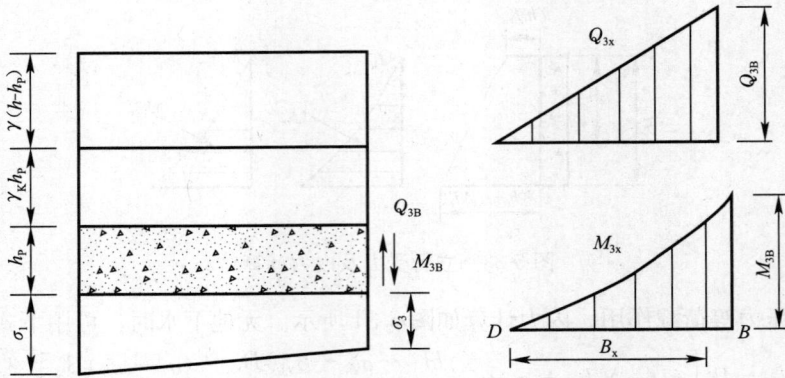

图 5-35 墙趾板内力计算

$$Q_{3x} = B_x \left[\sigma_1 - \gamma_k h_p - \gamma(h - h_p) - \frac{(\sigma_1 - \sigma_2)B_x}{2B} \right] \tag{5-38}$$

$$M_{3x} = B_x^2 \left\{ 3\left[\sigma_1 - \gamma_k h_1 - \gamma(h - h_p) \right] - \frac{(\sigma_1 - \sigma_2)B_x}{B} \right\} \Big/ 6 \tag{5-39}$$

式中 Q_{3x}、M_{3x}——每延长米墙趾板距墙趾为 B_x 截面的剪力、弯矩；

   B_x——计算截面到墙趾的距离；

   h_p——墙趾板的平均厚度；

   h——墙趾板埋置深度。

（4）凸榫设计

1）凸榫位置

为使榫前被动土压力能够完全形成，墙背主动土压力不致因设置凸榫而增大，必须将整个凸榫置于过墙趾与水平呈 $45° - \dfrac{\varphi}{2}$ 及通过墙踵与水平呈 φ 的直线所包围的三角形范围内。因此，凸榫位置、高度和宽度必须符合下列要求：

$$B_{T1} \geqslant h_T \tan^2 \left(45° + \frac{\varphi}{2} \right) \tag{5-40}$$

$$B_{T2} = B - B_{T1} + B_T \geqslant h_T \cot\varphi \tag{5-41}$$

凸榫前侧距墙趾的最小距离 B_{T1min} 为：

$$B_{T2} = B - \sqrt{ B\left\{ B - \frac{2K_c E_x - Bf\sigma_1}{\sigma_1 \left[\cot\left(45° + \frac{\varphi}{2} \right) - f \right]} \right\} } \tag{5-42}$$

2）凸榫高度 h_T

$$h_T = \frac{K_c E_x - 1/2(B - B_{T1})(\sigma_3 + \sigma_2)}{\sigma_P} \tag{5-43}$$

$$\sigma_P = 1/2(\sigma_1 + \sigma_3)\tan^2 \left(45° + \frac{\varphi}{2} \right) \tag{5-44}$$

式中 σ_1、σ_2、σ_3——墙踵及凸榫前缘处基底的压应力；

   其余符号意义同前。

3）凸榫宽度 B_T

$$B_T = \sqrt{\frac{3.5KM_T}{f_t}} \qquad (5-45)$$

$$M_T = h_T [K_c E_x - 1/2(B - B_{T1})(\sigma_3 + \sigma_2)f]/2 \qquad (5-46)$$

式中　K——混凝土受弯构件的强度设计安全系数（取 2.65）；

　　　M_T——凸榫所承受的总弯矩；

　　　f_t——混凝土抗拉设计强度。

（5）墙身钢筋混凝土配筋设计

悬臂式挡土墙的立臂和底板，按受弯构件设计。除构件正截面受弯承载能力、斜截面承载力需要验算之外，还要进行裂缝宽度验算。其最大裂缝宽度可按下列公式计算：

$$\omega_{max} = \alpha_{cr} \varphi \frac{\sigma_{sk}}{E_S} \left(1.9c + 0.08 \frac{d_{eq}}{\rho_{te}} \right) \qquad (5-47)$$

$$\varphi = 1.1 - 0.65 \frac{f_{tk}}{\rho_{te} \sigma_{sk}} \qquad (5-48)$$

$$d_{eq} = \frac{\sum n_i d_i^2}{\sum n_i V_i d_i} \qquad (5-49)$$

$$\rho_{te} = \frac{A_s + A_p}{A_{te}} A_{te} \qquad (5-50)$$

$$\sigma_{sk} = \frac{M_k}{0.87 h_0 A_s} \qquad (5-51)$$

式中　α_{cr}——构件受力特征系数，对于钢筋混凝土受弯构件取 2.1；

　　　φ——裂缝间纵向受拉钢筋应变不均匀系数，当 $\varphi < 0.2$ 时，取 0.2；当 $\varphi > 1$ 时，取 1；对直接承受重复荷载的构件取 1；

　　　σ_{sk}——按荷载效应标准组合计算的钢筋混凝土构件纵向受拉钢筋的应力；

　　　E_S——钢筋弹性模量；

　　　c——最外层纵向受拉钢筋外边缘至受拉区底边的距离；

　　　ρ_{te}——按有效受拉混凝土截面面积计算的纵向受拉钢筋配筋率，当小于 0.01 时，取 0.01；

　　　f_{tk}——混凝土轴心抗拉强度标准值；

　　　A_{te}——有效受拉混凝土截面面积；

　　　A_s——受拉区纵向钢筋截面面积；

　　　d_{eq}——受拉区纵向钢筋的直径；

　　　d_i——受拉区第 i 种纵向钢筋的直径；

　　　n_i——受拉区第 i 种纵向钢筋的根数；

　　　V_i——受拉区第 i 种纵向钢筋的相对粘结特性系数，光面钢筋取 0.7，螺纹钢筋取 1.0；

　　　M_k——按荷载效应标准组合计算的弯矩值；

h_0——截面的有效高度。

钢筋面积计算可按下列公式计算：

$$A_s = \frac{f_{ck}}{f_y}\left(1 - \sqrt{\frac{2M}{f_{ck}bh_0^2}}\right) \tag{5-52}$$

式中　f_{ck}——混凝土轴心抗压强度标准值；

　　　f_y——钢筋的抗拉强度设计值；

　　　b——截面宽度取单位长度；

　　　M——截面设计弯矩。

1）立臂钢筋设计

经钢筋计算，已确定钢筋的面积。钢筋的设计则是确定钢筋直径和钢筋的布置。立臂受力钢筋沿内侧竖直放置，一般钢筋直径不小于 12mm，底部钢筋间距一般采用 100～150mm。因立臂承受弯矩越向上越小，可根据材料图将钢筋切断。当墙身立臂较高时，将钢筋分别在不同高度分两次切断，仅将 1/4～1/3 受力钢筋延伸到板顶。顶端受力钢筋间距不应大于 500mm。钢筋切断部位，应在理论切断点以上再加一钢筋锚固长度，而其下端插入底板一个锚固长度。锚固长度 L_m 一般取 $25d$～$30d$（d 为钢筋直径）。配筋见图 5-36。

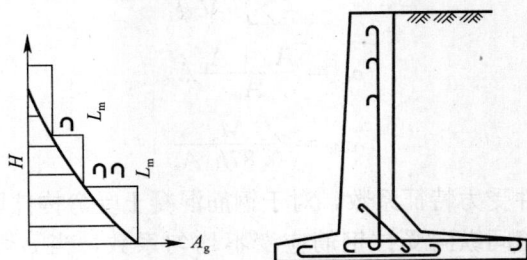

图 5-36　悬臂式挡土墙配筋

在水平方向也应配置不小于 $\phi 6$ 的分布钢筋，其间距不大于 400～500mm，截面积不小于立臂底部受力钢筋的 10%。

对于特别重要的悬臂式挡土墙，在立臂的墙面一侧和墙顶，也按构造要求配置少量钢筋或钢丝网，以提高混凝土表层抵抗温度变化和混凝土收缩的能力，防止混凝土表层出现裂缝。

2）底板钢筋设计

墙踵板受力钢筋，设置在墙趾板的顶面。受力筋一端插入立臂与底板连接处以左不小于一个锚固长度；另一端按材料图切断，在理论切断点向外伸出一个锚固长度。

墙趾板的受力钢筋，应设置于墙趾板的底面，该筋一端伸入墙趾板与立臂连接处以右不小于一个锚固长度；另一端一半延伸到墙趾，另一半在 $B_1/2$ 处再加一个锚固长度处切断。配筋见图 5-36。

在实际设计中，常将立臂的底部受力钢筋一半或全部弯曲作为墙趾板的受力钢筋。立臂与墙趾板连接处最好做成贴角予以加强，并配以构造筋，其直径与间距可与墙踵板钢筋一致，底板也应配置构造钢筋。钢筋直径及间距均应符合有关规范的规定。

5.3.2　扶壁式挡土墙

1. 扶臂式挡土墙构造

扶壁式挡土墙由墙面板、墙趾板、墙踵板和扶壁组成，通常还设置凸榫。墙趾板和凸榫的构造与悬臂式挡土墙相同。

墙面板通常为等厚的竖直板，与扶壁和墙趾板固结相连。对于其厚度，低墙决定于板的最小厚度，高墙则根据配筋要求确定。墙面板的最小厚度与悬臂式挡土墙相同。

墙踵板与扶壁的连接为固结，与墙面板的连接考虑铰接较为合适，其厚度的确定方式与悬臂式挡土墙相同。

扶壁为固结于墙趾板的 T 形变截面悬臂梁，墙面板可视为扶壁的翼缘板。扶壁的经济间距与混凝土、钢筋、模板和劳动力的相对价格有关，应根据试算确定，一般为墙高的 $1/3\sim1/2$。其厚度取决于扶壁背面配筋的要求，通常为两扶壁间距的 $1/8\sim1/6$，但不得小于 30cm。

扶壁两端墙面板悬出端的长度，根据悬臂端的固端弯矩与中间跨固端弯矩相等的原则确定，通常采用两扶壁间净距的 0.41 倍。

2. 扶臂式挡土墙设计

（1）土压力计算

同悬臂式挡土墙。

（2）墙踵板与墙趾板长度的确定

同悬臂式挡土墙。

（3）墙身内力计算

计算时，一般将复杂的空间结构简化为平面问题，按近似的方法计算各个构件的弯矩和剪力。

1）墙趾板

同悬臂式挡土墙。

2）墙面板

墙面板为三向固结板。在计算时，通常将墙面板沿墙高和墙长方向划分为若干个单位宽度的水平和竖直板条，分别计算两个方向的弯矩和剪力。

a. 墙面板的计算荷载

在计算墙面板的内力时，为考虑墙面板与墙踵板之间固结状态的影响，采用如图 5-37 所示的替代土压应力图形。图中，图形 $afge$ 为按土压力公式计算的法向土压应力；有水平划线的梯形 $abde$ 部分的土压力由墙面板传至扶壁，在墙面板的水平板条内产生水平弯矩和剪力；有竖直划线的图形 afb 部分的土压力通过墙面板传至墙跟板，在墙面板竖直板条的下部产生较大的弯矩。在计算跨中水平正弯矩时，采用图形 $abde$，在计算扶壁两侧固结端水平负弯矩时，采用图形 $abce$，图 5-37 中

$$\sigma_{pj} = \frac{\sigma_{H1}}{2} + \sigma_0 \tag{5-53}$$

式中　σ_{H1}——墙面板底端由填料引起的法向土压应力；

　　　σ_0——均布荷载引起的法向土压应力。

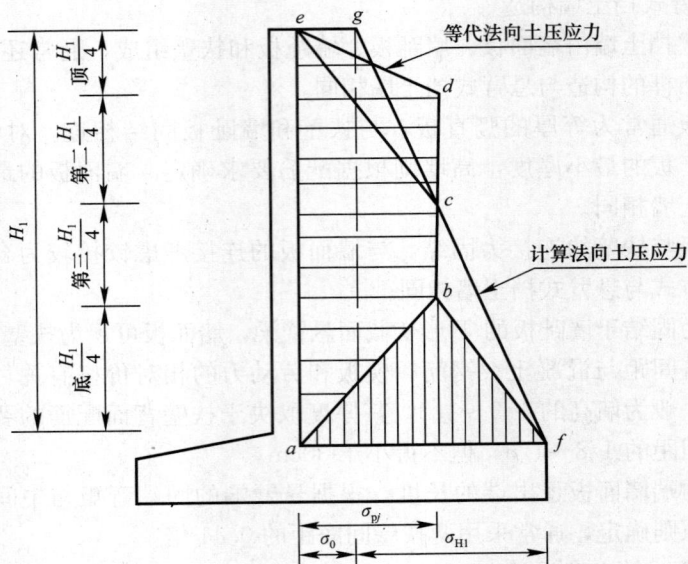

图 5-37　墙面板的等代土压应力

b. 墙面板的水平内力

在计算时，假定每一水平板条为支承在扶壁上的连续梁，荷载沿板条按均匀分布，其大小等于该板条所在深度的法向土压应力。

各板条的弯矩和剪力按连续梁计算，其计算方法见《建筑结构设计手册》（静力计算）。为了简化设计，也可按图 5-38 中给出的弯矩系数，计算受力最大板条跨中和扶壁两端的弯矩和剪力，然后按此弯矩和剪力配筋。其中：

跨中正弯矩：

$$M_{中} = \sigma_{pj}L^2/20 \tag{5-54}$$

扶壁两端负弯矩：

$$M_{端} = -\sigma_{pj}L^2/12 \tag{5-55}$$

式中　$M_{中}$、$M_{端}$——受力最大板条跨中和扶壁两端的弯矩；

　　　L——扶壁之间的净距；

　　　σ_{pj}——墙面板受力最大板条的法向土压应力。

水平板条的最大剪力发生在扶壁的两端，其值可假设等于两扶壁之间水平板条上法向土压力之和的一半。受力最大板条扶壁两端的剪力为：

$$Q_{端} = \sigma_{pj}L/2 \tag{5-56}$$

c. 墙面板的竖直弯矩

作用于墙面板的土压力（图 5-37 中的 afb 部分）在墙面板内产生竖直弯矩。

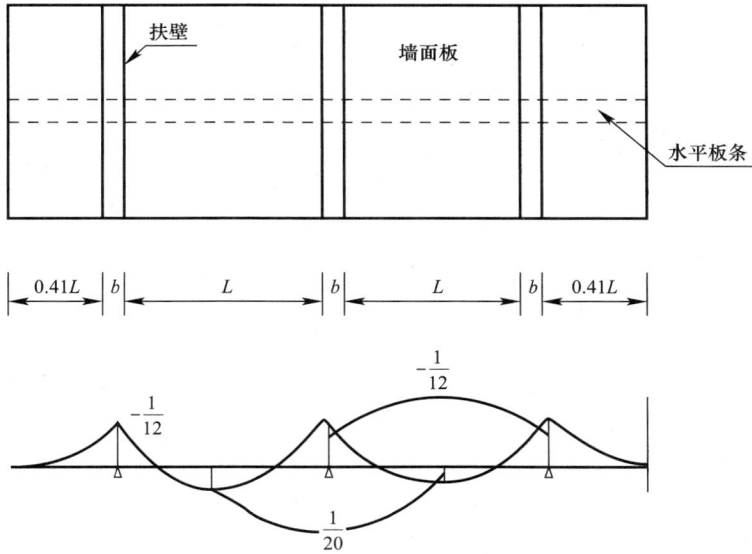

图 5-38 墙面板的水平弯矩系数

墙面板跨中竖直弯矩沿墙高的分布如图 5-39（a）所示。负弯矩使墙面板靠填土侧受拉，发生在墙面板的下 $H_1/4$ 范围内，最大负弯矩位于墙面板的底端，其值按下述经验公式计算：

$$M_{底} = -0.03(\sigma_{H1} + \sigma_0)H_1L \tag{5-57}$$

式中　$M_{底}$——墙面板底端的竖直负弯矩；

　　　　H_1——墙面板的高度。

最大正弯矩位于墙面板的下 $H_1/4$ 分点附近，其值等于最大竖直负弯矩的 $1/4$。板的上 $H_1/4$ 弯矩为零。

墙面板竖直弯矩沿墙长方向呈抛物线分布，如图 5-39（b）所示，设计时，可采用中部 $2L/3$ 范围内的竖直弯矩不变，两端各 $L/6$ 范围内的竖直弯矩较跨中减少一半的简化办法。

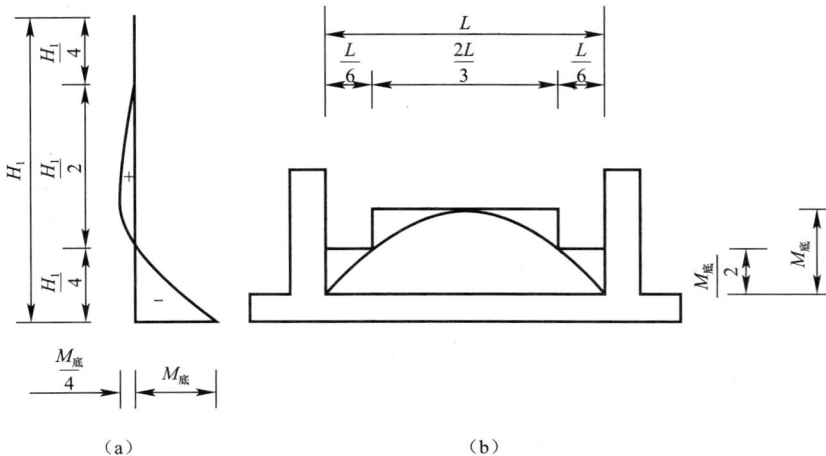

（a）　　　　　　　　　　（b）

图 5-39　墙面板的竖直弯矩

3）墙踵板

a. 墙踵板的计算荷载

作用于墙踵板的外力，除了作用在悬臂式挡土墙墙踵板上四种外力以外，尚需考虑墙趾板弯矩在墙踵板上引起的等代荷载。

墙趾板弯矩引起的等代荷载的竖直压应力可假设为抛物线分布，如图 5-40（a）所示。该应力图形在墙踵板内缘点的应力为零，墙踵处的应力 σ 根据等代荷载对墙踵板内缘点的力矩与墙趾板弯矩 M_{3B} 相等的原则求得，即：

$$\sigma = 2.4 M_{3B}/B_3^2 \tag{5-58}$$

式中　M_{3B}——墙趾板在与墙面板衔接处的弯矩；

　　　B_3——墙踵板的长度。

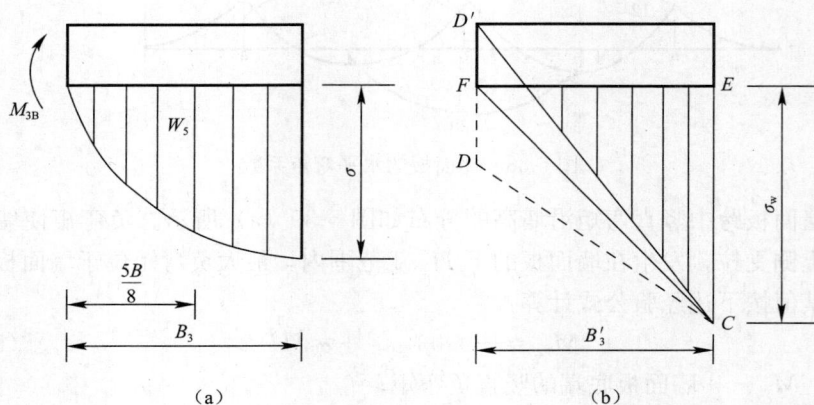

图 5-40　墙踵板的计算荷载

将上述荷载在墙踵板上引起的竖直压应力叠加，即可得到墙踵板的计算荷载，如图 5-40（b）所示。图中图形 CDE（或 $CD'E$）为叠加后作用于墙踵板的竖直压应力。由于墙面板对墙踵板的支撑约束作用，在墙踵板与墙面板衔接处，墙踵板沿墙长方向板条的弯曲变形为零，向墙踵方向变形逐渐增大，故可近似地假设墙踵板的计算荷载为三角形分布，如图 5-40（b）中的 CFE。墙踵处的竖直压应力为：

$$\sigma_w \doteq \sigma_{y2} + \gamma_k h_1 - \sigma_2 + 2.4 M_{3B}/B_3^2 \tag{5-59}$$

式中　σ_{y2}——墙踵处的竖直土压应力；

　　　γ_k——钢筋混凝土的重度；

　　　h_1——墙踵板的厚度；

　　　σ_2——墙踵处地基压力。

b. 墙踵板的内力计算

由于假设了墙踵板与墙面板为铰支连接，作用于墙面板的水平上压力主要通过扶壁传至墙踵板，故不计算墙踵板横向板条的弯矩和剪力。

墙踵板纵向板条弯矩和剪力的计算与墙面板相同。计算荷载取墙踵板的计算荷载即可。

4）扶壁

扶壁承受相邻两跨墙面板中点之间的全部水平土压力，扶壁自重和作用于扶壁的竖直土压力可忽略不计。另外虽然在计算墙面板内力时，考虑图 5-37 中图形 afb 所示的土压力通过墙面板传至墙踵板，但在计算扶壁内力时，可不考虑这一影响。各截面的弯矩和剪力按悬臂梁计算，计算方法与悬臂式挡土墙的立板相同。

5.4　格构锚固

格构锚固是利用浆砌块石、现浇钢筋混凝土或预制预应力混凝土进行坡面防护并利用锚杆或锚索固定的一种新型滑坡综合防护措施。格构护坡最初主要是用毛石、卵石或预制的空心砖在人工开挖的软质边坡面上，按正方形或菱形干砌或浆砌形成骨架，格构中间种草，以减少地表水对坡面的冲刷，减少水土流失，从而达到护坡和保护环境的目的。这种结构的特点是施工时不需要大型机械，不必开挖扰动边坡，施工安全快速，与植被恢复相结合可美化环境。

格构锚固的护坡材料一般为浆砌块石、现浇钢筋混凝土或预制预应力混凝土，锚固材料有锚杆、锚管或预应力锚索。一般可根据滑坡结构特征，选定不同的护坡加固材料。目前可以见到的形式有以下几种：

（1）浆砌块石格构锚固

浆砌块石格构锚固是采用浆砌块石格构护坡，锚杆固定，起到固定表层的作用。适用于整体稳定性较好、前缘坡度较小的边坡。浆砌块石格构的形式一般采用方形、菱形、人字形或弧形。

（2）现浇钢筋混凝土格构锚固

现浇钢筋混凝土格构锚固采用现浇钢筋混凝土格构梁护坡，锚杆（管）或锚索穿过滑带来阻滑。现浇钢筋混凝土格构梁的特点是布置机动灵活，与坡面密贴，对基础变形的协调能力强，能较好地适应地形变化，与浆砌块石相比整体刚度有很大的提高。现浇钢筋混凝土格构梁的结构形式一般采用方形、菱形、人字形或弧形等。

（3）预制预应力混凝土格构梁与锚索复合结构（PC 格构）

当锚固需要的力很大时，为避免钢筋混凝土格构梁被拉裂而造成刚度降低，近年来开始采用预制预应力混凝土格构梁。预制的预应力混凝土构件，与穿过滑带的预应力锚索组合应用抗滑即为预制预应力混凝土（PC）格构锚固措施。PC 格构锚固集整体加固与柔性支撑于一体，适于整体稳定性差、下滑推力过大的松散堆积层滑坡前缘的支挡加固。

（4）Q&S 框架锚固

Q&S（Quick & St rong）框架锚固是一种利用 Q&S 框架护坡、预应力锚索补强的加固措施。Q&S 框架是将预先在工厂加工组装好的矩形钢筋笼按矩形或菱形布置于边坡上，然后在钢筋笼上喷射混凝土形成。Q&S 框架的构件是在工厂中生产出来并预先组装好箍筋的折叠式框架，运送到现场打开即可使用。另外，构件能任意变形，且自重较轻，方便作业，而且所有的框架都是连续的，抵抗岩体变形破坏的能力增强，因此，该方法在现场施工性能、构造和强度上都具有显著的优越性。Q&S 框架锚固是一种经济、快速的护坡加固方法。

5.4.1　钢筋混凝土格构加固

现浇钢筋混凝土格构梁与锚杆复合结构是利用格构梁护坡，在格构梁的交叉点处设置锚杆，锚固于稳定岩层中。从传力机理上看，现浇钢筋混凝土格构梁与锚杆复合结构通常是一种被动支挡结构。格构梁受坡体下滑力作用发生变形，与格构梁相连的锚杆随之拉伸，产生阻止梁外移的拉力，梁受到锚杆作用后对斜坡产生压力，该力与下滑力平衡，使斜坡稳定。

在目前的设计中，通常将格构梁简化为连续梁，滑坡推力按三角形分布作用于梁上，梁的支座为铰支座，支座反力即为锚杆垂直于梁的分力。按超静定结构求解可得支座反力和梁的各截面内力，进而可对梁进行配筋并确定锚杆的锚固长度。

现行的这种设计思路与实际情况有较大的出入。首先，由于边坡条件本身的复杂性和多样性，作用于格构梁上的滑坡推力的分布形式是难于确定的。简单地把滑坡推力简化为三角形分布，势必导致其结果不具有普遍适用性。其次，梁的两端是自由外伸段，这样的处理是否符合实际情况还有待商榷。最后，这样的计算模型显然更适用于沿边坡高度方向纵梁，而不太适用于沿边坡走向的横梁。横梁由于其受力面的不同，滑坡推力的分布情况随之变化，所以其计算模型也应作相应的调整。

现浇钢筋混凝土格构与预应力锚索联合支挡加固时，现浇钢筋混凝土格构梁不仅起护坡作用，还起着传统意义上锚墩的作用，而且与地基的有效接触面积比一般的锚墩大，特别适合地基承载力较差时使用，所以现浇钢筋混凝土格构梁＋预应力锚索适用于整体稳定性差、前沿坡面须防护的中—小型疏松介质边坡的整治，尤其是进一步削坡条件受到限制的边坡整治工程。这种支挡加固措施受力明确，加固效果可靠。但钢筋混凝土材料有抗拉强度低的特点，当施加在锚索上的锚固力较大时，可能将钢筋混凝土格构梁拉裂，构件刚度下降，造成锚索的预应力损失，而且裂缝会导致钢筋因缺乏混凝土的保护而锈蚀，造成构件强度降低，最终致使护坡的整体效果降低。

5.4.2　预应力混凝土格构加固

PC 格构锚固的加固机理是，张拉锚索产生锚固力，锚固力通过预制预应力混凝土构件传递给坡面，从而保持边坡的稳定。预制预应力混凝土构件仍有传统锚墩的作用，而且能比钢筋混凝土构件传递更大的锚固力。与普通钢筋混凝土构件相比，制作预应力混凝土梁时，在一般钢筋混凝土梁的受拉部位预加一定的压应力，这样可以保证在锚索张拉后形成全截面受压，或控制梁截面的应力不超过混凝土材料的设计抗拉强度，从而避免梁体开裂，提高梁的整体刚度。同时，由于预应力混凝土构件改善了梁的截面性能，还可降低梁的厚度或减少受力钢筋，提高材料利用率，因此采用预应力混凝土构件更经济。预应力锚索采用经防锈处理并具有再次张拉功能的永久锚索，一方面解决了锚固体的永久防腐问题，另一方面随着时间的推移，即使由于预应力钢绞线松弛以及地基蠕变变形，锚固荷载下降，也能再次进行补偿张拉锚固，从而减少预应力损失。另外从施工方面看，由于预应力混凝土构件是预制件，不需在现场养护，能缩短工期，便于施工管理；而且预制件安装后马上以设计锚固力进行锚固，通过倒衬砌施工能防止施工时的滑动，容易保证施工的安全性。

PC 格构的结构形式一般有 4 种：十字形、半正方形、正方形和一字形框架。具体形式根据坡体的地质条件来确定，最基本的形式是十字形框架。当采用十字形框架坡面表层地基承载力不足时，使用半正方形框架；而当采用半正方形框架坡面表层地基承载力仍然不足时，则采用正方形框架。另外，具有崩塌性强的地质条件和坡度，担心十字形框架会出现抽心以及在坡面表层地基承载力不足，使用十字形框架预应力衰减严重时也适合使用正方形框架。

5.4.3　预应力锚索格构内力计算原理

将预应力锚索格构梁支护体系拆分为锚索和格构梁两部分，本章研究的主要对象是格构梁。在进行预应力锚索格构梁的内力计算之前，首先要对梁的受力模型进行分析，之后要提出必要的假设以使计算尽可能的简单。目前的方法主要是把框架梁看成是倒扣在坡面上的十字交叉地基梁，由于把框架当成一个整体来进行计算比较困难，所以还是要把框架的横梁与竖肋拆分成单根梁进行计算。因此本章首先介绍锚索力在节点上横、纵向梁的分配，然后再通过不同地基模型来计算单梁的内力。

1. 锚索力在节点上横、纵向梁的分配

将预应力锚索格构梁视为在节点处承受锚索张力荷载的框架，这种结构形式属于很复杂的空间体系结构，如图 5-41 所示，合理的预应力锚索格构梁

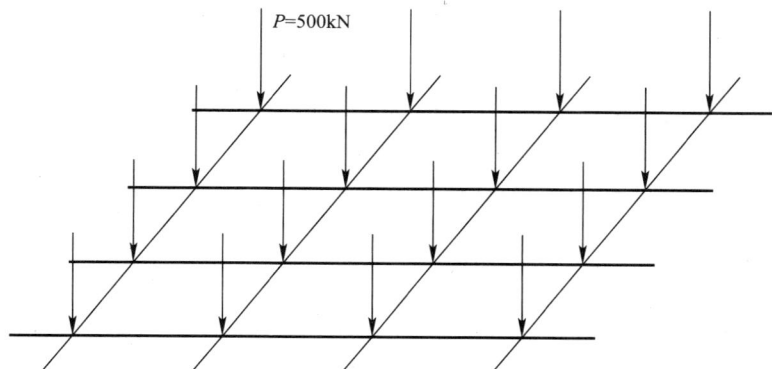

P=500kN

图 5-41　格构梁受力简图

的分析方法应考虑空间框架结构、十字交叉条形地基梁与土的共同作用。在设计计算时一般会按照节点处的荷载平衡以及变形协调条件，将作用在节点上的荷载分配到相应的单梁上，然后再根据单梁的受力方式进行计算。

在进行格构梁设计计算时，首先需将格构梁的框架拆分成横梁及竖肋，再分别对其进行设计计算，这时就需要我们考虑横梁和竖肋上锚固力的分配问题。在忽略节点上可能发生的微小转角和邻位上荷载影响的前提下，按照坡面与结构物相互作用的原理，锚索力的分配应满足如下两个条件：

（1）变形协调

在锚索力的作用下，横梁和竖肋上沿垂直坡面方向的变形应协调一致，用公式表达如下：

$$W_{ix} = W_{iy} = W \tag{5-60}$$

式中　W_{ix}、W_{iy}——分别为节点 i 处 x、y 方向垂直于坡面的变形（m）。

（2）静力平衡

分配到横梁和竖肋两个方向上力的总和应与该节点上总锚索力沿垂直于坡面方向上的分量的相等，用公式表达如下：

$$F_i \cos(90° - \alpha - \theta) = P_i = P_{ix} + P_{iy} \tag{5-61}$$

式中　F_i——节点 i 处的总锚索力（kN）；

α——边坡的坡角（°）；

θ——锚索的锚固角（°）；

P_i——节点 i 处总锚索力沿垂直于坡面方向的分力（kN）；

P_{ix}、P_{iy}——分别分配到 x、y 方向上的锚索力（kN）。

在进行锚索力的分配时，选用的是弹性地基梁中的节点形状分配系数法，锚索力在节点上沿横梁和竖肋方向的分配计算公式为：

$$P_{ix} = P_i \frac{b_x L_x}{b_x L_x + b_y L_y} \tag{5-62}$$

$$L = \sqrt[4]{\frac{4EI}{kb}} \tag{5-63}$$

式中　b_x、b_y——分别横梁和竖肋的宽度（m）；

L_x、L_y——分别为横梁和竖肋的特征长度（m）；

EI——格构梁的刚度（kN·m²）；

b——格构梁的宽度（m）。

2. 预应力锚索格构梁的设计计算常用的地基计算模型

地基模型是描述土体在外荷载作用下反应的一种数学表达，通常以应力-应变-强度的形式表达，是基础计算的一个重要依赖。合理选择地基模型是共同作用分析中的一个重要问题，对分析精度影响颇大，它不仅直接影响基底反力的分布和沉降，而且影响基础和上部结构内力的分布和变形。由于岩土体特性的复杂，地基模型只能针对一些理想化的状态建立，不存在普遍都能适用的数学模型以满足土体所要求的应力-应变关系。因此，在选择地基模型时，首先要了解各种地基模型的适用条件，还要注意施工条件对地基特性的影响。

（1）不考虑共同作用的简化方法

地基梁的受力比较复杂，准确计算十分困难，影响结果的因素很多，特别是要考虑与土体的共同作用，而这些共同工作的状况都很难以准确地用数据表达出来。因此在工程实践中，经常采用一些简化的计算方法，如倒梁法和静定分析法。

1）静定分析法

假定基底反力呈直线分布，将柱子视为固端，经结构分析得到固端荷载，按静力平衡法求出反力的最大值与最小值。然后将基础梁按在地基净反力与柱轴力两者作用下，求出格构梁各截面的内力。

2）倒梁法

基底反力的求法和静定分析法相同，不同之处在于分析梁内力时，倒梁法是将柱子视为支座，以基底反力和扣除集中力（柱端处）以后的外荷载为荷载来分析多跨连续梁的内力，见图5-42。

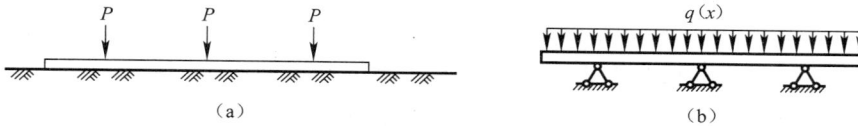

图 5-42　倒梁法计算原理

(a) 荷载简图；(b) 力学模型

3）静定分析法和倒梁法计算的差别

静定分析法计算时，基础（格构）梁的实质为一个有较大刚度的独立梁，不考虑上部结构以及下部地基和它的共同工作、柱子的相互关联。倒梁法考虑问题的前提条件是基础梁已有足够的刚度，此时将上部结构及柱子的刚度视为无穷大。对于静定分析法来讲，不考虑共同作用相当于忽略了柱子和上部结构对基础梁的约束力，而倒梁法则是过分放大了。在我们实际应用中，往往上部结构与基础梁的作用介于这两种情况之间。因此，在计算时，针对不同情况采取不同方法，若上部结构刚度值偏大，则选用倒梁法；若上部结构刚度值偏小，则选用静定分析法；若上部结构刚度值适中，则可先利用两种方法进行分析然后再调整。

（2）文克尔模型

文克尔模型是一种最简单的线弹性地基模型。

1）文克尔模型的基本假定

假设地基上任意一点处的沉降 y 与该处地基所承受的压力的强度 P 成正比，用公式表示为：

$$P = Ky \tag{5-64}$$

式中　P——地基所受压力或地基反力（kPa）；

　　　y——沉陷（m）；

　　　K——基床系数（kN/m^3）。

2）文克尔模型的计算理论

根据文克尔假定，可导出梁的平衡微分方程如下：

$$\frac{d^2}{dx^2}\left(EI\frac{d^2y}{dx^2}\right) + Ky = q(x) \tag{5-65}$$

对于等截面梁，上式简化为：

$$EI\frac{d^4y}{dx^4} + Ky = q(x) \tag{5-66}$$

式中　EI——梁的抗弯刚度；

$q(x)$——梁上的荷载集度；

K——基床系数（kN/m^3）。

利用微分方程进行求解，考虑梁的边界条件，即可求出梁的变形和内力。

3）文克尔模型的特点

文克尔地基模型的最大优点是形式简单、参数最少、使用方便（基床系数可直接由原位试验得到），因此目前应用较为广泛。

文克尔地基模型的最大缺陷是没有考虑地基土的非线性和连续性。

首先，文克尔地基模型的假定没有考虑地基土的连续性，用无穷个相互独立的弹簧系统模拟成地基，此时只在有荷载作用的地方地基才发生变形。其次，文克尔地基模型假定地基的基床系数 K 为常数，但实际上这一假设忽略了土的非线性，地基的基床系数不仅与所受的压力大小有关，还与地基的沉降量以及受压面积有关，基床系数是一个很难通过试验求得的参数。

通过相关的研究计算表明：只有当 $H/L < 0.5$ 时，利用文克尔地基模型的假定计算出结果才是可以接受的，并且这一理论在求解复杂荷载作用时，计算较为烦琐，对于变截面梁的计算也是一个难题。

（3）弹性半空间地基模型

弹性半空间地基模型区别于文克尔地基模型的重要一点在于它表现了地基土是连续性的。

1）弹性半空间地基模型的基本假定

假设地基土是连续、均匀的、各向同性的半无限连续弹性体，利用地基土的变形模量 E_s 和泊松比 μ_s 来表征。

2）弹性半空间地基模型的计算理论

布辛奈斯克解：当竖向集中力 P 作用于均匀各向同性弹性半空间表面上时，地表面任意点 i 处的竖向位移 w 为：

$$w(x,y) = \frac{1-\mu_s^2}{\pi E_s r}P \tag{5-67}$$

式中　r——地表上 i 点与荷载作用点的距离，$r = \sqrt{x^2 + y^2}$。

由式（5-67）可得出，当 r 越大时，w 越小，当 r 取无穷大时，地表的竖向位移 w 为零。

3）弹性半空间地基模型的特点

弹性半空间地基模型的优点：考虑了应力和变形的扩散，且考虑到相邻荷载作用的影响，在几何和物理方面都对地基模型进行了简化，较文克尔地基模型更为合理。

弹性半空间地基模型的缺陷，该模型通过计算得的沉降量以及地表发生沉降位移的范围比实际测量的结果大，造成此结果的原因是在实际地基中，其压缩层厚度有限，且压缩层土的变形模量随深度而发生变化。当土体较单一且密实时，采用该地基模型进行计算得到的结果会比较满意。此外，还有一个缺陷在于该模型计算所需的土的参数很难测定。

5.5　抗滑桩

桩是深入土层或岩层的柱形构件。抗滑桩是通过桩身将上部承受的坡体推力传给桩下部的侧向土体或岩体，依靠桩下部的侧向阻力来承担边坡的下推力，从而使边坡保持平衡或稳定。与其他抗滑工程如抗滑挡墙、锚杆等相比，其具有抗滑能力强、适用条件广泛、不易恶化滑坡状态、施工安全简便并能进一步核实地质条件等突出优点，同时抗滑桩可以和其他边坡治理措施灵活的配合。

5.5.1　抗滑桩类型及特点

（1）按施工方法可分为：打入桩、钻孔桩和挖孔桩；

（2）按材料可分为：木桩、钢桩和钢筋混凝土桩；

（3）按桩的截面形状可分为：圆形桩、管形桩和矩形桩等；

（4）按桩与周围岩土体的相对刚度分为：刚性桩和柔性桩；

（5）按结构形式可分为：排式单桩、承台式桩和排架桩。

在滑坡治理及边坡工程中。针对不同工程地质条件。采用不同类型的抗滑桩进行边坡加固与滑坡治理取得了大量成功的经验。随着国民经济建设速度的加快，其应用前景将更加广阔。

5.5.2　抗滑桩破坏类型

多年的经验教训表明，抗滑桩的破坏形态（或影响正常使用形态）可归纳为四类：剪断或折断、推歪或推倒、滑体流出、冒顶。

1. 剪断或折断

剪断和折断均表现为桩体发生永久性破坏，失去对滑体的支撑能力，但其破坏的机制并不一样，由于下滑力在桩体上分布的不均匀性（设计中常简化为均布力），桩体危险截面位置并不固定，有可能位于滑动面以下，也有可能位于滑动面以上。抗剪强度不足时，桩体会被剪断，抗弯刚度不足时，桩体会被拉断，二者均是抗滑桩设计时需考虑的控制性因素，此类破坏形态常常发生在桩体锚固深度足够或地基锚固条件较好的岩质地段。抗滑桩发生剪断或折断的原因有：（1）假定滑动面与实际滑动面出入较大或计算参数与实际出入较大，导致设计下滑力小于实际下滑力；（2）桩体设计问题，截面尺寸过小（或不合理）或配筋量少（或不合理），导致桩体的抗弯、抗剪承载力不足。

2. 推歪或推倒

抗滑桩被推歪或推倒常发生于地基锚固条件不好的土质滑坡地段，此时桩体没有破坏，而是锚固土体抗力不足发生剪切破坏，导致抗滑桩发生较大角度位移所致。由于桩体没有破坏，可通过提高地基锚固力（如注浆）或限制桩顶位移（如加预应力锚索）来进行修复。

桩体发生推歪或推倒可能的原因有：（1）假定滑动面与实际滑动面出入较大或计算参数与实际出入较大，导致设计下滑力小于实际下滑力；（2）锚固深度不足，导致锚固地基无法承受桩体传来的压应力。

3. 滑体流出

滑体流出是指桩后滑体从桩间绕流至桩前的破坏现象。此时由于土体力学参数降低，滑体呈流塑状，滑体在自重应力分量的作用下发生内部剪切破坏，无法将下滑力传至桩体，抗滑桩虽没有破坏，但已失效。

滑体发生流出可能的原因有：（1）桩间距过大，滑体力学参数值过低，不足以形成有效土拱；（2）排水工程措施不足，滑体含水量增高，由弹塑状向流塑状转化，这种现象对于降雨量大且集中地区的土质滑坡尤为明显。

4. 冒顶

冒顶是指滑体局部土体从桩顶剪出滑至桩前的现象。此时桩体并没有发生破坏，而是设桩支挡后，滑体应力重新进行分配，生成了剪出口在桩顶处的次生滑动面。冒顶现象常因横向坡面较陡、桩体高度不足或位置选择不合理所致。

5.5.3 抗滑桩设计计算基本原理

1. 抗滑桩设计荷载的确定

作用于抗滑桩的外力，应计算滑坡推力（包括地震地区的地震作用）、桩前滑体抗力（滑动面以上桩前滑体对桩的反力）和锚固段地层的抗力。桩侧摩阻力和黏聚力以及桩身重力和桩底反力可不计算。

（1）滑坡推力的确定

滑坡推力作用于画面以上部分的桩背上，其方向假定与桩穿过滑面点处的切线方向平行，采用不平衡推力传递系数法进行计算。

（2）地基反力的确定

1）地基反力

当桩前土体不能保持稳定可能滑走时，不考虑桩前土体对桩的反力，仅考虑滑面以下地基土对桩的反力，抗滑桩嵌固于滑面以下的地基中，相当于悬臂桩。当桩前土体能保持稳定，此时抗滑桩按所谓的"全埋式桩"考虑，可将桩前土体（亦为滑体）的抗力作为已知的外力考虑，仍可将桩看做悬臂桩考虑。

桩将滑坡推力传递给滑面以下的桩周土（岩）时，桩的锚固段前后岩土体受力后发生变形，并由此产生岩土体的反力，反力的大小与岩土体的变形状态有关。处于弹性阶段时，可按弹性抗力计算，处于塑性阶段变形时，情况则比较复杂，但地基反力应不超过锚固段地基土的侧向容许承载能力。

2）地基反力系数

桩侧岩土体的弹性抗力系数简称地基反力系数，是地基承受的侧压力与桩在该位置处的侧向位置的比值，即单位土体或岩体在弹性限度内产生单位压缩变形时所需施加于其单位面积上的力。在岩体中，滑坡推力平均分布，地基系数不随深度而变化，即地基系数为常数的 K 法；在土体中，滑坡推力呈三角形分布，地基系数与深度成正比，即地基系数随深度而呈直线变化的 m 法，如图 5-43 所示。地基反力系数 K、m 应通过试验确定。一般情况下，试验资料不易获得，表 5-8 和表 5-9 分别列出了较完整岩层的地基反力系数 K 和非岩石地基的地基反力系数 m，可供设计时参考。

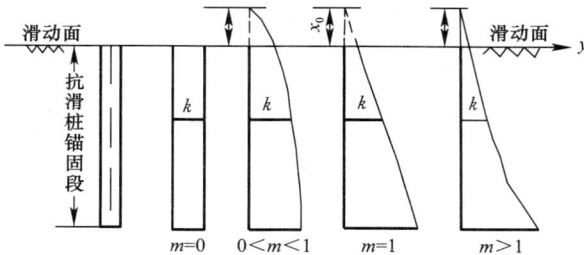

图 5-43 地基系数 K 法和 M 法对比

较完整岩层的地基系数 K　　　　　表 5-8

序号	饱和极限抗压强度 R（MPa）	K（kN/m³）
1	10	$(1\sim2)\times10^5$
2	15	2.5×10^5
3	20	3×10^5
4	30	4×10^5
5	40	6×10^5
6	50	8×10^5
7	60	12×10^5
8	80	$(15\sim25)\times10^5$
9	>80	$(25\sim28)\times10^5$

非岩地基的地基系数 m　　　　　表 5-9

土层	m（kN/m⁴）
流塑黏性土（$I_L\geq1$）、淤泥	3000～5000
软塑黏性土（$0.5\leq I_L<1$）、粉砂	5000～10000
硬塑黏性土（$0<I_L<0.5$）、细砂、中砂	10000～20000
半干硬的黏性土、粗砂	20000～30000

续表

土层	m（kN/m^4）
砾砂、卵石、碎石土	30000～80000
块石土、漂石土	80000～120000

2. 抗滑桩的计算方法

（1）刚性桩与柔性桩的区分

抗滑桩受到滑坡推力会产生一定的变形，根据桩和桩周岩土的性质和桩的几何性质，变形有下面两种情况：一是桩的位置发生了偏离，但桩轴线仍保持不变，变形是由于桩周岩土变形所致；另一种是桩的位置和桩轴线同时发生变化，即桩周土和桩轴线同时发生变形。前一种情况的桩称为刚性桩，后者就称为弹性桩。试验研究表明，当抗滑桩埋入稳定地层内的计算深度为某一临界值时，可认为桩的刚度为无穷大，桩的侧向极限承载力仅取决于桩周土的弹性抗力大小。工程中就把这个临界值作为判断刚性桩或者弹性桩的标准。临界值规定如下：

按 K 法计算，$\beta h_2 \leqslant 1.0$ 时，抗滑桩属刚性桩；$\beta h_2 > 1.0$ 时，抗滑桩属弹性桩。

按 K 法计算，$\alpha h_2 \leqslant 2.5$ 时，抗滑桩属刚性桩；$\alpha h_2 > 2.5$ 时，抗滑桩属弹性桩。

β、α 均定为桩的变形系数，单位为 m^{-1}，分别按下式进行计算：

$$\beta = \left(\frac{KB_P}{4EI}\right)^{\frac{1}{4}} \tag{5-68}$$

$$\alpha = \left(\frac{mB_P}{EI}\right)^{\frac{2}{5}} \tag{5-69}$$

式中　K——K 法的侧向地基系数（kN/m^3）；

B_P——桩的正面计算宽度，对矩形桩 $B_P = b+1$，对圆形桩 $B_P = 0.9d+1$，b 是桩宽，d 是直径，b 和 d 均需大于 1m；

m——m 法的地基反力系数（kN/m^4）；

E——桩的弹性模量（kPa）；

I——桩的截面惯性矩（m^4）。

（2）弹性桩的计算

抗滑桩滑面以上部分应看做悬臂梁进行计算，滑面以下桩段应简化计算，此时，可根据桩周岩土体的性质确定弹性抗力系数，建立挠曲微分方程式，通过数学求解可得滑面以下桩段任一截面的变位和内力计算的一般表达式，最后根据桩底边界条件计算滑面处的位移和转角，再计算出桩身任一深度的变位和内力。

1）m 法

桩顶受水平荷载的挠曲微分工程为：

$$EI \frac{\mathrm{d}^4 x}{\mathrm{d}y^4} = -myxB_p \tag{5-70}$$

采用幂级数的解法，整理上式后得：

$$
\begin{cases}
x_y = x_A A_1 + \dfrac{\varphi_A}{\alpha} B_1 + \dfrac{M_A}{\alpha^2 EI} C_1 + \dfrac{Q_A}{\alpha^3 EI} D_1 \\[2mm]
\varphi_y = \alpha \left(x_A A_2 + \dfrac{\varphi_A}{\alpha} B_2 + \dfrac{M_A}{\alpha^2 EI} C_2 + \dfrac{Q_A}{\alpha^3 EI} D_2 \right) \\[2mm]
M_y = \alpha^2 EI \left(x_A A_3 + \dfrac{\varphi_A}{\alpha} B_3 + \dfrac{M_A}{\alpha^2 EI} C_3 + \dfrac{Q_A}{\alpha^3 EI} D_3 \right) \\[2mm]
Q_y = \alpha^3 EI \left(x_A A_4 + \dfrac{\varphi_A}{\alpha} B_4 + \dfrac{M_A}{\alpha^2 EI} C_4 + \dfrac{Q_A}{\alpha^3 EI} D_4 \right) \\[2mm]
\sigma_y = M_y x
\end{cases}
\tag{5-71}
$$

式中　x_y、φ_y、M_y、Q_y——锚固段桩身任意截面的位移、转角、弯矩和剪力；

$\quad\quad x_A$、φ_A、M_A、Q_A——滑面处桩的位移、转角、弯矩和剪力；

$\quad\quad\quad\quad\quad E$——混凝土的弹性模量（t/m²）；

$\quad\quad\quad\quad\quad I$——桩截面的惯性矩（m⁴）；

$\quad\quad\quad\quad\quad A$——桩的变形系数（m⁻¹）。

式（5-71）为 m 法的一般表达式。计算时，必须先求出滑面处的 x_A 和 φ_A，为能求出桩身任一截面的位移、转角、弯矩、剪力和地基土对该截面的侧向应力，需要确定所解问题为下述三种边界条件中的哪一种。

当桩底为固定端时，$x_B = 0$，$\varphi_B = 0$，$M_B \neq 0$，$Q_B \neq 0$，将 $x_B = 0$、$\varphi_B = 0$ 代入式（5-71）的前两式，联立求解得：

$$
\begin{cases}
x_A = \dfrac{M_A}{\alpha^2 EI} \cdot \dfrac{B_1 C_2 - C_1 B_2}{A_1 B_2 - B_1 A_2} + \dfrac{Q_A}{\alpha^3 EI} \cdot \dfrac{B_1 D_2 - D_1 B_2}{A_1 B_2 - B_1 A_2} \\[3mm]
\varphi_A = \dfrac{M_A}{\alpha EI} \cdot \dfrac{C_1 A_2 - A_1 C_2}{A_1 B_2 - B_1 A_2} + \dfrac{Q_A}{\alpha^2 EI} \cdot \dfrac{D_1 A_2 - A_1 D_2}{A_1 B_2 - B_1 A_2}
\end{cases}
\tag{5-72}
$$

当桩底为铰支端时，$x_B = 0$、$\varphi_B \neq 0$、$M_B = 0$、$Q_B \neq 0$，将 $x_B = 0$、$M_B = 0$ 代入式（5-71）的第 1、3 式，联立求解得：

$$
\begin{cases}
x_A = \dfrac{M_A}{\alpha^2 EI} \cdot \dfrac{C_1 B_3 - B_1 C_3}{B_1 A_3 - A_1 B_3} + \dfrac{Q_A}{\alpha^3 EI} \cdot \dfrac{D_1 B_3 - B_1 D_3}{B_1 A_3 - A_1 B_3} \\[3mm]
\varphi_A = \dfrac{M_A}{\alpha EI} \cdot \dfrac{A_1 C_3 - C_1 A_3}{B_1 A_3 - A_1 B_3} + \dfrac{Q_A}{\alpha^2 EI} \cdot \dfrac{A_1 D_3 - D_1 A_3}{B_1 A_3 - A_1 B_3}
\end{cases}
\tag{5-73}
$$

当桩底为自由端时，$x_B \neq 0$、$\varphi_B \neq 0$、$M_B = 0$、$Q_B = 0$，将 $Q_B = 0$、$M_B = 0$ 代入式（5-71）的第 3、4 式，联立求解得：

$$
\begin{cases}
x_A = \dfrac{M_A}{\alpha^2 EI} \cdot \dfrac{B_3 C_4 - C_3 B_4}{A_3 B_4 - B_3 A_4} + \dfrac{Q_A}{\alpha^3 EI} \cdot \dfrac{B_3 D_4 - B_4 D_3}{A_3 B_4 - A_4 B_3} \\[3mm]
\varphi_A = \dfrac{M_A}{\alpha EI} \cdot \dfrac{C_3 A_4 - A_3 C_4}{A_3 B_4 - B_3 A_4} + \dfrac{Q_A}{\alpha^2 EI} \cdot \dfrac{D_3 A_4 - A_3 D_4}{A_3 B_4 - A_4 B_3}
\end{cases}
\tag{5-74}
$$

将以上各式中各种边界条件下相应的 x_A、φ_A 代入式（5-71），即可求得滑动面以下桩身任一截面的位移和内力。

2）K 法

桩锚固段的挠曲微分方程为：

$$EI \frac{\mathrm{d}^4 x}{\mathrm{d}y^4} + KB_{\mathrm{P}}x = 0 \quad 或 \quad \frac{\mathrm{d}^4 x}{\mathrm{d}y^4} + 4\beta^4 x = 0 \tag{5-75}$$

求解常系数齐次微分方程式，整理代换后得：

$$\begin{cases} x_y = x_A\varphi_1 + \dfrac{\varphi_A}{\beta}\varphi_2 + \dfrac{M_A}{\beta^2 EI}\varphi_3 + \dfrac{Q_A}{\beta^3 EI}\varphi_4 \\[2mm] \varphi_y = \beta\Big(-4x_A\varphi_4 + \dfrac{\varphi_A}{\beta}\varphi_1 + \dfrac{M_A}{\beta^2 EI}\varphi_2 + \dfrac{Q_A}{\beta^3 EI}\varphi_3\Big) \\[2mm] \dfrac{M_y}{\beta^2 EI} = -4x_A\varphi_3 + \dfrac{\varphi_A}{\beta}4\varphi_4 + \dfrac{M_A}{\beta^2 EI}\varphi_1 + \dfrac{Q_A}{\beta^3 EI}\varphi_2 \\[2mm] \dfrac{Q_y}{\beta^2 EI} = -4x_A\varphi_2 + \dfrac{\varphi_A}{\beta}4\varphi_3 + \dfrac{M_A}{\beta^2 EI}4\varphi_4 + \dfrac{Q_A}{\beta^3 EI}\varphi_1 \\[2mm] \sigma_y = Kx_y \end{cases} \tag{5-76}$$

式中　φ_1、φ_2、φ_3、φ_4——K 法的影响函数，表达式如下：

$$\varphi_1 = \cos\beta y \cosh\beta y \tag{5-77}$$

$$\varphi_2 = \frac{1}{2}(\sin\beta y \cosh\beta y + \cos\beta y \sinh\beta y) \tag{5-78}$$

$$\varphi_3 = \frac{1}{2}\sin\beta y \sinh\beta y \tag{5-79}$$

$$\varphi_4 = \frac{1}{4}(\sin\beta y \cosh\beta y + \cos\beta y \sinh\beta y) \tag{5-80}$$

桩底为自由端时，$Q_B = 0$，$M_B = 0$，可得：

$$\begin{cases} x_A = \dfrac{M_A}{\beta^2 EI} \cdot \dfrac{4\varphi_4^2 + \varphi_1\varphi_3}{4\varphi_3^2 - 4\varphi_2\varphi_4} + \dfrac{Q_A}{\beta^3 EI} \cdot \dfrac{\varphi_2\varphi_3 - \varphi_1\varphi_4}{4\varphi_3^2 - 4\varphi_2\varphi_4} \\[3mm] \varphi_A = \dfrac{M_A}{\beta EI} \cdot \dfrac{4\varphi_3\varphi_4 + \varphi_1\varphi_2}{4\varphi_3^2 - 4\varphi_2\varphi_4} + \dfrac{Q_A}{\beta^2 EI} \cdot \dfrac{\varphi_2^2 - \varphi_1\varphi_3}{4\varphi_3^2 - 4\varphi_2\varphi_4} \end{cases} \tag{5-81}$$

（3）刚性桩的计算

把滑面以上抗滑桩受荷载段上所有的力均看做外力，桩前的滑体抗力从外荷载中减去，对滑面以下的桩段取脱离体，滑面以上的外荷载对滑面处桩截面产生弯矩和剪力。滑面下桩周土的侧向应力和土的抗力可由脱离体的平衡求得，进而计算桩的内力。

1）$y \leqslant y_0$

桩身变形

$$\Delta x = (y - y_0)\Delta\varphi \tag{5-82}$$

桩侧应力

$$\sigma_y = (A + my)(y_0 - y)\Delta\varphi \tag{5-83}$$

桩身剪力

$$Q_y = Q_A - \frac{1}{2}B_{\mathrm{P}}A\Delta\varphi y(2y_0 - y) - \frac{y_1}{6}B_{\mathrm{P}}m\Delta\varphi y^2(3y_0 - 2y) \tag{5-84}$$

桩身弯矩

$$M_y = M_A + Q_A y - \frac{1}{2} B_P A \Delta\varphi y^2 (2y_0 - y) - \frac{y_1}{6} B_P m \Delta\varphi y^3 (3y_0 - 2y)$$

$$(5\text{-}85)$$

2) $y \geqslant y_0$

桩侧应力

$$\sigma_y = (A' + my)(y_0 - y)\Delta\varphi \qquad (5\text{-}86)$$

桩身剪力

$$Q_y = Q_A + \frac{1}{2} B_P A' \Delta\varphi (y - y_0)^2 - \frac{1}{6} B_P m \Delta\varphi y^2 (3y_0 - 2y) \qquad (5\text{-}87)$$

桩身弯矩

$$M_y = M_A + Q_A y - \frac{1}{6} B_P A \Delta\varphi y_0^2 (3y - y_0) - \frac{1}{6} B_P A' \Delta\varphi (y - y_0)^3$$

$$- \frac{1}{12} B_P m \Delta\varphi y^3 (2y - y_0) \qquad (5\text{-}88)$$

$$A = d_1 m = \frac{r_1}{r_2} a_1 m \qquad (5\text{-}89)$$

$$A' = d_2 m = \frac{r_1}{r_2} a_2 m \qquad (5\text{-}90)$$

式中　r_1、r_2——滑面上、下部分岩土重度。

5.5.4　抗滑桩设计

1. 抗滑桩设计步骤

（1）首先根据野外勘察定性了解滑坡的成因、性质、范围等，分析滑坡的稳定状态、发展趋势以及破坏形式。

（2）根据勘察结果，确定滑坡的地质模型和计算模型，选择合理的计算参数。

（3）进行稳定性计算，根据计算结果确定需要防治的区域，选择主滑动面计算设计滑坡推力。

（4）根据地形、地质、施工条件和理论计算综合确定桩的位置和范围。

（5）根据滑坡推力大小等条件，拟定桩长、锚固深度、桩截面尺寸及桩间距。

（6）确定桩的计算宽度并选定地基系数。

（7）根据选定的地基系数和桩的截面尺寸，计算桩的变形系数及计算深度，判断是刚性桩还是弹性桩。

（8）根据桩底边界条件采用相应的方法计算桩身各截面的内力及侧壁应力等，并确定最大剪力、弯矩及其位置。

（9）校核地基强度。若桩身作用于地基的弹性应力超过或者小于地层容许值过多时，则应调整桩的相关参数，重新计算直至符合要求。

（10）根据计算结果，绘制桩身的剪力、弯矩图和侧壁应力图。

（11）对钢筋混凝土桩进行配筋。

2. 构造要求

（1）桩身混凝土的强度等级宜为 C30。当地下水有侵蚀性时，水泥应按有关规定选用。

（2）抗滑桩井口应设置锁口，桩井位于土层和风化破碎的岩层时宜设置护壁，一般地区锁口和护壁混凝土强度等级宜为 C15，严寒和软弱地基地段宜为 C20。

（3）抗滑桩纵向受力钢筋直径不应小于 16mm，净距不宜小于 120mm，困难情况下可适当减小，但不得小于 80mm。当用束筋时，每束不宜多于 3 根。当配置单排钢筋有困难时，可设置 2 排或 3 排。受力钢筋、混凝土保护层厚度不应小于 70mm。

（4）纵向受力钢筋的截断点应按现行国家标准《混凝土结构设计规范》GB50010 的规定计算。

（5）抗滑桩内不宜设置斜筋，可采用调整箍筋的直径、间距和桩身截面尺寸等措施，满足斜截面的抗剪强度。

（6）箍筋宜采用封闭式，间距不应大于 400mm。

（7）抗滑桩的两侧和受压边，应适当配置纵向构造钢筋，其间距不应大于 300mm，直径不宜小于 12mm。桩的受压边两侧，应配置架立钢筋，其直径不宜小于 16mm。当桩身较长时，纵向构造钢筋和架立钢筋的直径应增大。

5.6　加筋土挡墙

5.6.1　加筋土技术发展概况及其特点

加筋土是由一层或多层水平加筋材料（或称筋带）与填土交替铺设而形成的一种复合土。在土中加入加筋材料可以提高土体的抗剪强度，增加土体工程的稳定性。近年来，加筋土技术应用广泛，其优越性归纳起来有如下几点：

（1）施工简便。加筋土的组成构件均可以预先制作，除需压实机械外，施工时一般不需配备其他机械，质量易于掌握，施工时无噪声，可以缩短工期和节省劳力。

（2）加筋土结构是柔性结构，能适应较大的地基变形，在强大的冲击力作用下，能利用本身的柔性变形消除大部分的能量。

（3）加筋土最大的特点是可以做成很高的垂直填土，大大节省了占地面积，减少土方量，这对城市道路及土地珍贵的地区而言，有着巨大的经济意义。

（4）工程造价较低。加筋土挡墙面板薄，基础尺寸小，与重力式墙相比可降低造价 20%～60%，且墙越高经济效益越佳。

（5）抗地震。加筋土挡墙这一复合结构的整体性较好，其独有的柔性能吸收地震的能量，故较其他类型的挡土结构稳定性强，具有良好的抗震性能。

（6）造型美观。面板形式可根据需要进行选择，拼装完成后造型美观，适合于城市道路的支挡工程。

5.6.2 加筋土挡墙的设计原理

加筋土挡墙系由填土、在填土中布置一定量的带状筋体以及直立的墙面板三部分组成的整体复合结构。

加筋土挡墙是利用水平、相间、成层地布置在填料中的拉筋与填料之间的摩擦咬合力来稳定土体的。面板的作用是为了防止拉筋间的填土从侧面被挤出并使结构具有一定形状，美化结构。面板是刚性的，墙面体系是柔性的。这种结构内部存在着墙面上压力、拉筋的拉力及填料与拉筋间的摩擦力等相互作用的内力平衡，同时，这一复合结构还要能抵抗拉筋尾部后面填土所产生的侧压力，从而保证这一复合结构的内部和外部稳定性。常见的加筋土挡墙组成如图5-44所示。

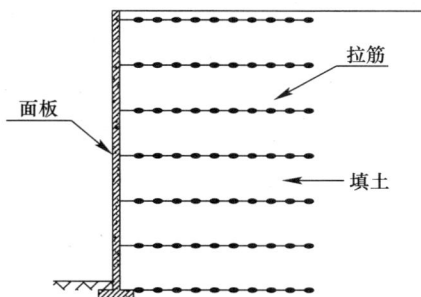

图5-44 加筋土挡墙

加筋土挡墙通过埋入拉筋把土体分成若干子区，通过摩擦作用把各子区土的侧向土压力通过加筋材料传递给土体，防止土体产生滑裂，从而稳定土体。由于拉筋层上土压力以及外荷载作用，土体将产生侧向膨胀，若在土体中安置拉筋，由于拉筋的弹性模量比土体大得多，相对来说，拉筋变形比土体的侧向变形小得多，土体与拉筋之间将产生阻止土体侧向变形的摩擦力，在拉筋中产生拉力，并将拉力传至深层稳定土体中。拉筋与土颗粒相互作用改善了土体的抗剪性能，使土体保持稳定。

加筋土挡墙设计计算包括内部稳定性分析、外部稳定性分析以及加筋土挡墙的材料选择与构件设计。内部稳定性分析包括拉筋的拉力计算、拉筋的强度验算、拉筋长度的确定等。外部稳定性分析是指包括考虑挡墙地基承载力、基底抗滑稳定性、抗倾覆稳定性和整体抗滑稳定性等的验算。

5.6.3 加筋土挡墙的稳定性分析

1. 内部稳定性分析

加筋土挡墙的内部稳定性是指阻止由于拉筋被拉断或与土间摩擦力不足，以致加筋土挡墙整体结构遭到破坏。目前内部稳定性分析方法主要可分为三类：一是将加筋土视为锚固结构，二是复合材料理论，三是滑裂楔体法。下面仅介绍锚固理论的朗肯分析方法。

（1）土压力计算

根据朗肯土压力理论，土体中产生一个与平面呈 $\theta = \dfrac{\pi}{4} + \dfrac{\phi}{2}$ 的破裂面，将整个加筋体分为主动区和锚固区，如图 5-45 所示。

土的主动土压力为：

$$\sigma_h = K_a \cdot \gamma \cdot z \tag{5-91}$$

式中　γ——加筋体填土的重度；

　　　K_a——土的主动土压力系数。

设挡土墙宽度为 B，则土的自重产生的侧向土压力为：

$$E_1 = \frac{1}{2} \cdot \gamma \cdot H^2 \cdot K_a \cdot B \tag{5-92}$$

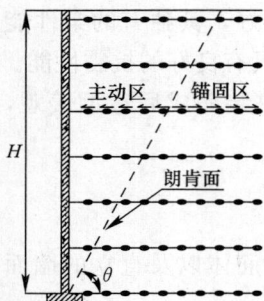

图 5-45　加筋土挡墙朗肯
破坏面

将挡墙上部车辆荷载 q 等效为 $q = \gamma \cdot h_e$，则其产生的侧向土压力为：

$$E_2 = \gamma \cdot h_e \cdot H \cdot K_a \cdot B \tag{5-93}$$

故总的水平土压力为：

$$E = E_1 + E_2 = \frac{1}{2} \cdot \gamma \cdot H(H + 2h_e) \cdot K_a \cdot B \tag{5-94}$$

（2）拉筋拉力计算

由于拉筋上部填土及路面荷载引起加筋土体产生主动土压力，当土体主动土压力充分作用时，作用于面板和主动区拉筋上的力通过锚固区的拉筋与土体摩擦咬合来平衡，从而保持结构稳定。每根拉筋的拉力随深度增加而增大，故最下面一根拉筋拉力最大，其值为：

$$T_l = \gamma \cdot (H + h_e) \cdot K_a \cdot s_x \cdot s_y \tag{5-95}$$

式中　T_l——拉筋所受的最大拉力（kN）；

　　　s_x、s_y——拉筋的水平和垂直间距（m）。

（3）拉筋断面计算

拉筋的断面面积为：

$$A = \frac{T_1 \times 10^3}{K \cdot [\sigma_1]} \tag{5-96}$$

式中　A——拉筋设计断面面积（mm²）；

　　　K——拉筋容许应力提高系数；

　　　$[\sigma_1]$——拉筋容许应力（MPa）。

（4）拉筋锚固长度计算

首先计算锚固长度 L_0。

锚固区单位面积上覆土压力为：

$$\gamma(H + h_e)$$

拉筋在锚固区摩擦面积为：

$$2L_0 \cdot b$$

故锚固区内拉筋上产生的抵抗力 T_b 为：

$$T_b = 2L_0 \cdot b \cdot \gamma(H + h_e) \cdot f' \tag{5-97}$$

在同一深度处拉筋的抗拔稳定系数 K_b 为：

$$K_b = \frac{T_b}{T_l} = \frac{2L_0 \cdot b \cdot f'}{K_a \cdot s_x \cdot s_y} \tag{5-98}$$

式中　　K_b——拉筋抗拔稳定系数；

　　　　f'——拉筋与填料的似摩擦系数；

　　　　b——拉筋宽度。

$$L_0 = \frac{K_b \cdot K_a \cdot s_x \cdot s_y}{2b \cdot f'} \tag{5-99}$$

（5）拉筋总长度计算

$$L = l_0 + L_0 = H \cdot \tan\left(45° - \frac{\phi}{2}\right) + \frac{K_b \cdot K_a \cdot s_x \cdot s_y}{2b \cdot f'} \tag{5-100}$$

拉筋的长度一般通过以上计算确定，但还需满足构造的基本要求，即 $L > 0.7H$。

另外，拉筋长度的实际采用值，在满足抗拔稳定性要求的前提下，可按下列原则确定：

墙高小于 3.0m 时，可设计为等长拉筋。

墙高大于 3.0m 时，可考虑变换拉筋长度，但一般同等长度拉筋的高度不应小于 2.0m，如图 5-46 所示。

相邻拉筋长度的变换不得小于 0.5m。

采用钢筋混凝土作为拉筋材料时，每节长度最小为 1.5m，最大为 4.0m，并以 0.5m 作为每级递增量。

底部筋带计算长度如果小于 3m，一般仍要取 3m，且不小于 $0.4H$。

2. 外部稳定性分析

加筋土挡墙外部稳定性分析是指包括考虑挡墙地基承载力、基底抗滑稳定性、抗倾覆稳定性和整体抗滑稳定性等

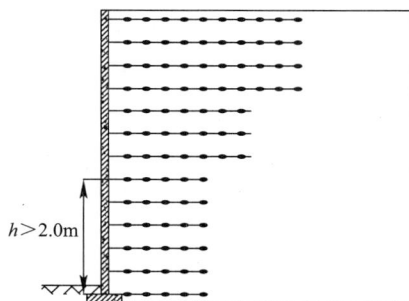

图 5-46　变换拉筋长度

的验算。对加筋土挡墙进行外部稳定性分析时，把拉筋带的末端与墙面板之间的填土视为刚体，其他与一般重力式挡土墙的计算方法相同。

5.6.4　加筋土挡墙的材料及构造设计

1. 加筋土挡墙的材料

（1）填料

加筋土挡墙的填料应具有较高的内摩擦角，与拉筋带产生足够的摩擦力，易压实，对拉筋带及墙面板的腐蚀小，水稳定性好等要求。可采用砂类土（粉砂、黏砂除外）、砾石类土、碎石类土、也可选用 C 组细粒土填料，不得采用块石类土，而对于腐殖质土、冻结土、白垩土及硅藻土等应禁止使用。填料除应符合相应规范外，还应满足下列要求：

1）填料粒径一般不宜大于 150mm，并不得大于每层压实厚度的 $\frac{1}{3}$；

2）填料与拉筋之间的似内摩擦角，对于光面拉筋应大于 22°，对于高黏附力拉筋应大于 25°；

3）为了减少填料对拉筋的腐蚀，当拉筋为钢带时，填料的 pH 值应控制在 5～10 范围内；当拉筋为聚丙烯土工带时，填料不宜含有二阶以上铜、锰、铁离子及氯化钙、碳酸钠、硫化物等化学物质；

4）对浸水地区的加筋土挡墙应采用渗水性良好的土作填土；而季节性冻土地区，宜采用非冻胀性土作填土，否则应在墙面板内侧设置不小于 0.5m 的砂砾防冻层。

（2）拉筋

加筋土挡墙的拉筋材料宜采用土工格栅、复合土工带或钢筋混凝土板条等，其作用是承受垂直荷载产生的水平拉力，并与填料产生摩擦力。因此，拉筋材料应具有以下性能：

1）抗拉强度高，延伸率和蠕变小，具有柔性，不易产生脆性破坏；

2）筋土界面之间能产生足够的摩擦力；

3）具有较好的耐腐蚀性和耐久性；

4）加工、接长和面板的连接简单。

（3）面板

面板的作用是防止填料被侧向挤出、传递土压力以及便于拉筋带固定布设，并使填料、拉筋带和墙面板形成具有一定形状的整体。国内面板一般采用混凝土预制构件，其强度等级不应低于 C18，厚度不应小于 80mm。墙面板不仅要有一定强度保证拉筋带端部土体的稳定，而且还要有一定的刚度以抵抗冲击和振动作用；面板同时还需足够柔性，以适应在外荷载作用下带来的容许沉降变形。面板设计应满足坚固、美观、运输方便和易于安装等要求。

面板形状可采用矩形、十字形、六角形或整体式面板等。面板上的拉筋节点可采用预埋拉环、钢板锚头或预留穿筋孔等形式。面板四周应设企口和相互连接装置。当采用插销连接装置时，插销直径不应小于 10mm。

面板有金属墙面板和混凝土墙面板两种。国内常采用混凝土面板，混凝土面板要求耐腐蚀且本身是刚性的，但各个砌块间应具有充分的空隙。

2. 加筋土挡墙的构造设计

（1）加筋土挡墙的平面线形可采用直线、折线和曲线，相邻墙面的内夹角不宜小于 70°。

（2）直立墙墙面板安装施工时，面板应适当后仰，倾斜度宜为 20∶1。

（3）墙面板上的金属连接件及金属拉筋应进行防锈处理，受力钢构件应预留 2mm 的防锈蚀厚度，采用钢筋混凝土板条拉筋时，截面内应设置必要的防裂钢筋，其所有连接部分还应采用沥青砂浆封闭。

（4）加筋土挡墙墙面板下部应设宽度不小于 0.3m、厚度不小于 0.2m 的混凝土基础，但有下列情况之一时可不设：①面板筑于石砌或混凝土之上；②地基为基岩。挡墙面板基础底面的埋置深度，对于一般土质地基不应小于 0.6m。

（5）对设置在斜坡上的加筋土结构，应在坡脚设置宽度不小于1m的护脚，以防止前沿土体在加筋土体水平推力作用下剪切破坏，导致加筋土结构失稳。

（6）沿墙每隔20～30m或基底地层变化处应设置2cm宽的沉降缝，并在面板内侧沿整个墙高设置宽20cm的渗滤层。

（7）墙顶一般均需设置帽石，可以预制也可现场浇筑，帽石的分段应与墙体的沉降缝在同一位置处。

5.7 土钉墙

5.7.1 土钉墙结构设计

1. 土钉墙原理及适用性

土钉墙是在岩土体中设置钢筋土钉，靠土钉拉力维持边坡稳定的挡土结构。通过钢筋等高强度长条材料对原位岩土体进行加固，从而提高原位岩土体的"视凝聚力"及其强度，使被加固土体形成了性质与原来大为不同的复合材料"视重力式挡土墙"，用以提高整个边坡的稳定性。按施工方法，土钉可分为钻孔注浆型土钉、打入型土钉和射入型土钉，其中钻孔注浆型土钉为最常用的类型。

土钉墙适用于一般地区土质及破碎软弱岩质路堑地段，在地下水较发育或边坡土质松散时，一般不宜采用土钉墙。土钉墙结合了锚杆挡墙与加筋土挡墙的优点，用于挖方边坡工程具有以下特点：

（1）施工的及时性。自上而下，边开挖边喷锚，一般每层开挖1～2m高，可及时对边坡进行封闭，从而保护岩土不因边坡开挖暴露而过多降低力学强度。

（2）结构轻巧、有柔性，可靠度高。通过喷锚，与加固岩土形成复合体，允许边坡有少量变形，受力效果大大改善。作为群体效应，个别土钉失效对边坡影响不大。

（3）施工机具轻便简单、灵活，所需场地小，工人劳动强度低。

（4）材料用量小，自身成本费用较低。

2. 土钉墙结构设计内容与原则

对于一般土钉墙工程，设计内容有以下几点：根据总体设计布置确定土钉墙的平、剖面尺寸；根据边坡岩土特性确定分层施工高度；确定土钉布置方式和间距；确定土钉的直径、长度和倾角；确定土钉钢筋的类型、直径和构造；注浆配比和注浆方式；喷射混凝土面板设计及坡顶防护设计；土钉墙内部及整体稳定分析；排水系统设计；现场监测和质量控制设计。

土钉墙高度宜控制在20m以内，墙面边坡为1:0.1～1:0.4，根据地形地质条件，边坡较高时宜设多级。多级墙上、下两级之间应设置平台，平台宽度不宜小于2m，每级墙高不宜大于10m。单级土钉墙墙高宜控制在12m以内。土钉的长度一般为墙高 H 的 $0.4\sim1.0$ 倍（即 $0.4H\sim1.0H$）。岩质边坡宜为 $0.4H\sim0.7H$，岩性较差及地下水发育时取大值；非饱和土土质边坡宜为 $0.6H\sim1.0H$。土钉间距 $0.75\sim2m$，与水平面夹角宜为 $5°\sim20°$。土钉墙设计应遵循"保住中部、稳定坡脚"的原则。现场量测结果表明，沿支护高度上下分布的土钉，其受力为中间大，上部和下部小。而数值分析结果表明，土钉墙坡脚应力集中明显。因此，设计时边坡中部的土钉宜适当加密、加长，坡脚用混凝土脚墙加固，并使之与土钉墙连成一个整体。土钉墙分层开挖高度土层一般为 $0.5\sim2m$，岩层一般为 $1.0\sim4m$。每一层开挖的纵向长度（分段长度），取决于岩土体维持不变形的最长时间及施工流程的相互衔接。

5.7.2　土钉墙稳定性分析

1. 土钉墙主要破坏形式

土钉墙支护结构主要破坏形式有体外破坏和体内破坏两种。体外破坏是指破坏面完全在土钉加固区外，体内破坏是指破坏面完全或部分穿过士钉加固区。

当发生体外破坏时，密集的土钉与周围土体形成一个异性复合整体，犹如一个重力式挡墙，可能发生如图 5-47 所示的三种失稳。

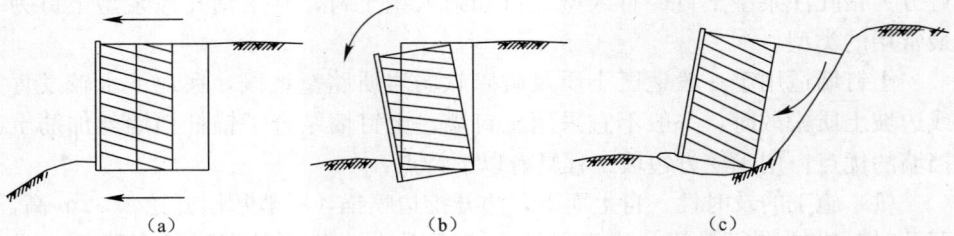

图 5-47　土钉墙的破坏方式
（a）沿底面滑动；（b）绕面层底端倾覆；（c）深部滑移

这三种可能的破坏形式中，前两种与重力挡土墙在主动土压力作用下失稳相同，作用在支护结构背部的是主动土压力，后一种形式与一般的边坡失稳相似，在普通挡土墙设计中也要考虑，所以均可按重力挡土墙加筋土挡墙设计中的方法进行验算。

当发生体外破坏时，可能的破裂面出现在土钉结构内部，穿过土钉加固区的全部或部分，边坡被破裂面分成稳定区和不稳定区两部分，具体的体内破坏形式如图 5-48 所示。

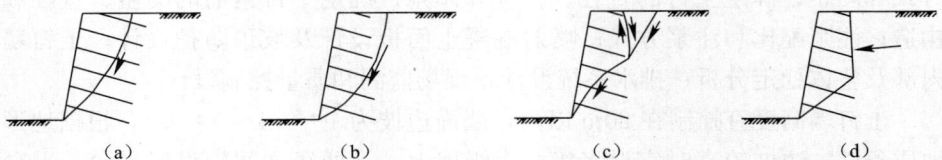

图 5-48　土钉墙体内破坏形式

2. 整体稳定性分析

与土钉墙结构两种破坏模式相对应，土钉墙结构的稳定验算分为外部稳定和内部稳定两种。外部稳定的验算是将土钉加固区视为重力式挡土墙，对其进行抗水平滑移、抗倾覆、地下地基强度以及基坑坑底隆起等验算。内部稳定性分析多采用边坡稳定的概念，与一般的土坡稳定的极限平衡方法相同，并在破坏面上需要计入土钉的作用。

（1）外部稳定性分析

外部稳定性分析可按重力式挡土墙的稳定性分析方法进行，失稳形式如图 5-47 所示。

1）土钉墙厚度的确定

将土钉加固的土体分三部分考虑来确定土钉墙厚度（如图 5-49），即加强体的均匀压缩加固带，厚度为 $2L/3$（L 为土中平均钉长）；钢筋网喷射混凝土支护作用区，厚度为 $L/6$；土钉尾部非均匀压缩带，厚度为 $L/6$，取 $1/2$ 值为计算厚度，即 $L/12$。所以土钉墙厚度为三部分之和，即为 $11L/12$。当土钉倾斜时，土钉墙厚度为 $11\cos\alpha/12$（α 为土钉与水平面间的夹角）。

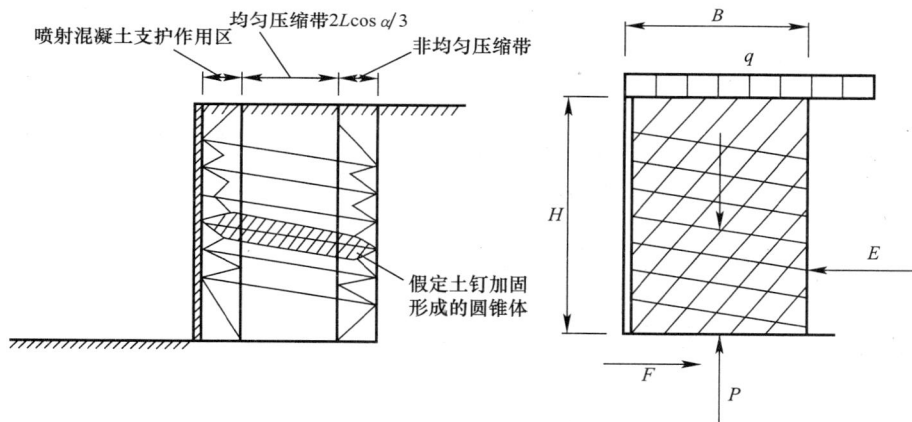

图 5-49

2）土钉墙外部稳定性计算

根据重力式挡土墙的方法分别计算简化土钉墙的抗滑稳定性、抗倾覆稳定性和墙底部土的承载能力，如图 5-49、图 5-50 所示。计算时纵向取一个单元，即一个土钉的水平间距进行计算。

A：抗滑稳定性验算

$$K_{\mathrm{H}} = \frac{F_l}{E_{\alpha x}} \tag{5-101}$$

式中　K_{H}——抗滑安全系数；

F_l——假设墙底断面上产生的抗滑合力：

$$F_l = (W + qB)S_{\mathrm{x}}\tan\varphi + cBS_{\mathrm{x}} \tag{5-102}$$

$E_{\alpha x}$——假设土钉墙后主动土压力水平分力。

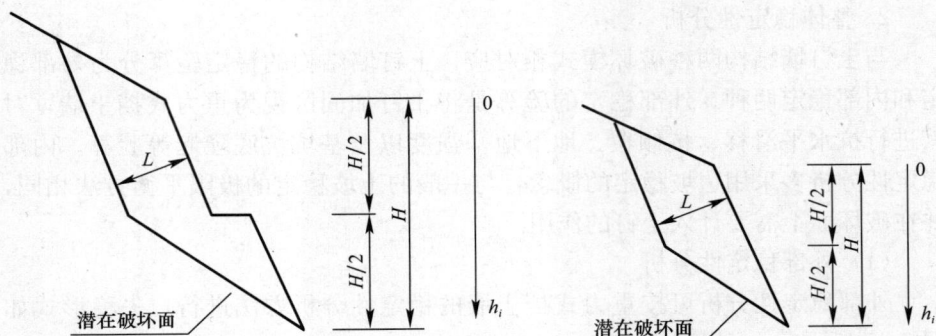

图 5-50

B：抗倾覆稳定性验算

$$K_Q = \frac{M_w}{M_e} \tag{5-103}$$

式中　K_Q——抗倾覆安全系数；

M_w——假设墙底断面上产生的抗滑合力：

$$M_w = (W + qB)\left(\frac{1}{2}B + \frac{1}{2}H/\tan\beta\right) \tag{5-104}$$

M_c——土压力产生的倾覆力矩：

$$M_c = \frac{1}{3}(H + H_0)E_{\alpha x} \tag{5-105}$$

C：墙底土承载力验算

$$K_e = \frac{Q_0}{P_0} \tag{5-106}$$

式中　Q_0——墙底部部分塑性承载力：

$$Q_0 = \frac{\pi \cdot c \cdot \cot\varphi + 1/3 \cdot \gamma \cdot B}{\cot\varphi + \varphi - \pi/2} + \gamma H \tag{5-107}$$

P_0——假设墙底断面上产生的抗滑合力：

$$P_0 = \frac{W + qB}{B} + 6 \cdot \frac{M_c - E_{\alpha y}B}{B^2} \tag{5-108}$$

$E_{\alpha y}$——假设土钉墙后主动土压力垂直分力。

3）潜在破裂面的确定

土钉墙内部加筋体分为锚固区和非锚固区，其分界面为潜在破裂面。根据大量试验和工程实践，土钉内部潜在破裂面采用简化计算方法确定潜在破裂面。

$$h_i \leqslant 0.5h, \quad l = (0.3 \sim 0.35)h \tag{5-109}$$

$$h_i > 0.5h, \quad l = (0.6 \sim 0.7)(H - h_i) \tag{5-110}$$

当坡体渗水较严重或岩体风化破碎严重、节理发育时，l 取大值。土钉长度包括非锚固长度和有效锚固长度，非锚固长度应根据墙面与土钉潜在破裂面的实际距离确定。有效锚固长度由土钉内部稳定检算确定。

4）土压力的确定

$$h_i \leqslant \frac{1}{3}h, \quad \sigma_i = 2\lambda_a\gamma h_i\cos(\delta - \alpha) \tag{5-111}$$

$$h_i > \frac{1}{3}h,$$

$$\sigma_i = \frac{2}{3}\lambda_a \gamma H \cos(\delta - \alpha) \quad \frac{2}{3}\lambda_a \gamma H \cos(\delta - \alpha)$$

(5-112)

式中　σ_i——水平土压应力（kPa）；

　　　γ——边坡岩体重度（kN/m³）；

　　　λ_a——库仑主动土压力系数；

　　　α——墙背与竖直面间的夹角（°）；

　　　δ——墙背摩擦角（°）。

土钉的拉力：

$$E_i = \sigma_i S_x S_y / \cos\beta$$

(5-113)

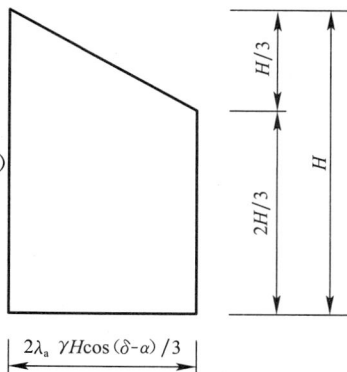

图 5-51

式中　E_i——距墙顶高度第 i 层土
　　　　　钉的计算拉力（kN）；

　　　S_x、S_y——土钉之间水平和垂直
　　　　　间距（m）；

　　　β——土钉与水平面的夹角
　　　　　（°）。

（2）土钉墙内部稳定性计算

考虑施工过程中每一分层开挖完毕未设置土钉时施工阶段及施工完毕使用阶段两种情况，根据潜在破裂面（对土质边坡按最危险滑弧面）进行分条分块，计算稳定系数。

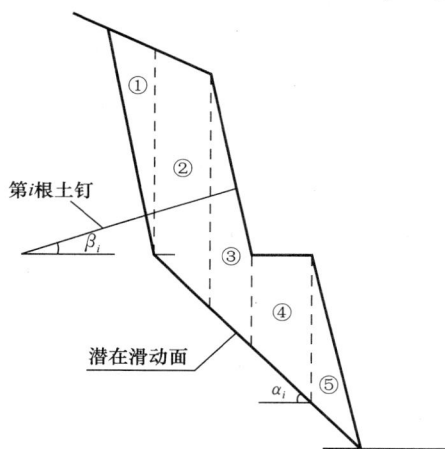

图 5-52

$$K = \frac{\sum \overset{*}{C_i} L_i S_x + \sum W_i \cos\alpha_i \tan\varphi_i S_x + \sum_{i=1}^{n} P_i \cdot \cos\beta_i + \sum_{i=1}^{n} P_i \cdot \sin\beta_i \cdot \tan\varphi_i}{\sum W_i \sin\alpha_i S_x}$$

(5-114)

式中　C_i——岩土的黏聚力（kPa）；

　　　φ_i——摩擦角（°）；

　　　L_i——分条（块）的潜在破裂面长度（m）；

　　　W_i——分条（块）重量（kN/m）；

　　　α_i——破裂面与水平面夹角（°）；

　　　β_i——土钉轴线与破裂面的夹角（°）；

　　　P_i——土钉的抗拔能力 F_i 和 T_i 中的小值（kN）；

　　　n——实设土钉排数；

　　　S_x——土钉水平间距（m）；

　　　K——施工阶段及使用阶段整体稳定系数，施工阶段 $K \geqslant 1.3$，使用阶段 $K \geqslant 1.5$。

3. 土钉抗拉断验算

土钉钉材抗拉力按下式计算：

$$T_i = \frac{1}{4}\pi \cdot d_b^2 \cdot f_y \qquad (5\text{-}115)$$

式中 T_i——钉材抗拉力（kN）；

d_b——钉材直径（m）；

f_y——钉材抗拉强度设计值（kPa）。

土钉抗拉断验算按下式计算：

$$\frac{T_i}{E_i} \geqslant K_1 \qquad (5\text{-}116)$$

式中 K_1——土钉抗拉断安全系数，取 1.5～1.8，永久工程取大值。

4. 土钉抗拔稳定验算

根据土钉与孔壁界面岩土抗剪强度 τ 确定有效锚固力 F_{i1}，按下式计算：

$$F_{i1} = \pi \cdot d_h \cdot l_{ei} \cdot \tau \qquad (5\text{-}117)$$

式中 d_h——钻孔直径（m）；

l_{ei}——第 i 根土钉有效锚固长度（m）；

τ——锚孔壁对砂浆的极限剪应力（kPa）。

根据钉材与砂浆界面的黏结强度 τ_g 确定有效锚固力 F_{i2}，按下式计算：

$$F_{i2} = \pi \cdot d_b \cdot L_{ei} \cdot \tau_g \qquad (5\text{-}118)$$

式中 τ_g——钉材与砂浆间的黏结力（kPa），按砂浆标准抗压强度 f_{ck} 的 10%
取值；

d_b——钉材直径（m）。

土钉抗拔力 F_i 取 F_{i1} 和 F_{i2} 中的小值。土钉抗拔稳定验算按下式计算：

$$\frac{F_i}{E_i} > K_2 \qquad (5\text{-}119)$$

式中 K_2——抗拔安全系数，取 1.5～1.8，永久工程取大值。

5.8 锚杆

由于不安全岩石边坡的深部岩石较坚固，不受风化的影响，足以支持不稳定的和存在某种危险状况的表层岩石，因此在这种情况下采用锚杆或预应力锚索进行岩石锚固，是一种有效的治理方法。

5.8.1 岩土锚固技术概述

1. 岩土锚固的含义与特点

为了预防和治理崩塌、落石等地质灾害，工程上常将一种受拉杆件埋入岩土体，用于调动和提高岩土体自身强度和自稳能力，这种受拉杆件工程上称之为锚杆，它所起到的作用即为锚固。

与完全依靠自身的强度或重力而使结构物保持稳定的传统支护方法相比，岩土锚固技术（尤其是施加预应力的岩土锚固技术）具有许多鲜明的特点：

（1）岩土锚固技术能在地层开挖后，迅速提供支护抗力，有利于保护地层的固有强度，阻止地层的进一步扰动，从而有效地控制地层变形的发展，提高施工过程的安全性。

（2）岩土锚固技术能够提高地层中软弱结构面和潜在滑移面的抗剪强度，改善地层岩土体的应力状态以及其他的力学性能，使其向有利于稳定的方向转化。

（3）岩土锚固能将结构物和地层紧密地连在一起，充分调动岩土体自身的强度和自稳能力，使之与结构物形成共同的工作体系，从而能够显著地节约工程造价，提高经济效益。

（4）锚杆的作用部位、方向、结构参数、布设密度及施作时间等都可以根据需要方便地设定和调整，从而能以最小的支护抗力，达到最佳的稳定效果。

（5）岩土锚固技术应用的灵活性与施工的快速性使得其对于预防和整治边坡、加固和抢修出现病害的结构物具有独特的功效，有利于确保工程的安全。

由此可见，岩土锚固技术是解决岩土工程中稳定问题较为经济有效的方法之一，其已在边坡治理、深基坑支护、围岩加固、坝体抗倾覆、冲击区抗浮、结构物加压稳定等各类工程中得到了广泛的应用。

2. 锚杆的组成与构造

岩土锚固技术中使用的主要技术构件之一就是锚杆。锚杆是一种安设在岩土层深处的受拉杆件，它的一端与工程构筑物相连，另一端则锚固在稳定的岩土层中（必要时可对其施加预应力），以承受岩土压力、水压力或地震作用等外荷载所产生的拉力，再将拉力传递到深处的稳定岩土层中，以达到防止结构变形、维护构筑物稳定的目的。

工程上所指的锚杆，通常是对受拉杆件所处的锚固系统的总称。锚杆一般由外锚头、拉杆（索）和内锚段三大部分组成，沿轴线方向可分为自由段和锚固段，其中自由段一般处于需要加固的岩层中，而锚固段则处于稳定岩层中以提供抗力。对于一般的锚杆来说，锚杆的承载能力与其锚固段的性质相关程度更大，而锚杆的变形量则主要受其自由段的影响。普通锚杆的构造如图 5-53 所示。

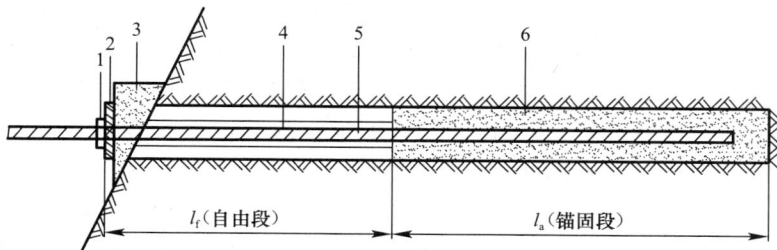

图 5-53　普通锚杆的构造
1—紧固装置；2—承压板；3—台座；4—套管；5—拉杆；6—锚固砂浆体

3. 锚杆各部分的作用

（1）外锚头

外锚头是构筑物与拉杆的连接部分。它的作用是将来自构筑物的作用力有效地传递给拉杆。通常拉杆是沿水平线向下倾斜方向设置的，其与作用在构筑物上的侧向岩土压力不在同一方向上，因此，为了能够牢固地将来自构筑物的外荷载传递给拉杆，一方面须保证外锚头构件本身的材料具有足够的强度，相互的构件能紧密地固定连接，另一方面又必须能将集中的外力分散开。为此，外锚头一般由台座、承压板和紧固装置等套件组成，在设计上，根据不同的锚固目的，外锚头应具有能够补偿张拉、松弛的功能。

（2）拉杆（索）

锚杆中的拉杆（索）一般要求位于锚杆装置的中心线上，其主要作用是将来自外锚头的拉力传递给内锚段的锚固砂浆体。由于拉杆通常要承受一定的荷载，应以它一般采用抗拉强度较高的钢材或预应力钢绞线等制成。

（3）内锚段

内锚段的锚固体处在锚杆尾部的稳定岩土层中，它的主要作用是将来自拉杆的作用力通过砂浆本与周围岩土层之间的摩阻抗力传递给稳固的地层。在锚固工程中，锚固体的可靠性直接决定着整个锚固工程的可靠程度，因此，内锚段锚固体的设计是否合理将是锚杆支护成败的关键。需要指出的是，评价内锚段的锚固效果时不能单纯从材料结合的破坏原理来判断，而更主要的是应该从锚固段的设计是否适应所在的地层来进行评价。

5.8.2　锚杆的分类与受力特点

若按锚杆锚固段的受力状态进行区分，可将现阶段使用的各类锚杆（索）大致划分为拉力型锚杆、压力型锚杆、拉力分散型锚杆、压力分散型锚杆、拉压分散型锚杆等几大类，其中拉力分散型、压力分散型和拉压分散型三种锚杆又可统称为荷载分散型锚杆，各种锚杆的构造如图 5-54 所示。

上述锚杆之间的主要区别在于荷载由钢筋或钢绞线传递给锚固段砂浆体的方式不同，现将这几种锚杆（索）的工作原理简要说明如下。

1. 拉力型锚杆

拉力型锚杆（图 5-54a）是现阶段岩土工程中普遍使用的锚杆形式，它通过钢筋与锚固段砂浆体间的粘结力来传递荷载，其锚固段的应力分布状态如图 5-55（a）所示。从图中可知，拉力型锚杆锚固段砂浆体与孔壁间的剪应力分布十分不均匀，锚固段前端存在严重的剪应力集中现象，从而易导致浆体拉裂、有效锚固段后移，整个锚固段长度范围内的岩土抗剪能力无法充分利用。因此，其承载能力与耐久性同其他锚杆锚固段长度范围内的岩土抗剪能力无法充分利用，其承载能力与耐久性同其他锚杆形式相比都显得不足。但由于其设计方法与施工技术相对成熟，故拉力型锚杆仍是现阶段工程中主要的锚杆使用形式。

2. 压力型锚杆

压力型锚杆（图 5-54b）的荷载传递途径和拉力型锚杆不同，它是通过无粘结的预应力钢绞线直接把拉力荷载传到设置在锚固段末端的承载体上，再由承载体将荷载传递给锚固段的砂浆体，使得锚固段砂浆体由传统的受拉应

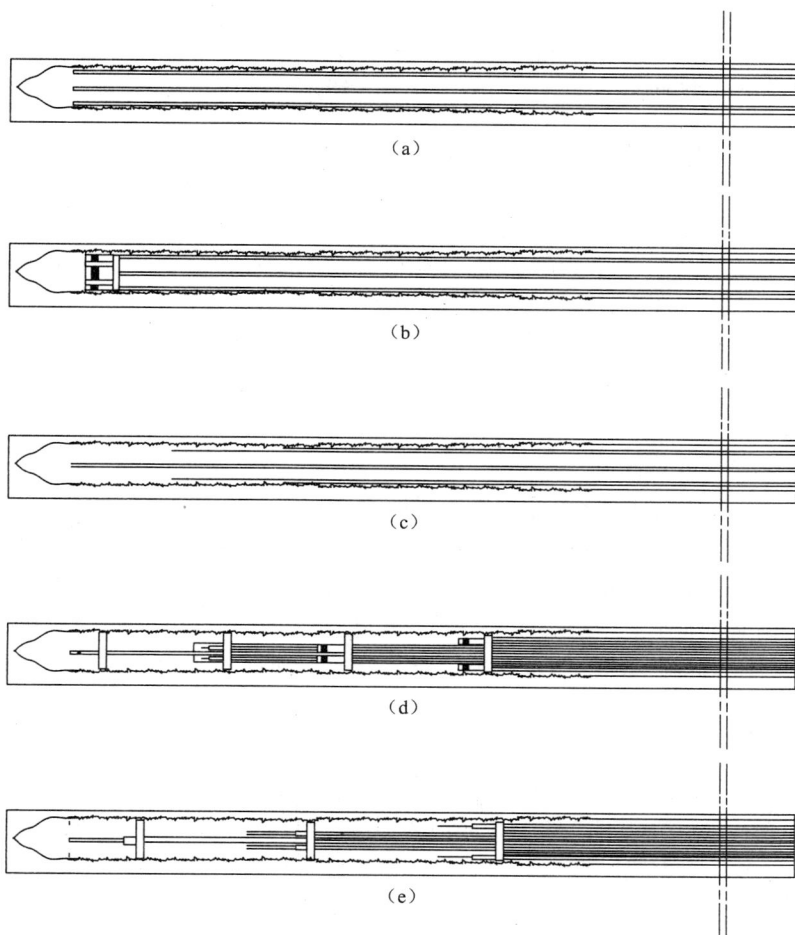

图 5-54 锚杆的分类

（a）拉力型锚杆；（b）压力型锚杆；（c）拉力分散型锚杆；（d）压力分散型锚杆；（e）拉压分散型锚杆

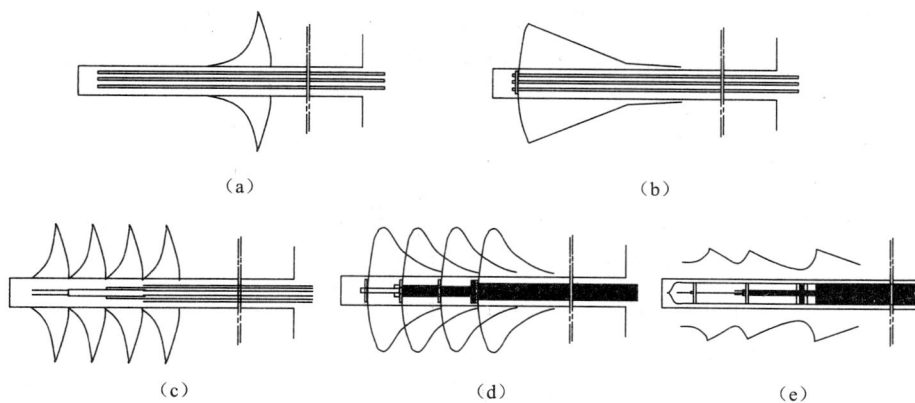

图 5-55　锚杆的应力状态分布固

（a）拉力型锚杆锚固段的应力状态；（b）压力型锚杆锚固段的应力状态；（c）拉力分散型锚杆锚固段的
应力状态；（d）压力分散型锚杆锚固段的应力状态；（e）拉压分散型锚杆锚固段的应力状态

力状态转变为受压，从而改善了锚杆的受力状态。压力型锚杆锚固段的应力分布状态如图 5-55（b）所示，虽然其应力状态比拉力型合理，承载能力也有大幅提高，但压力型锚杆仍然在其锚固段末端存在着应力集中现象。

3. 拉力分散型锚杆

拉力分散型锚杆（图 5-54c）一般采用无粘结的预应力钢绞线，其传递荷载机理是将处在内锚固段不同部位处的钢绞线按一定的顺序逐步剥除其表面的防护套管，使其变成有粘结段，从而将拉力荷载逐段分散地传递至锚固段砂浆体。拉力分散型锚杆锚固段的应力分布状态如图 5-55（c）所示，在荷载被分散传递的情况下，拉力分散型锚杆锚固段的应力分布相对更加均匀，但由于其锚固段中的拉应力状态没有改变，因此，拉力分散型锚杆的受力形式并非最佳的选择。

4. 压力分散型锚杆

压力分散型锚杆（图 5-54d）的传递荷载机理与压力型锚杆类似，不同之处在于压力分散型锚杆的锚固段内设置了多个承载体，使得预应力钢绞线传递来的拉力荷载能够分散地作用到各个承载体上，这样的受力形式既可以保证锚固段砂浆体处于压应力状态，又可以使得应力分布更加均匀，从而避免了应力集中，提高了锚杆的承载力。压力分散型锚杆的应力分布状态如图 5-55（d）所示。

5. 拉压分散型锚杆

拉压分散型锚杆（图 5-54e）是拉力分散型和压力分散型的"结合体"，它既逐段剥除无粘结钢绞线使之形成拉力锚固区段，又在相应的部位设置承载体使之形成压力锚固区段，从而达到充分利用整个内锚固段承载能力的目的。拉压分散型锚杆锚固段的应力分布状态如图 5-55（e）所示。

从以上分析介绍可知，几种新型锚杆都有着自身的传递荷载机理及相应的受力特点，能够在一定程度上弥补传统拉力型锚杆的不足。总体来说，受力机理相对最为合理的是压力分散型和拉压分散型这两种锚杆。但从工艺的角度考虑，压力分散型锚杆与拉压分散型锚杆相比，其施工操作性更强，因此，压力分散型锚杆具有更强的工程适应性，这已在大量的实际工程应用中得到了证实。

锚杆的分类方法较多，通常还可以按应用对象、按是否预先施加应力以及按锚固形态进行分类。

按应用对象可分为岩石锚杆（索）和土层锚杆（索）。岩石锚杆是指内锚段锚固于各类岩层中的锚杆，而自由段可以位于岩层或土层中。土层锚杆是指锚固于各类土层中的锚杆，其构造、设计、施工与岩石锚杆有共同点也有其特殊性。

按是否预先施加应力分为预应力锚杆（索）和非预应力锚杆（索）。非预应力锚杆是指锚杆锚固后不施加外力，锚杆处于被动受载状态。非预应力锚杆通常采用 HRB335、HRB400 级钢筋，锚头较简单，如板肋式锚杆挡墙、锚板护坡等结构中通常采用非预应力锚杆，锚头最简单的做法就是将锚筋做成直角弯钩并浇筑于面板或肋梁中。预应力锚杆是指锚杆锚固后施加一定的外力，使锚杆处于主动受载状态。预应力锚杆在锚固工程中占有重要地位。预应力锚杆的设计与施工比非预应力锚杆复杂，其锚筋一般采用精轧螺纹钢筋或钢绞线。

按锚固形态分为圆柱形锚杆、端部扩大头形锚杆（索）和连续球形锚杆（索）。圆柱形锚杆是国内外早期开发的一种锚杆形式，这种锚杆可以预先施加预应力而成为预应力锚杆，也可以是非预应力锚杆。锚杆的承载力主要依靠锚固体与周围岩土介质内的粘结摩阻强度提供，这种锚杆适用于各类岩石和较坚硬的土层，一般不在软弱黏土层中应用，因软黏土中的粘结摩阻强度较低，往往很难满足设计抗拔力的要求。端部扩大头形锚杆是为了提高锚杆的承载力而在锚固段最底端设置扩大头的锚杆，锚杆的承载力由锚固体与土体间的摩阻强度和扩大头处的端承强度共同提供，因此在相同的锚固长度和锚固地层条件下，端部扩大头形锚杆的承载力远比圆柱形锚杆大。这种锚杆较适用于新土等软弱土层以及比邻地界限制土锚长度不宜过长的土层和一般圆柱形锚杆无法满足要求的情况。端部扩大头形锚杆可采用爆破或叶片切刀削方法进行施工。连续球形锚杆是利用设于自由段与锚固段交接处的密封袋和带许多环团的套管，对锚固段进行二次或多次灌浆处理，使锚固段形成一连串球状体，从而提高锚固体与周围土体之间的锚固强度。这种锚杆一般适用于淤泥、淤泥质黏土等极软土层或对锚固力有较高要求的土层锚杆。

5.8.3 锚杆（索）在边坡防治中的应用

在边坡工程中，当潜在的滑体沿剪切滑动面的下滑力超过抗滑力时，将会出现沿剪切面的滑移和破坏。在坚硬的岩体中，剪切面多发生在断层、节理、裂隙等软弱结构面上。在土层中，砂性土的滑面多为平面，黏性土的滑面一般为圆弧状。有时也会出现沿上覆土层和下卧基岩间的界面滑动。为了保持边坡的稳定，一种办法是采用大量削坡直至达到稳定的边坡角；另一种办法是设置支挡结构。在许多情况下单纯采用削坡或挡墙往往是不经济的或难以实现的，这时可采用锚杆（索）加固边坡。边坡稳固工程主要有边坡加固（图 5-56a）、斜坡挡土（图 5-56b）、锚固挡墙（图 5-56c）和滑坡防治（图 5-56d）。

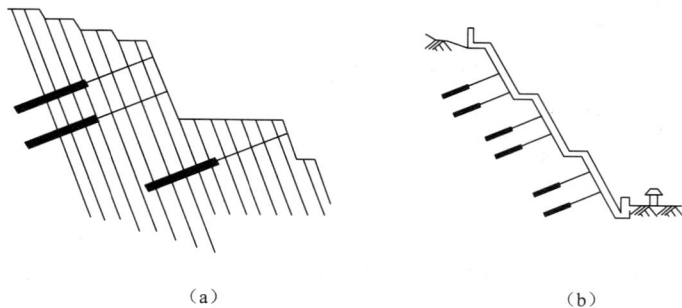

（a）　　　　　　　　　　　　　　　　（b）

图 5-56　锚杆技术在边坡稳定工程中的应用（一）

（a）边坡加固；（b）斜坡挡土

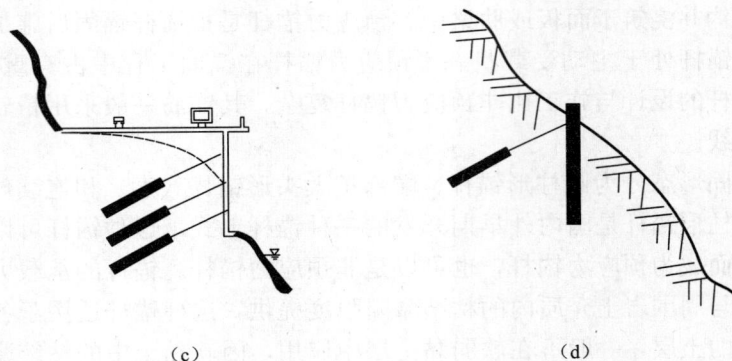

图 5-56　锚杆技术在边坡稳定工程中的应用（二）
(c) 锚固挡墙；(d) 滑坡防治

采用锚杆（索）加固边坡，能够提供足够的抗滑力，并能提高潜在滑移面上的抗剪强度，有效地阻止坡体位移，这是一般支挡结构所不具备的力学作用。

在岩体中，由于岩石产状及软硬程度存在严重差异，岩石边坡可能出现不同的失稳和破坏模式，如滑移、倾倒、转动破坏等。锚杆的安设部位、倾角为抵抗边坡失稳与破坏最有利的方向，一般锚杆轴线应当与岩石主结构面或潜在的滑移面呈大角度相交。

5.9　小结及学习指导

5.9.1　本章小结

本章在阐述边坡防治基本原则、边坡支护结构上的侧向岩土压力的基础上，主要讲述了边坡防护技术与加固措施的基本情况，特别是针对排水措施、加固措施（重力式挡墙、悬臂式挡墙、扶壁式挡墙、格构锚固、抗滑桩、加筋土挡墙、土钉墙等）进行了详尽的阐述。在每种工法的介绍中，详尽介绍了每种方法的设计、验算、施工等方法和要点，对全面掌握边坡的防护与加固技术提供了条件。

5.9.2　学习指导

在本章学习过程中，建议对不同的知识点采用不同的要求：

（1）掌握边坡防治的基本原则，并能融会贯通；

（2）对于边坡排水措施的基本原则、基本方法要仔细学习领会，排水措施的结构及设计要求一般掌握；

（3）重力式挡墙、悬臂式挡墙重点掌握，扶壁式挡墙一般了解；

（4）在格构锚固一节中，重点掌握预应力锚索格构的设计、计算方法；

（5）抗滑桩是最常用的措施之一，应重点掌握；

（6）余下内容应着重掌握基本概念、原理以及稳定性验算等内容。

习题

5-1 简述边坡工程的防治原则。

5-2 简述常见的防护加固技术。

5-3 简述排水系统的主要措施。

5-4 简述重力式挡墙的稳定性分析及计算方法。

5-5 简述扶壁式挡土墙的稳定性分析及计算方法。

5-6 简述抗滑桩的稳定性分析及计算方法。

5-7 简述加筋土挡墙稳定性分析及计算方法。

5-8 简述土钉墙的稳定性分析及计算方法。

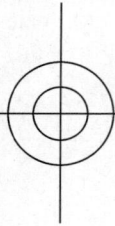

本章知识点

> 知识点：边坡工程设计的原则、基本要求，边坡的坡率坡形设计，
> 　　　　边坡的支护设计，滑坡、危岩和崩塌的防治工程设计。
> 重　点：边坡的坡率坡形设计，边坡的支护设计。
> 难　点：边坡支护侧向岩土压力计算方法，边坡锚杆（索）设计
> 　　　　计算方法。

6.1　边坡工程设计概述

边坡设计开始之前，除了应掌握有关整个边坡的资料，包括工程地质、水文条件、地震烈度及国家颁布的有关设计规范外，应注意相关工程资料的搜集和分析，如公路边坡设计中应搜集路线平、纵、横断面设计资料及路基设计表，水工边坡中应搜集大坝、船闸等相关工程的有关资料。此外，还应重视岩土调查试验资料，当地同类边坡工程的经验资料的搜集与分析。

（1）工程地质勘察报告

这是对边坡进行稳定性分析与评价的主要资料，它包括边坡的地层结构，各地层的产状、构造、岩层的完整及破碎程度、风化程度等，覆盖层厚度及变化情况，可能破裂面（或滑动面）的位置、形态及潜在变化，地形变化及地貌特征等。

（2）水文条件

边坡设计时，应掌握边坡地段处地表水及地下水的情况，包括雨期及枯水季节的地下水位情况，设计标准年限内的最大降雨量等资料。

（3）地震资料

边坡设计时，应查阅国家地震烈度区划图，当地震烈度低于6度时，可不考虑地震荷载。当地震烈度达到6度以上（含6度）时，应计算地震荷载的影响。

（4）岩土调查试验报告

在进行边坡设计时，应掌握边坡岩土体的类别及物理、力学性质，它是在进行工程地质勘测时通过调查、钻（挖）孔采集各土层（地层）的原状土（岩）样，并以室内或原位试验方法取得的。各层岩土的物理力学性质指标有

天然含水量、天然重度、饱和重度、抗剪强度指标、渗透系数、岩石天然状态及饱和状态下的单轴（无侧限）抗压强度以及试样柱状图等。

（5）相关工程资料

边坡工程的设计应与相关工程相适应，尽量不影响相关工程的使用功能，因此，在设计前应搜集相关工程的总体平面布置图、纵断面及横断面设计图，对于公路边坡工程，还应搜集路基设计表。

（6）同类边坡工程的经验资料

边坡设计时，在对当地的地质条件及降雨情况缺乏把握的情况下，对当地同类边坡工程的经验资料，包括边坡断面设计形状、坡比、台阶高度、台阶宽度、防护结构形式等进行深入细致的分析研究显得尤为重要。

（7）边坡工程环境资料

边坡工程设计应考虑边坡工程对周边环境的影响，以保护与美化环境，因此在边坡设计前必须搜集与边坡工程有关的环境资料。

6.1.1 边坡工程设计原则

不同的技术规范对边坡工程的设计要求有所差别，在实际设计和工程实践中，边坡设计应根据工程实际情况，选择相应的设计规范进行设计。《建筑边坡工程技术规范》GB 50330—2013 对边坡工程设计原则的有关要求如下：

1. 边坡工程可分为下列两类极限状态：

（1）承载能力极限状态：对应于支护结构达到承载力破坏、锚固系统失效或坡体失稳。

（2）正常使用极限状态：对应于支护结构和边坡的变形达到结构本身或邻近建（构）筑物的正常使用限值或影响耐久性能。

2. 边坡工程设计采用的荷载效应最不利组合应符合下列规定：

（1）按地基承载力确定支护结构立柱（肋柱或桩）和挡墙的基础底面积及其埋深时，荷载效应组合应采用正常使用极限状态的标准组合，相应的抗力应采用地基承载力特征值。

（2）边坡与支护结构的稳定性和锚杆锚固体与地层的锚固长度计算时，荷载效应组合应采用承载能力极限状态的基本组合，但其荷载分项系数均取1.0，组合系数按现行国家标准的规定采用。

（3）在确定锚杆、支护结构立柱、挡板、挡墙截面尺寸、内力及配筋时，荷载效应组合应采用承载能力极限状态的基本组合，并采用现行国家标准规定的荷载分项系数和组合值系数。支护结构的重要性系数，按有关规范的规定采用，对安全等级为一级的边坡取1.1，二、三级边坡取1.0。

（4）计算锚杆变形和支护结构水平位移与垂直位移时，荷载效应组合应采用正常使用极限状态的准永久组合，不计入风荷载和地震作用。

（5）在支护结构抗裂计算时，荷载效应组合应采用正常使用极限状态的标准组合，并考虑长期作用影响。

（6）抗震设计的荷载组合和临时性边坡的荷载组合应按现行有关标准

执行。

3. 永久性边坡的设计使用年限应不低于受其影响相邻建筑的使用年限。

4. 边坡工程应按下列原则考虑地震作用的影响：

（1）边坡工程的抗震设防烈度可采用地震基本烈度，且不应低于边坡破坏影响区内建筑物的设防烈度。

（2）对抗震设防的边坡工程，其地震效应计算应按现行有关标准执行，岩石基坑工程可不作抗震计算。

（3）对支护结构和锚杆外锚头等，应采取相应的抗震构造措施。

5. 边坡工程的设计应包括支护结构的选型、计算和构造，并对施工、监测及质量验收提出要求。边坡支护结构设计时应进行下列计算和验算：

（1）支护结构的强度计算：立住、面板、挡墙及其基础的抗压、抗弯、抗剪及局部抗压承载力以及锚杆杆体的抗拉承载力等均应满足现行相应标准的要求。

（2）锚杆锚固体的抗拔承载力和立柱与挡墙基础的地基承载力计算。

（3）支护结构整体或局部稳定性验算。

（4）对变形有较高要求的边坡工程可结合当地经验进行变形验算，同时应采取有效的综合措施保证边坡和邻近建（构）筑物的变形满足要求。

（5）地下水控制计算和验算。

（6）对施工期可能出现的不利工况进行验算。

6.1.2　边坡工程设计基本要求

1. 边坡工程设计时应取得下列资料：

（1）工程用地红线图，建筑平面布置总图以及相邻建筑物的平、立、剖面和基础图等。

（2）场地和边坡的工程地质和水文地质勘察资料。

（3）边坡环境资料。

（4）施工技术、设备性能、施工经验和施工条件等资料。

（5）条件类同边坡工程的经验。

2. 一级边坡工程应采用动态设计法。应提出对施工方案的特殊要求和监测要求，应掌握施工现场的地质状况、施工情况和变形、应力监测的反馈信息，必要时对原设计作校核、修改和补充。二级边坡工程宜采用动态设计法。

3. 规模大、破坏后果很严重、难以处理的滑坡、危岩、泥石流及断层破碎带地区，不应修筑建筑边坡。

4. 山区工程建设时宜根据地质、地形条件及工程要求，因地制宜设置边坡，避免形成深挖高填的边坡工程。对稳定性较差且坡高较大的边坡宜采用后仰放坡或分阶放坡。分阶放坡时水平台阶应有足够宽度，否则应考虑上阶边坡对下阶边坡的荷载影响。

5. 当边坡坡体内洞室密集而对边坡产生不利影响时，应根据洞室大小、深度及与边坡的关系等因素采取相应的加强措施。

6. 边坡工程的平面布置和立面设计应考虑对周边环境的影响，做到美化环境，体现生态保护要求。边坡坡面和坡脚应采取有效的保护措施，坡顶应设护栏。

7. 下列边坡工程的设计及施工应进行专门论证：

（1）超过《建筑边坡工程技术规范》GB 50330—2013 适用范围的建筑边坡工程。

（2）地质和环境条件很复杂、稳定性极差的边坡工程。

（3）边坡邻近有重要建（构）筑物、地质条件复杂、破坏后果很严重的边坡工程。

（4）已发生过严重事故的边坡工程。

（5）采用新结构、新技术的一、二级边坡工程。

8. 在边坡的施工期和使用期，应控制不利于边坡稳定的因素产生和发展。不应随意开挖坡脚，防止坡顶超载。应避免地表水及地下水大量渗入坡体，并应对有利于边坡稳定的相关环境进行有效保护。

6.1.3 边坡支护结构形式

边坡支护结构形式可根据场地地质和环境条件、边坡高度以及边坡工程安全等级等因素，参照表 6-1 选定。边坡工程处治常用的主要措施如下：

边坡支护结构常用形式 表 6-1

条件 结构类型	边坡环境	边坡高度 H（m）	边坡工程安全等级	说明
重力式挡墙	场地允许，坡顶无重要建（构）筑物	土坡，$H \leq 8$ 岩坡，$H \leq 10$	一、二、三级	土方开挖后边坡稳定较差时不应采用
扶壁式挡墙	填方区	土坡，$H \leq 10$	一、二、三级	地质边坡
悬臂式支炉		土坡，$H \leq 8$ 岩坡，$H \leq 10$	一、二、三级	土坡较差，或对挡墙变形要求较高时，不宜采用
板肋式或结构式锚杆挡墙支炉		土坡，$H \leq 15$ 岩坡，$H \leq 30$	一、二、三级	坡高较大或稳定性较差时宜采用逆作法施工，对挡墙变形有较高要求的土质质边坡，宜采用预应力锚杆
排桩式锚杆挡墙支炉	坡顶建（构）筑物需要保护，场地狭窄	土坡，$H \leq 15$ 岩坡，$H \leq 30$	一、二级	严格按逆作法施工，对挡墙变形有较高要求的土质边坡，应采用预应力锚杆
岩石锚喷支护		Ⅰ类岩坡 $H \leq 30$	一、二、三级	
		Ⅱ类岩坡 $H \leq 30$	二、三级	
		Ⅲ类岩坡 $H \leq 15$	二、三级	
坡率法	坡顶无重要建（构）筑物，场地有放坡条件	土坡，$H \leq 10$ 岩坡，$H \leq 25$	二、三级	不良地质段，地下水发育区，流塑状土时不应采用

1. 放缓边坡

放缓边坡是边坡处治的常用措施之一，通常为首选措施。它的优点是施工简便、经济、安全可靠。边坡失稳破坏通常是由于边坡过高、坡度太陡所致。通过削坡，削掉一部分边坡不稳定的岩土体，使边坡坡度放缓，稳定性提高。

2. 支挡

支挡是边坡处治的基本措施。对于不稳定的边坡岩土体，使用支挡结构对其进行支挡，是一种较为可靠的处治手段。它的优点是可以从根本上解决边坡的稳定性问题，达到根治的目的。

3. 加固

（1）注浆加固

当边坡坡体较破碎、节理裂隙较发育时，可采用压力注浆手段，对边坡坡体进行加固。灌浆液在压力的作用下，通过钻孔壁周围切割的节理裂隙向四周渗透，对破碎边坡岩土体起到胶结作用，形成整体。此外，砂浆柱对破碎边坡岩土体起到螺栓连接作用，达到提高坡体整体性及稳定性的目的。注浆加固可对边坡进行深层加固。

（2）锚杆加固

当边坡坡体破碎或边坡地层软弱时，可打入一定数量的锚杆，对边坡进行加固。锚杆加固边坡的机理相当于螺栓的作用。锚杆加固为一种中浅层加固手段。

（3）土钉加固

对于软质岩石边坡或土质边坡，可向坡体内打土钉，对边坡起到加固作用。土钉加固边坡的机理类似于群锚的作用，与锚杆相比，土钉加固具有"短"而"密"的特点，是一种浅层边坡加固技术，两者在设计计算理论上有所不同，但在施工工艺上是相似的。

（4）预应力锚索加固

当边坡较高、坡体可能的潜在破裂面位置较深时，预应力锚索不失为一种较好的深层加固手段。目前，在高边坡的加固工程中，正逐渐发展成为一种趋势，被越来越多的人接受。

4. 防护

边坡防护包括植物防护和工程防护。

（1）植物防护

植物防护是在坡面上栽种树木、植被、草皮等植物，通过植物根系发育，起到固土、防止水土流失的一种防护措施。这种防护措施一般适用于边坡不高、坡角不大的稳定边坡。

（2）工程防护

当边坡坡度较陡、坡面土体松散、自稳性差时，可采用砌体封闭防护措施。砌体封闭防护包括浆砌片石、浆砌块石、浆砌条石、浆砌预制块、浆砌混凝土空心砖等。

对于稳定性较好的岩质边坡，可在其表面喷射一层素混凝土，防止岩石继续风化、剥落，达到稳定边坡的目的。这是一种表层防护处治措施。

对于软质岩石边坡或石质坚硬但稳定性较差的岩质边坡，可采用挂网锚喷防护。挂网锚喷是在边坡坡面上铺设钢筋网或土工塑料网等，向坡体内打入锚杆（或锚钉）将网勾牢，向网上喷射一定厚度的素混凝土，对边坡进行封闭防护。

5. 排水

（1）截水沟

为防止边坡以外的水流进入坡体，对坡面进行冲刷，影响边坡稳定性，通常在边坡外缘设置截水沟，以拦截坡外水流。

（2）坡内排水沟

除在边坡外缘设置截水沟外，在边坡坡体内应设置必要的排水沟，使大气降雨能尽快排出坡体，避免对边坡稳定产生不利影响。

6.2 边坡坡率坡形设计

6.2.1 概述

在边坡设计中，如果通过控制边坡的高度和坡度而无须对边坡进行整体加固就能使边坡达到自身稳定的边坡设计方法，通常称之为坡率法。坡率法是通过控制边坡的高度和坡度，使边坡对所有可能的潜在滑动面的下滑力和阻滑力处于安全的平衡状态。一般的简单岩土边坡（非滑坡），如果不受场地限制，总可以满足边坡稳定的要求，在公路边坡处理中被大量采用，工程中又称为削坡（或刷坡），如图 6-1 所示。

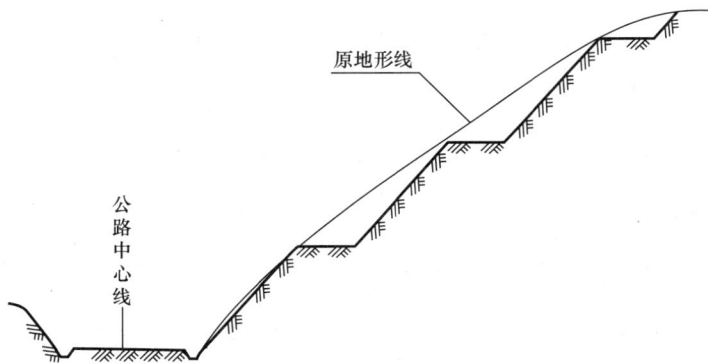

图 6-1 分级削坡

坡率法是一种比较经济、施工方便的人工边坡的处理方法，在公路路堑边坡、填方路堤边坡中广泛使用，适用于岩层、塑性黏土和良好的砂性土中，并要求地下水位较低，放坡开挖时有足够的场地。坡率法可分别与砂袋堆码、销钉边坡、铅板支护等方法联合应用，形成组合边坡。例如当不具备全高放坡时，上段可采用坡率法，下段可采用土钉墙、喷锚、挡土墙等方法以稳定边坡。

坡率法设计边坡主要是在保证边坡稳定的条件下确定边坡的形状和坡度。其设计内容包括确定边坡的形状、确定边坡的坡度、设计坡面防护和边坡稳定性验算。但在进行设计之前必须查明边坡的工程地质条件，包括边坡岩土性质、各种软弱结构面的产状、地质构造、岩土风化或密实程度、地下水、地表水、当地地质条件相似的自然极限山坡或人工边坡。

边坡的形式一般可以分为四种：直线形（图 6-2a）、上陡下缓折线形（图 6-2b）、上缓下陡折线形（图 6-2c）和台阶形（图 6-2d）。直线形边坡一般适用于均质或薄层互层且高度较小的边坡；如果边坡较高或由多层土组成而上部岩土层的稳定性较下部好时，可采用上陡下缓的折线形边坡；若上部为覆盖层或稳定性较下部岩土层差时，宜采用上缓下陡的折线形边坡；当边坡由多层土组成或边坡高度很大时，可在边坡中部或岩土层界面处设置不小于 1.0m 宽的平台，形成台阶式边坡。台阶形边坡稳定性较好，但相应的土石方量较大。

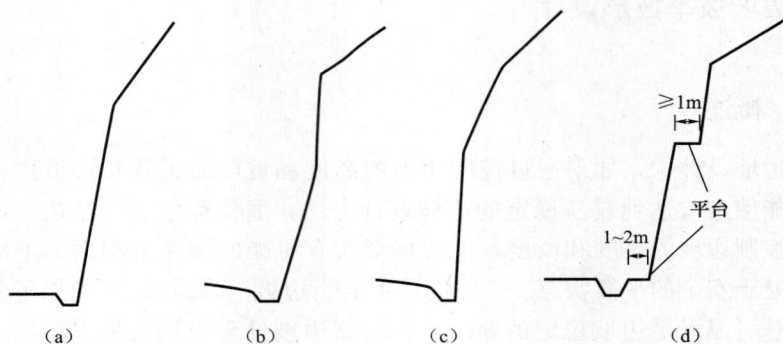

≥1m

平台

1~2m

（a）　　　　（b）　　　　（c）　　　　（d）

图 6-2　边坡形式

边坡坡度可以根据岩石性质、工程地质和水文地质条件、施工方法、边坡的高度等因素，对照当地自然极限边坡或人工边坡的坡度确定；对于土质均匀的边坡，可采用力学检验法或稳定性验算法进行确定。边坡的防护主要是针对容易风化剥落或破碎程度较为严重的坡面，应当考虑坡面的防护措施，以防止各种自然应力对边坡的破坏作用，以保证边被的稳定性。设计中应注意边坡的防护与边坡环境美化相结合。边坡水系应因势利导保持畅通，稳定边坡应采取保护措施，防止土体流矢、岩层风化及环境恶化造成边坡稳定性降低。对于土质边坡或易软化的岩质边坡，坡顶应做成向外倾斜的不渗水地面，坡底应做不漏水的排水沟和集水井，以便及时排除积水。受外倾软弱结构面影响，稳定性较差的岩块应加锚杆处理，永久性边坡坡面应采用锚喷、锚钉等构造措施。

《建筑边坡工程技术规范》GB 50330—2013 对坡率法边坡设计的一般规定进行了说明：

1. 当工程条件许可时，应优先采用坡率法。

2. 下列边坡不应采用坡率法：

（1）放坡开挖对拟建或相邻建（构）筑物有不利影响的边坡；

（2）地下水发育的边坡；

（3）稳定性差的边坡。

3. 坡率法可与锚杆（索）或锚喷支护等联合应用。

4. 采用坡率法时应进行边坡环境整治，因势利导保持水系畅通。

5. 高度较大的边坡应分级开挖放坡。分级放坡时应验算边坡整体和各级的稳定性。

6.2.2　填方边坡

在道路与铁路工程中，填方路基非常普遍。全填方路堤边坡的几种常用断面形式如图 6-3 所示。陡坡地段的半填半挖路基边坡的几种常用断面形式如图 6-4 所示。

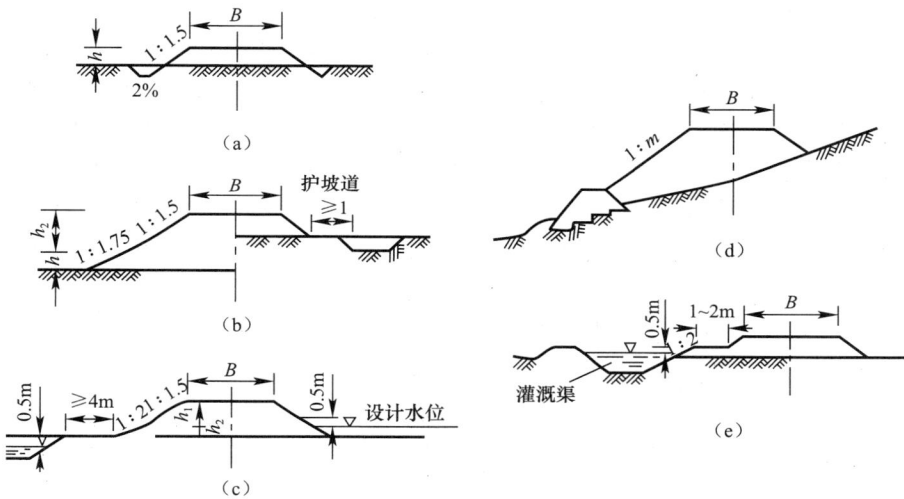

图 6-3　全填方路堤边坡的几种常用横断面形式

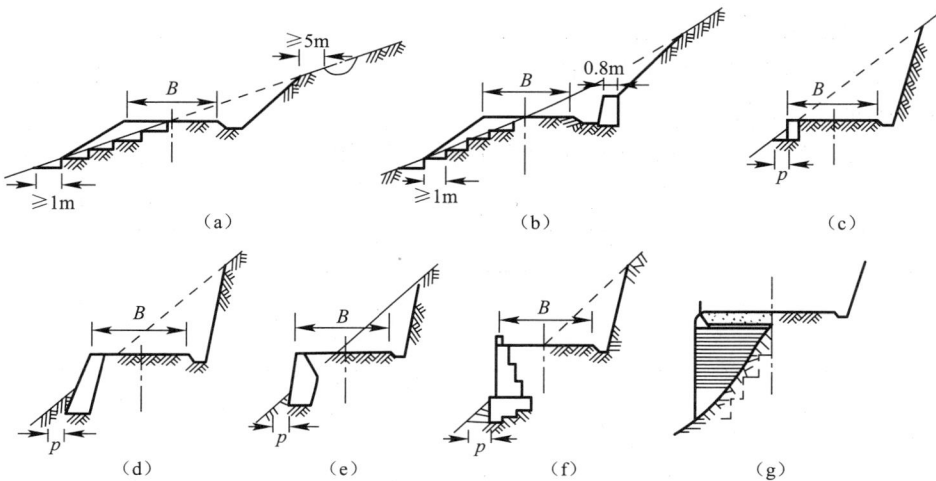

图 6-4　半填半挖路基边坡的几种常用横断面形式

　　填方路堤边坡形式和坡率应根据填料的物理力学性质、边坡高度和工程地质条件确定。根据所用填料类型的不同，又可分为土质和石质两种填方边坡。当地质条件良好，边坡高度不大于 20m 时，其边坡坡率可以按照表 6-2 进行确定。

填方路堤边坡坡率　　　　　　　　表 6-2

填料类别	边坡坡率	
	上部高度（$H \leqslant 8m$）	下部高度（$H \leqslant 12m$）
细粒土	1：1.5	1：1.75
粗粒土	1：1.5	1：1.75
巨粒土	1：1.3	1：1.5

　　对边坡高度超过 20m 的路堤，边坡形式宜采用阶梯形，边坡坡率应按照相关规范由稳定性分析计算确定，并应进行个别设计。

　　对于浸水填方边坡，设计水位以下部分视填料情况，边坡坡度采用 1：1.75～1：2，在常水位以下部分可采用 1：2～1：3，并视水流情况采取加固措施。

　　当沿线含大量天然石料或开挖坡体所得的废石方时，可以用来填筑边坡。填石边坡应由不易风化的较大（大于 25cm）石块砌筑，边坡坡度一般可用 1：1。但当采用易风化的岩石填筑边坡时，边坡坡度应按风化后的土质边坡设计。如风化成黏土或砂，则分别按黏性土或砂的边坡要求进行设计。

　　当填筑体全部用 25cm 左右的不易风化石块砌筑，且边坡采用码砌方式修筑，其边坡坡度应根据具体情况决定，可参考表 6-3 采用。

填石路堤边坡坡率　　　　　　　　表 6-3

填石料种类	边坡坡度	
	上部高度（$H \leqslant 8m$）	下部高度（$H \leqslant 12m$）
硬质岩石	1：1.1	1：1.3
中硬岩石	1：1.3	1：1.5
软质岩石	1：1.5	1：1.75

　　陡坡上的路基填方可采用砌石护坡路基，砌石应用当地不易风化的开山片石砌筑。砌石顶宽一律采用 0.8m，基底以 1：5 的坡率向路基内侧倾斜，砌石高度一般为 2～15m，墙的内外坡度依砌石高度，按表 6-4 选定。

砌石边坡坡率　　　　　　　　表 6-4

序号	砌石高度（m）	内坡坡率	外坡坡率
1	$\leqslant 5$	1：0.3	1：0.5
2	$\leqslant 10$	1：0.5	1：0.67
3	$\leqslant 15$	1：0.6	1：0.75

6.2.3　挖方边坡

　　挖方边坡包括建筑挖方边坡和道路路堑边坡。挖方边坡其边坡坡度和边坡的高度、坡体土石性质、地质构造特征、岩石的风化和破碎程度、地面水和地下水等因素有关。挖方边坡的几种常用横断面形式如图 6-2 所示。

《建筑边坡工程技术规范》GB 50330—2013 规定，对于岩质挖方边坡，在坡体整体稳定的条件下，要选择合理的允许坡率，应根据岩性、地质构造、岩石风化破碎程度、边坡高度、地下水及地面水等因数，结合实际经验按照工程类比的原则，并参考该地区已有的稳定边坡的坡率综合分析确定。当无外倾结构面时，可参考表 6-5 进行确定。

岩质边坡坡率值　　　　　　　　　　　　表 6-5

边坡岩体类型	风化程度	坡率允许值（高宽比）		
		$H<8$	$8m≤H<15$	$15m≤H<25$
Ⅰ类	微风化	1：0.00～1：0.10	1：0.10～1：0.15	1：0.15～1：0.25
	中等风化	1：0.10～1：0.15	1：0.15～1：0.25	1：0.25～1：0.35
Ⅱ类	微风化	1：0.15	1：0.15～1：0.25	1：0.25～1：0.35
	中等风化	1：0.15～1：0.25	1：0.25～1：0.35	1：0.35～1：0.50
Ⅲ类	微风化	1：0.25～1：0.35	1：0.35～1：0.50	
	中等风化	1：0.35～1：0.50	1：0.50～1：0.75	
Ⅳ类	中等风化	1：0.50～1：0.75	1：0.75～1：1.00	
	强风化	1：0.75～1：1.0		

若边坡所在地层具有明显的倾斜结构面（如层面、节理面、断层面和其他软弱面），且倾向边坡外侧，则此结构面的倾斜坡度及其面上的黏聚力和摩擦力的大小将影响边坡的稳定性。此时应通过稳定性计算来确定边坡的坡率，必要时应采取其他相应的加固措施。根据调查统计资料表明，当滑动面为如下几种情况时，边坡仅在重力作用下，软弱面的倾角大于其摩擦角而小于边坡角时是最危险的软弱面：

（1）黏土岩、黏土页岩、泥质灰岩、泥质板岩等泥化层面时，滑动倾角为 9°～12°；

（2）砂岩层面或砾岩层面时，滑动倾角大于 30°～35°；

（3）无泥质充填物的结构面时，滑动倾角为 30°～75°（大多变化于 35°～60°范围）。

在进行稳定性计算对如没有试验数据，可参考表 6-6 及表 6-7 中的数值。

各种软弱面的抗剪强度有关参数　　　　　　　表 6-6

软弱面类型	摩擦角	摩擦系数	单位黏聚力 c（kPa）
各种泥化的软弱面、滑石片岩片理面、云母片岩片理面等	9°～20°	0.16～0.36	0～50
黏土岩层面、泥灰岩层面、凝灰岩层面、夹泥断层、页岩层面、炭质夹层、千枚岩片理面、绿泥石片岩片理面等	20°～30°	0.36～0.53	50～100
砂岩层面、石灰岩层面、部分页岩层面、构造节理等	30°～40°	0.58～0.84	50～100 有时至 400
各种坚硬岩体的构造节理、砾岩层面、部分砂岩层面、部分石灰层面等	40°～43.5° 有时至 49°	0.84～0.95 有时至 1.15	80～220 有时至 500

软弱夹层的抗剪强度参数 表 6-7

软弱夹层性质	f	c (kPa)	软弱夹层性质	f	c (kPa)
含阳起石的构造挤压破碎带	0.48	27	节理中充填30%的黏土	1.0	100
黏土页岩夹层	0.40	15	节理中充填40%的黏土	0.51	0
断层破裂带	0.35	0	碎石充填的节理	0.4～0.5	100～300
膨润土薄层充填的页岩状石灰岩	0.13	15	有黏土覆盖的节理	0.2～0.3	0～100
膨润土薄层	0.21～0.30	93～119	含角砾的泥岩	0.42	10

对于土质挖方边坡，在确定坡率时应根据边坡的高度、土的湿度、密实程度、地下水、地面水的情况、土的成因类型及生成时代等因数，并参考同类土的稳定坡率进行确定。

《建筑边坡工程技术规范》GB 50330—2013 规定，当无经验，且土质均匀良好、地下水贫乏、无不良地质现象和地质环境条件简单时，可参考表 6-8 进行设计。但如果边坡高度大于 8m 或土层中地下水发育且不易排除或土层为软质土或有堆积荷载时，应通过边坡稳定计算来确定土坡率。

土质边坡坡率值 表 6-8

边坡土体类别	状态	坡率允许值（高宽比）	
		坡高小于 5m	坡高 5～10m
碎石土	密实 中密 稍密	1：0.35～1：0.50 1：0.50～1：0.75 1：0.75～1：1.00	1：0.50～1：0.75 1：0.75～1：1.00 1：1.00～1：1.25
黏性土	坚硬 硬塑	1：0.75～1：1.00 1：1.00～1：1.25	1：1.00～1：1.25 1：1.25～1：1.50

下列边坡的坡率允许值应通过稳定性分析计算确定：

（1）有外倾软弱结构面的岩质边坡；

（2）土质较软的边坡；

（3）坡顶边缘附近有较大荷载的边坡；

（4）坡高超过表 6-5 和表 6-8 范围的边坡。

土质边坡稳定性计算应考虑拟建建（构）筑物和边坡整治对地下水运动等水文地质条件的影响，以及由此而引起的对边坡稳定性的影响。

6.2.4 构造设计

《建筑边坡工程技术规范》GB 50330—2013 对坡率法的构造设计进行了说明：

（1）边坡的整个高度可按同一坡率进行放坡，也可根据边坡岩土的变化情况按不同的坡率放坡。

（2）设置在斜坡上的人工压实填土边坡应验算稳定性。分层填筑前应将斜坡的坡面修成若干台阶，使压实填土与斜坡面紧密接触。

（3）边坡坡顶、坡面、坡脚和水平台阶应设排水系统，在坡顶外围应设截水沟。

（4）当边坡表层有积水湿地、地下水渗出或地下水露头时，应根据实际情况设置外倾排水孔、盲沟排水、钻孔排水，以及在上游沿垂直地下水流向设置地下排水廊道以拦截地下水等导排措施。

（5）对局部不稳定块体应清除，也可用锚杆或其他有效措施加固。

（6）永久性边坡宜采用锚喷、浆砌片石或格构等构造措施护面。在条件许可时，宜尽量采用格构或其他有利于生态环境保护和美化的护面措施。临时性边坡可采用水泥砂浆护面。

（7）边坡坡率法施工开挖应自上而下有序进行，并应保持两侧边坡的稳定，保证弃土、弃渣不导致边坡附加变形或破坏现象发生。

（8）边坡工程在雨期施工时应做好水的排导和防护工作。

6.3 边坡支护设计

6.3.1 总则

边坡工程支护设计要求边坡及其支护结构在规定的时间内，在规定的条件下，具有保持自身整体稳定的能力，边坡支护设计需要满足以下要求：

（1）安全性。边坡及其支护结构在正常施工和正常使用时能承受可能出现的各种荷载作用，以及在偶然时间发生时及发生后应能保持必需的整体稳定性。

（2）适用性。边坡及其支护结构在正常使用时能满足预定的使用要求，如作为建筑物环境的边坡能保证主题建筑物的正常使用。

（3）耐久性。边坡及其支护结构在正常维护下，随着时间的变化，仍能保持自身整体稳定，同时不会因边坡的变形面引起主体建筑物的正常使用。

为了对边坡及其支护结构的可靠性进行定量描述，可采用边坡工程的可靠度的概念。它是指边坡及其支护结构在规定的时间内，在规定的条件下，保持自身整体稳定的概率。显然它是边坡及其支护结构可靠性的一种概率度量。鉴于边坡稳定性涉及岩土介质多种不确定性因素的影响，边坡可靠度的研究难度远较结构可靠度大，因此，目前在边坡工程设计中主要是应用较成熟的支护结构可靠理论，在保证边坡稳定性的前提条件下对支护结构采用极限状态设计原则。

在边坡稳定性分析与推力计算中涉及的主要荷载有：边坡岩土体自重，边坡上的各种建筑物产生的附加荷载，地下水产生的诸如静水压力、渗透压力等荷载，以及地震荷载；在边坡支挡结构设计中涉及的荷载，根据结构设计原理有永久荷载、可变荷载和偶然荷载。各种荷载的取值应根据不同极限状态的设计要求取不同的代表值，永久荷载一般以其标准值作为代表值，可变荷载一般以其标准值、组合值、准永久值作为代表值。

各种荷载的标准值是根据边坡处治结构按照极限状态设计时采用的荷载基本代表值，它可以统一由设计基准期最大荷载概率分布的某一分位数确定。可变荷载的准永久值是按照正常使用极限状态长期效应组合设计时采用的荷载代表值，准永久值主要依据荷载出现的累计持续时间而定，即按照设计基准期内荷载超过该值的总持续时间与整个设计基准期的比值确定。可变荷载的组合值是当结构承受两种或两种以上的可变荷载时，按承载能力极限状态的基本组合及正常使用极限状态短期组合设计时采用的荷载代表值。

6.3.2　边坡支护结构侧向岩土压力计算

1. 侧向岩土压力类型

根据边坡支护结构的位移方向和位移量以及支护结构背面岩土体所处的应力状态，边坡支护结构侧向岩土压力分为主动岩土压力、静止岩土压力和被动岩土压力。当支护结构的变形不满足静止岩土压力、主动岩土压力或被动岩土压力产生条件时，应对侧向岩土压力进行修正。侧向总岩土压力可采用总岩土压力公式直接计算或按岩土压力公式求和计算，侧向岩土压力和分布应根据支护类型确定。

2. 侧向岩石压力

静止岩石压力合力标准值按照下式计算：

$$E_{ak} = \frac{1}{2}\gamma H^2 K_a \tag{6-1}$$

$$K_a = \frac{\nu}{1-\nu} \tag{6-2}$$

式中　ν——泊松比，由试验确定。

式（6-2）作为岩体地层中提供的由岩体自重引起的侧向静止压力系数是可行的，在数值计算中常被应用，但作为岩体开挖后作用在侧墙上的静止岩石的压力系数明显偏大，所以实用中要将式（6-2）乘以折减系数。

对无外倾结构面的边坡，一般发生由岩体强度控制的破坏，主动岩石压力按主动土压力公式计算。

当边坡有外倾结构面时，结构面既可能发生由岩体强度控制的破坏，也可能沿外倾结构面滑动，确定主动岩石压力应同时进行这两方面的计算，取两种结果的较大值，破裂角取外倾结构面的倾角和 $45°+\varphi/2$ 两者中的较大者。

对沿外倾结构面滑动的边坡，其主动岩石压力合力标准值可按下式计算：

$$E_{ak} = \frac{1}{2}\gamma H^2 K_a \tag{6-3}$$

$$K_a = |\frac{\sin(\alpha+\beta)}{\sin^2\alpha\sin(\alpha-\sigma+\theta-\varphi_s)\sin(\theta+\beta)}|$$

$$\times [K_q\sin(\alpha+\theta)\sin(\theta-\varphi_s) - \eta\sin\alpha\cos\varphi_s] \tag{6-4}$$

$$\eta = \frac{2c_s}{rH} \tag{6-5}$$

式中 θ——外倾结构面倾角（°）；

c_s——外倾结构面黏聚力（MPa）；

φ_s——外倾结构面内摩擦角（°）；

K_q——系数，按式（6-5）计算。

当有多组外倾结构面时，侧向岩压力应计算每组结构面的主动岩石压力并取其大值。对沿缓倾的外倾软弱结构面滑动的边坡（图6-5），主动岩石压力合力标准值可按下式计算：

$$E_{ak} = G\tan(\theta - \varphi_s) - \frac{c_s L \cos\varphi_s}{\cos(\theta - \varphi_s)} \quad (6-6)$$

式中 G——四边形滑裂体自重（kN/m）；

L——滑裂面长度（m）；

θ——外倾结构面倾角（°）；

c_s——外倾结构面黏聚力（MPa）；

φ_s——外倾结构面内摩擦角（°）。

3. 侧向岩石压力和破裂角计算规定

（1）对无外倾结构面的岩质边坡，以岩体等效内摩擦角按侧向土压力方法计算侧向岩压力；破裂角按 $45° + \varphi/2$ 确定，Ⅰ类岩体边坡可取 $75°$ 左右；

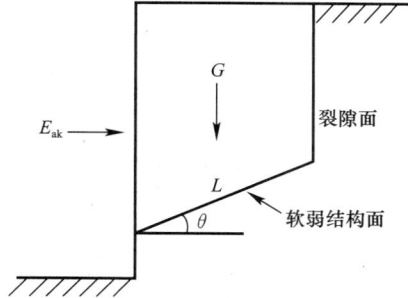

图 6-5　岩质边坡四边形
滑裂时侧向压力计算

（2）当有外倾硬性结构面时，侧向岩压力应分别以外倾硬性结构面的参数按式（6-3）计算和以岩体等效内摩擦角按侧向土压力方法计算，取两种结果的较大值；除Ⅰ类边坡岩体外，破裂角取外倾结构面倾角和 $45° + \varphi/2$ 两者中的较小值；

（3）当边坡沿外倾软弱结构面破坏时，侧向岩石压力按式（6-3）计算，破裂角取该外倾结构面的视倾角和 $45° + \varphi/2$ 两者中的较小者，同时应按本条（1）和（2）进行验算。

6.3.3　锚杆（索）设计计算

岩土锚固技术是把一种受拉杆件埋入地层中，以提高岩土自身的强度和自稳能力的工程技术。岩土锚固的基本原理就是利用锚杆（索）周围地层岩土的抗剪强度来传递结构物的拉力或保持地层开挖面的自身稳定，在岩土锚固中通常将锚杆和锚索统称为锚杆。锚杆（索）为拉力型锚杆，适用于岩质边坡、土质边坡、岩石基坑以及建（构）筑物锚固的设计、施工和试验。

1. 锚杆（索）的结构与分类

锚杆是一种将拉力传至稳定岩层或土层的结构体系，主要由锚头、自由段和锚固段组成，如图6-6所示。

（1）钻头：锚杆外端用于锚固或锁定锚杆拉力的部件，由垫墩、垫板、锚具、保护帽和外端锚筋组成。

（2）锚固段：锚杆远端将拉力传递给稳定地层的部分锚固深度和长度应按照实际情况计算。

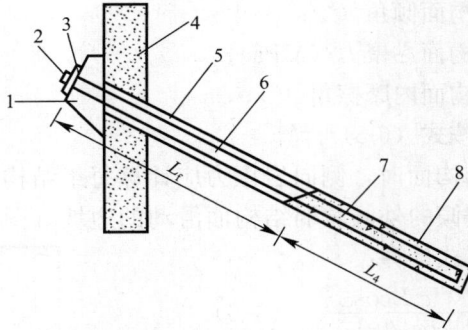

图 6-6 锚杆结构示意图

1—台座；2—锚具；3—承压板；4—支挡结构；5—钻孔；6—自由隔离层；
7—钢筋；8—注浆体；L_f—自由段长度；L_4—锚固段长度

（3）自由段：将锚头拉力传至锚固段的中间区段，由锚拉筋、防腐构造和注浆体组成。

（4）锚杆配件：为了保证锚杆受力合理、施工方便而设置的部件，如定位支架、导向幅、架线环、束线环、注浆塞等。

锚杆的分类方法较多，通常可以按应用对象、按是否预先施加应力、按锚固机理以及锚固形态进行分类。按应用对象可分为岩石锚杆（索）和土层锚杆（索），按是否预先施加应力分为预应力锚杆（索）和非预应力锚杆（索），按锚固形态分为圆柱形锚杆、端部扩大型锚杆（索）和连续球型锚杆（索）。除此之外，按锚固机理还可分为有粘结性锚杆、摩擦型锚杆、端头锚固型锚杆和混合型锚杆，目前在边坡加固工程中广泛采用锚钉也是一种较短的粘结性锚杆。

在岩体中，由于岩石产状及软硬程度存在严重差异，岩石边坡可能出现不同的失稳和破坏模式，如滑移、倾倒、转动破坏等。锚杆的安设部位、倾角为抵抗边坡失稳与破坏最有利的方向，一般锚杆轴线应当与岩石主结构面或潜在的滑移面呈大角度相交，如图 6-7 所示。

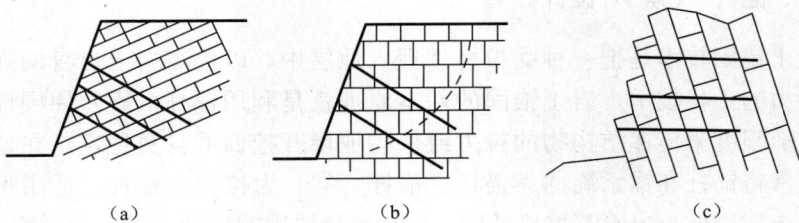

（a）　　　　　　　　　（b）　　　　　　　　　（c）

图 6-7 锚杆增强岩石边坡的稳定性

（a）锚杆平衡滑动力；（b）锚杆抵抗转动破坏；（c）锚杆抵抗倾倒

2. 锚杆（索）设计的基本原则

（1）锚杆的布置形式应根据锚杆的数量、施工条件、工艺要求的不同，选用方形、梅花形、矩形或菱形；

（2）预应力锚杆的轴线方向宜按最优锚固角布置，当受施工条件和地形条件限制时，经技术经济比较后可适当调整轴线方向；

（3）锚杆的间距和长度，应根据被锚固岩体的稳定条件选择，一般而言，锚杆的间距除必须满足锚杆的受力要求外，还应大于 1.5m；

（4）对于锚杆钻孔的直径，应保证预应力筋的保护层厚度不小于 20mm，锚杆的上覆地层厚度不宜小于 4.5m；

（5）锚杆的安装倾角要避开 $-10°\sim10°$ 的范围。

3. 锚杆（索）的设计程序

边坡锚杆（索）加固设计必须对边坡工程地质进行调查，在掌握地质情况的基础上，对边坡的破坏方式进行判断，并分析采用锚杆方案的可行性和经济性，如果采用锚杆方案可行，开始计算边坡作用在支挡结构物上的侧压力，根据侧压力的大小和边坡实际情况选择合理的锚杆形式，并确定锚杆数量、布置形式、承载力设计值、计算锚筋截面、选择锚筋材料和数量。在确定锚筋后，按照锚筋承载力设计值进行锚固体设计。如果采用预应力锚杆还要确定预应力张拉值和锁定值，并给出张拉程序。最后进行外锚头和防腐构造设计并给出施工建议、试验、验收和监测要求。

在边坡锚杆加固中要选择合理的锚杆形式，必须结合被加固边坡的具体情况，根据锚固段所处的地层类型、工程特征、锚杆承载力的大小、锚杆材料、长度、施工工艺等条件综合考虑进行选择。

4. 锚杆（索）设计的基本内容

岩石锚杆主要应用于边坡开挖面块体、抗风化防护、开挖松动区的系统加固、地下洞室围岩塑性松动区加固、由结构面切割形成的块体的加固，另外也应用于滑动块体的加固。因此，在进行锚杆设计前，需要了解被加固岩体的结构特性与加固目的，以便准确计算锚杆提供的抗力大小、锚杆的深度及锚杆数量等技术参数。锚杆设计的基本内容如下：

（1）确定锚固范围和锚固深度：锚杆的长度应根据结构面的位置、潜在滑动面的位置、卸荷松动区的范围等具体确定。对应力锚杆的长度应根据不稳定结构面的位置和在稳定的介质中有一定安全储备的胶结长度等条件确定。

（2）选择锚固方式：根据加固目的确定锚固方式，对于加固地下工程边墙或端墙位置的可能滑动块体时，则通常采用预应力砂浆锚杆；对于加固因开挖使开挖面内的岩体发生卸荷回弹而形成的松动区时，通常采用全长粘结式砂浆锚杆。

（3）计算锚固力大小：锚固力是指为满足地质体的稳定性，在一定的安全储备条件下，需要锚杆提供的抗力。锚固力的大小应按照地质分析或力学计算结果确定。有了整体锚固力后，就可以根据被加固地质体的范围，确定锚杆的数量及每一根锚杆需要提供的锚固力。单根预应力锚杆的设计张拉力，应根据总锚固力的大小、锚固介质和胶结材料的力学指标、预应力锚杆材料力学特性及锚具的类型、张拉设备出力和施工场地条件等确定，相关计算应依据《建筑边坡工程技术规范》GB 50330—2013 进行。

（4）确定预应力锚杆数量选择布置方式：锚杆的数量等于锚固总量除以每一根锚杆的设计锚固力。在实际工程设计中，也可以根据锚固范围与锚杆的标准间距确定锚杆的数量，在确定锚杆间距时，还应考虑被加固地质体的强度特性，以保证锚固力的损失在工程允许范围内。岩石预应力锚杆应根据锚杆的数量、工艺等，可采用正方形、矩形、梅花形或菱形布置。为了使锚杆锚固力均匀作用于岩体表面，应采用相邻两行的锚杆错开布置。

（5）确定锚杆结构形式及各项参数：一旦确定了锚杆的数量、单根锚杆的设计锚固力或设计张拉力后，就可以进行锚杆孔孔径、锚杆杆体直径、锚固段长度等参数的设计。

（6）编制施工技术要求和特殊情况的技术处理措施：设计的锚杆由于受施工场地条件的限制，可能在实际施工中会有一些变化，如锚杆的数量，此时，应通过编制施工技术要求及特殊情况的工程处理建议，保证被加固地质体的安全运行。

（7）锚固效果监测及锚固后的工程安全评价：对于重要工程或重点工程，应采用锚固试验结果修改与完善锚固设计，在施工期间，还应进行变形监测设计。在施工结束后，对锚杆需要进行安全监测，以检查锚杆的工作性态与运行效果，并对锚固后工程安全性进行评价，提出安全监测方案。

6.3.4　重力式挡土墙

1. 重力式挡土墙的类型及使用条件

挡土墙是一种能够抵抗侧向岩土体压力，用来支撑天然边坡或人工边坡，保持岩土体稳定的建筑物。挡土墙是目前整治中小型滑坡中应用最为广泛而且较为有效的措施之一，重力式挡土墙是其中最为常用的一种形式（图 6-8）。重力式挡土墙可采用浆砌片石、混凝土预制块体，也可采用混凝土和钢筋混凝土直接现浇。

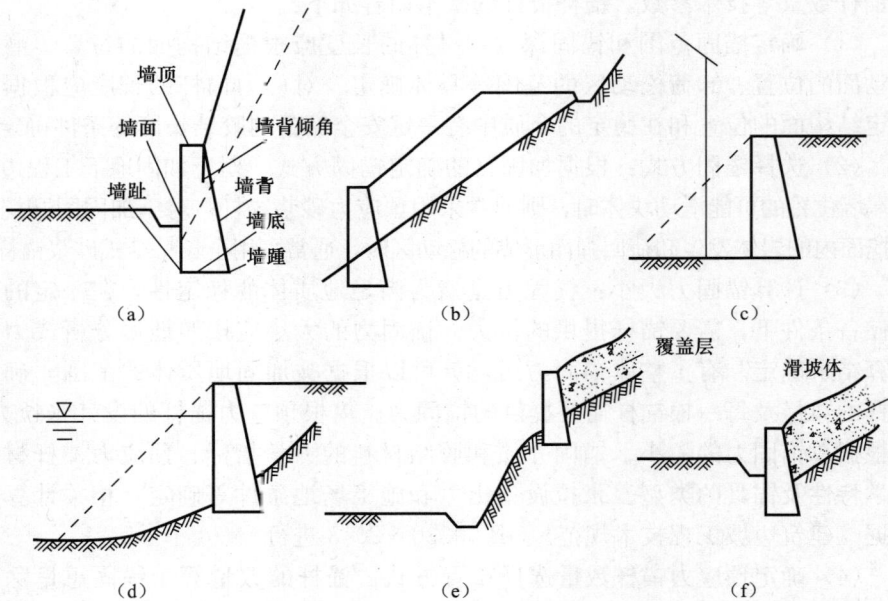

图 6-8　重力式挡土墙的位置及结构示意图

《建筑边坡工程技术规范》GB 50330—2013 规定：根据墙背倾斜情况，重力式挡墙可分为俯斜式挡墙、仰斜式挡墙、直立式挡墙和衡重式挡墙以及其他形式挡墙；采用重力式挡墙时，土质边坡高度不宜大于 8m，岩质边坡高度不宜大于 10m；对变形有严格要求的边坡和开挖土石方危及边坡稳定的边坡不宜采用重力式挡墙，开挖土石方危及相邻建筑物安全的边坡不应采用重力式挡墙；重力式挡墙类型应根据使用要求、地形和施工条件综合考虑确定，对岩质边坡和挖方形成的土质边坡宜采用仰斜式，高度较大的土质边坡宜采用衡重式或仰斜式。

2. 重力式挡土墙的构造

重力式挡土墙一般由墙身、基础、排水设施和伸缩缝等几部分构成。根据墙背的倾斜方向，墙身断面形式可分为仰斜、垂直、俯斜、凸形折线式和衡重式几种（图 6-9）。

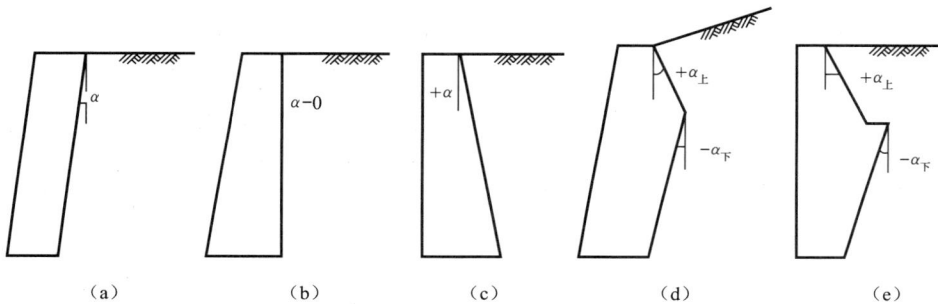

图 6-9　重力式挡土墙的断面形式
（a）仰斜；（b）垂直；（c）俯斜；（d）凸形折线式；（e）衡重式

在实际工程中，挡土墙的破坏在多数情况下都是由于地基不良或基础处理不当引起的。因此，基础设计是挡土墙设计的重要内容，基础设计包括选择基础类型和确定基础埋置深度两项主要内容。挡土墙常用的排水设施可分为地面排水和墙身排水两部分。此外，为防止墙身因地基不均匀沉降而引起断裂，需设置沉降缝，为防止墙身因砌体硬化收缩或温度变化所产生的温度应力引起开裂，需设置伸缩缝。设计时，一般将沉降缝和伸缩缝合并设置，统称为伸缩缝。

《建筑边坡工程技术规范》GB 50330—2013 对重力式挡土墙的构造设计规定如下：

（1）重力式挡墙材料可使用浆砌块石、条石或素混凝土。块石、条石的强度等级应不低于 MU30，混凝土的强度等级应不低于 C15。

（2）重力式挡墙基底可做成逆坡。对土质地基，基底逆坡坡度不宜大于 0.1：1.0；对岩质地基，基底逆坡坡度不宜大于 0.2：1.0。

（3）块、条石挡墙墙顶宽度不宜小于 400mm，素混凝土挡墙墙顶宽度不宜小于 300mm。

（4）重力式挡墙的基础埋置深度，应根据地基稳定性、地基承载力、冻结深度、水流冲刷情况和岩石风化程度等因素确定。在土质地基中，基础最小埋置深度不宜小于 0.5～0.8m（挡墙较高时取大值，反之取小值）；在岩质地基中，基础埋置深度不宜小于 0.3m。基础埋置深度应从坡脚排水沟底起算。

（5）重力式挡墙的伸缩缝间距，对条石、块石挡墙应采用 20～25m，对素混凝土挡墙应采用 10～15m。在地基性状和挡墙高度变化处应设沉降缝，缝宽应采用 20～30mm，缝中应填塞沥青麻筋或其他有弹性的防水材料，填塞深度不应小于 150mm。在挡墙拐角处，应适当加强构造措施。

（6）挡墙后面的填土，应优先选择透水性较强的填料。当采用黏性土作填料时，宜掺入适量的碎石。不应采用淤泥、耕植土、膨胀性黏土等软弱有害的岩土体作为填料。

（7）挡墙地基纵向坡度大于 5％时，基底应做成台阶形。

3. 重力式挡土墙的设计计算

当重力式挡墙墙背为平直面且坡顶地面无荷载时，侧向岩土压力可采用库仑三角形分布。重力式挡墙设计时尚应进行抗滑移稳定性验算、抗倾覆稳定性验算。地基软弱时，还应进行地基稳定性验算。

重力式挡土墙设计的相关稳定性验算应依据《建筑边坡工程技术规范》GB 50330—2013 中的公式进行，土质地基稳定性可采用圆弧滑动法验算，岩质地基稳定性可采用平面滑动法验算。重力式挡墙的地基承载力和结构强度计算，应符合现行有关标准的规定。

4. 重力式挡土墙的施工

（1）浆砌块石、条石挡墙的施工必须采用坐浆法，所用砂浆宜采用机械拌合。块石、条石表面应清洗干净，砂浆填塞应饱满，严禁干砌。

（2）块石、条石挡墙所用石材的上下面应尽可能平整，块石厚度不应小于 200mm，外露面应用 M7.5 砂浆勾缝。应分层错缝砌筑，基底和墙趾台阶转折处不应有垂直通缝。

（3）墙后填土必须分层夯实，选料及其密实度均应满足设计要求。

（4）当填方挡墙墙后地面的横坡坡度大于 1：6 时，应在进行地面粗糙处理后再填土。

（5）重力式挡墙在施工前要做好地面排水工作，保持基坑和边坡坡面干燥。

6.3.5 扶壁式挡土墙

1. 扶壁式挡土墙的特点及使用条件

扶壁式挡土墙由墙面板、墙趾板、墙踵板及扶肋组成（图 6-10）。扶壁式挡土墙的结构性依靠墙身自重力和踵板上方填土的重力来保证，而且脚趾也显著增大了抗倾覆稳定性，并大大减小了基底应力。它的主要特点是构造简单，施工方便，墙身断面较小，自身质量轻，可以较好地发挥材料的强度性能，能适应承载力较低的地基。扶壁式挡土墙宜整体灌注，也可采用拼装。扶壁式挡墙主要适用于土质填方边坡，其高度不宜超过 10m，挡墙的基础应置于稳定的岩土层内。

2. 扶壁式挡土墙的设计计算

（1）扶壁式挡墙的计算除应进行抗滑移稳定性验算、抗倾覆稳定性验算、地基稳定性验算外，还应进行结构内力计算和配筋设计。

（2）挡墙侧向土压力宜按第二破裂面法进行计算。当不能形成第二破裂面时，可用墙踵下缘与墙顶内缘的连线或通过墙踵的竖向面作为假想墙背计算，取其中不利状态的侧向压力作为设计控制值。

（3）计算立板内力时，侧向压力分布可按图 6-11（图中 e_{hk} 为侧向岩土压力水平分力标准值）或根据当地经验图形确定。

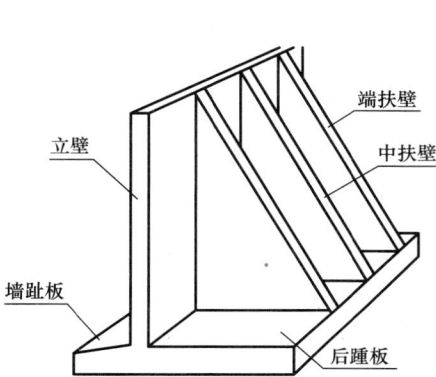

图 6-10 扶壁式挡土墙

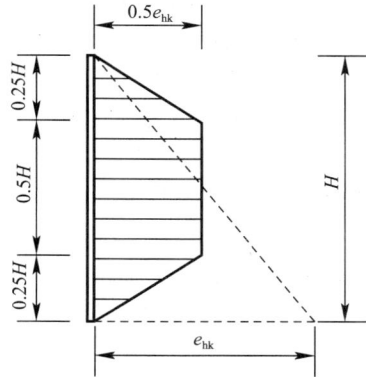

图 6-11 扶壁式挡土墙侧向压力分布图

（4）对扶壁式挡墙，根据其受力特点可按下列简化模型进行内力计算：

1）立板和墙踵板可根据边界约束条件按三边固定、一边自由的板或连续板进行计算；

2）墙趾底板可简化为固定在立板上的悬臂板进行计算；

3）扶壁可简化为悬臂的 T 形梁进行计算，其中立板为梁的翼，扶壁为梁的腹板。

（5）计算挡墙整体稳定性和立板内力时，可不考虑挡墙前底板以上土体的影响；在计算墙趾板内力时，应计算底板以上填土的自重。

（6）挡墙结构应进行混凝土裂缝宽度的验算。迎土面裂缝宽度不应大于 0.2mm，背土面不应大于 0.3mm，并应符合现行国家标准《混凝土结构设计规范》GB50010 的有关规定。

3. 扶壁式挡土墙的构造设计

（1）扶壁式挡墙的混凝土强度等级不应低于 C20，受力钢筋直径不应小于 12mm，间距不宜大于 250mm，混凝土保护层厚度不应小于 25mm。

（2）扶壁式挡墙尺寸应根据强度和变形计算确定，并应符合下列规定：

1）两扶壁之间的距离宜取挡墙高度的 1/3～1/2；

2）扶壁的厚度宜取扶壁间距的 1/8～1/6，可采用 300～400mm；

3）立板顶端和底板的厚度应不小于 200mm；

4）立板在扶壁处的外伸长度，宜根据外伸悬臂固端弯矩与中间跨固端弯矩相等的原则确定，可取两扶壁净距的 0.35 倍左右。

198

（3）扶壁式挡墙应根据其受力特点进行配筋设计，其配筋率、钢筋的搭接和锚固等应符合现行国家标准《混凝土结构设计规范》GB50010 的有关规定。

（4）当挡墙受滑动稳定控制时，应采取提高抗滑能力的构造措施。宜在墙底下设防滑键，其高度应保证键前土体不被挤出。防滑键厚度应根据抗剪强度计算确定，且不应小于 300mm。

（5）扶壁式挡墙位于纵向坡度大于 5% 的斜坡时，基底宜做成台阶形。

（6）对软弱地基或填方地基，当地基承载力不满足设计要求时，应进行地基处理或采用桩基础方案。

（7）扶壁式挡墙宜在不同结构单元处和地层性状变化处设置沉降缝，沉降缝与伸缩缝宜合并。

4. 扶壁式挡土墙的施工

（1）施工时应做好排水系统，避免水软化地基的不利影响，基坑开挖后应及时封闭。

（2）施工时应清除填土中的草和树皮、树根等杂物。在墙身混凝土强度达到设计强度的 70% 后方可进行填土，填土应分层夯实。

（3）扶壁间回填宜对称实施，施工时应控制填土对扶壁式挡墙的不利影响。

（4）当挡墙后地面的横坡坡度大于 1：6 时，应在进行地面粗糙处理后再填土。

6.3.6　防排水设计

（1）边坡工程应根据实际情况设置地表及内部排水系统。

（2）为减少地表水渗入边坡坡体内，应在边坡潜在塌滑区后缘设置截水沟。边坡表面应设地表排水系统，其设计应考虑汇水面积、排水路径、沟渠排水能力等因素。不宜在边坡上或边坡顶部设置沉淀池等可能造成渗水的设施，必须设置时应做好防渗处理。

（3）地下排水措施宜根据边坡水文地质和工程地质条件选择，可选用大口径管井、水平排水管或排水截槽等。当排水管在地下水位以上时，应采取措施防止渗漏。

（4）边坡工程应设泄水孔。对岩质边坡，其泄水孔宜优先设置于裂隙发育、渗水严重的部位。边坡坡脚、分级平台和支护结构前应设排水沟。当潜在破裂面渗水严重时，泄水孔宜深入至潜在滑裂面内。

（5）泄水孔边长或直径不宜小于 100mm，外倾坡度不宜小于 5%；间距宜为 2～3m，并宜按梅花形布置。最下一排泄水孔应高于地面或排水沟底面不小于 200mm，在地下水较多或有大股水流处，泄水孔应加密。

（6）在泄水孔进水侧应设置反滤层或反滤包。反滤层厚度不应小于 500mm，反滤包尺寸不应小于 500mm×500mm×500mm；反滤层顶部和底部应设厚度不小于 300mm 的黏土隔水层。

6.3.7　边坡绿化与美化设计

边坡绿化与生态防护设计的目的是在保证坡体稳定的前提下，能够营建坡面生态系统，最大限度地保护、恢复、改善生态环境，实现工程建设与生态环境的良性循环。工程边坡绿化可分为开挖边坡和回填边坡两大类。回填边坡土石夹杂，坡陡疏松；开挖边坡可分为岩石边坡、土加石边坡和土边坡三种。边坡绿化可美化环境，涵养水源，防止水土流失和滑坡，净化空气。对于石质边坡而言，边坡绿化的环保意义尤其突出。

1. 边坡绿化设计的原则

对于公路、铁路、水库、江河等工程边坡绿化、防护及美化设计，须遵循以下原则：

（1）首先对边坡的自然条件进行充分调查，在掌握地理地质、边坡形状、土壤特性及气候环境的基础上确定总体设计方案；

（2）"点、线、面"有机结合，即局部地段重点防护、绿化和美化，局部地段过渡处理；

（3）设计手法采用自然式和规则式并用；

（4）从安全、美学角度考虑植物品种配置和种植形式，形成色彩、色带的韵律变化；

（5）选用固土护坡作用强的植物，以植草为主，灌草结合，短、长期水保效益兼顾，从根本上防治水土流失。

在边坡设计与处治过程中，必须综合考虑以下因素：

（1）安全因素：考虑边坡地质与土质、坡高与坡度、降水与冲刷等因素的影响，选定适当的防护方法，保证边坡工程的安全与稳定；

（2）保护环境因素：使开发对环境破坏的扰乱程度减少到最小，并谋求人工构造构与自然环境相协一致；

（3）永久因素：边坡的防护与绿化尽量做到一劳永逸，避免重复建设；

（4）经济因素：必须考虑合适的处治方案，做到经济合理，且尽量减少日常维护和管理费用；

（5）综合效应：综合防光、防眩、防烟、视线、改善景观等目的进行边坡防护，充分发挥防护工程的综合效益。

2. 边坡绿化的主要方法分类

工程边坡绿化方法按不同的标准可分为不同的类型。通常按所用植物不同分为木本植物绿化、藤本植物绿化和草木混合绿化。按栽种植物方法不同分为栽植法和播种法，播种法主要用于草本植物的绿化，其他植物绿化适用栽种法。播种法按使用机械与否，又可分为机械播种法和人工播种法。按播种方式不同还可分为点播、条播、撒播。按植生土的来源不同可分为客土绿化和原地绿化，客土绿化按所用材料不同又分为移土绿化和植被混凝土绿化。

在符合边坡绿化基本原则的前提下，边坡绿化方法的选择需考虑以下出素：

（1）边坡绿化后所要达到的目的，如美学要求的高低、安全等级要求等；

（2）边坡所在地区的气候条件；

（3）边坡本身的地质条件，如土质、坡度、肥瘦，岩坡还涉及节理发育情况；

（4）施工条件，如施工机械、施工季节等。

3. 传统的边坡绿化方法

传统的边坡防护类型，对于土质边坡主要有撒草籽、铺草皮、干砌片石、浆砌片石护坡；对于岩石边坡主要有挂网喷浆、喷混凝土护坡和浆砌片石护墙等。这些护坡、护墙各有其适应条件和特点。

（1）撒草籽、铺草皮护坡：指人工铺贴草皮、栽种灌木或撒播草籽，多用于草皮来源较易，边坡高度不高，且坡度较缓的土质路堤边坡。其施工方便，造价较低，但成活率低，见效慢，工程质量难以保证，往往达不到满意的防护效果而造成坡面冲沟，表面溜坍等边坡病害，导致大量的边坡整治工程，同时，大量的移植草皮易造成新的环境破坏和水土流失。

（2）干砌片石护坡：多用于当地草皮缺乏，石料来源丰富，边坡较缓但较高的土质边坡。其防护效果好，但施工速度慢，造价较高，缺乏景观效果，不适应"绿色环保"的要求。

（3）浆砌片石护坡：大多用于石料来源丰富、边坡较陡的防护工程。其优点是可以一劳永逸，缺点是造价高，缺乏景观效果。

（4）浆砌片石等圬工骨架护坡：它是草皮和圬工骨架护技相结合的防护措施，效果较好，但传统的铺草皮方式有待改进。

（5）喷浆、挂网喷浆、喷混凝土护坡及浆砌片石护墙：适用于岩石边坡，初期强度高、抗雨水冲蚀能力强，但造价高，亦缺乏景观效果，不符合"绿色环保"要求。

4. 液压喷播植草护坡技术

液压喷播植草护坡是利用液态播种原理，将草籽、肥料、粘着剂、土壤改良剂和色素等按一定比例在混合箱内配水搅匀，通过机械加压喷射到边坡坡面而完成植草施工绿化的技术。

5. 土工网垫植草护坡技术

土工网垫植草护坡是利用国外近年来开发的集边坡加固、植草防护和绿化于一体的复合型防护措施，其施工顺序为：平整边坡-铺设土工网垫-摊铺种植土-人工或机械播种，也可以在草皮培育场按上述工序培植成人工草皮卷后，再整体贴铺在需要防护的边坡上。土工网垫（又叫三维网垫）不仅具有加固边坡的功能，在播种初期还能起到防止雨水冲刷，保持土壤以利草籽发育、生长的作用。随着植物生长、成熟，坡面逐渐被植被覆盖，植物与土工网垫共同对边坡起到了长期防护、绿化作用。

6. 土工格栅与土工网垫或液压喷格植草综合护坡技术

对填料不良的土质路堤边坡，边坡上可采用土工格栅加筋材料补强，保持路堤边坡的浅层稳定，同时对坡面采用液压喷播植草或土工网垫植草，可防止雨水冲刷。

7. 喷植水泥土植草护坡技术

喷植水泥土植草护坡、厚层基材喷植草护坡是利用锚杆与金属网或土工网对坡面进行加固，以防止坡面浅层溜坍和厚层基材脱落，然后利用喷射机械将植生混合料喷射在敷设有金属网或土工网的岩面上，使植生基材全面覆盖整个岩石坡面，从而达到使坡面很快植草绿化的目的。由于植生基材中前者加了水泥，后者添加了高分子的稳定剂，因此喷射后的坡面初期具有抗雨水冲刷和水土保持能力。该方法适应所有岩石坡面的植生绿化防护，是环境绿化工程的一大突破。

8. 植被混凝土护坡绿化技术

植被混凝土护坡绿化技术是采用特定的混凝土配方和种子配方，对岩石边坡进行防护和绿化的新技术。它是集岩石工程力学、生物学、土壤学、肥料学、硅酸盐化学、园艺学和环境生态等学科于一体的综合环保技术。植被混凝土时根据边坡地理位置、边坡角度、岩石性质、绿化要求等来确定水泥、土、腐殖质、长效肥、保水剂、混凝土添加剂及混合植绿种子的组成比例。混合植绿种子是采用冷季型草种和暖季型草种根据生物生长特性混合优选而成。

与传统的边坡防护技术相比，新型植被防护造价大多数较低，其中个别造价较高是由于该类边坡防护既能达到防护目的，又能对施工因素造成的生态环境破坏起到恢复和美化作用。因此，在保持边坡稳定的条件下，合理地选择边坡绿色防护技术从经济上来说是可行的。

在边坡工程的环境绿化美化中，根据边坡所处的地域和环境特点，结合边坡自身的结构构造形式，进行环境绿化美化的艺术美感设计，让树木的形态呈现多姿多彩、情感横生。在边坡上进行树木构景要注重树木美感与边坡的协调性，除了体现树木的形体姿态、色彩光泽、韵味联想、芳香和自然衍生美外，还要体现树木的配植方式，突出边坡美化艺术的主题。巧妙合理的配植，构成优美的边坡自然景观，显现内涵丰富的意境美。

边坡对环境、视觉、心理的影响要比其他工程强烈。因此，在运用力学原理选择其结构形式、构筑材料的同时，应充分考虑周围环境的特点，把它潜在的环境效益挖掘出来，使边坡工程结构物既满足功能要求、经济可行，又不显得生硬、呆板，与周围环境协调、统一，边坡工程在设计手法上应当从功能性、经济性及视觉效果等方面综合分析与归纳。

6.4 滑坡防治设计

6.4.1 滑坡防治设计的原则

滑坡防治总的原则是以预防为主，治理为辅，力求做到防患于未然。滑坡的性质、类型、范围、规模、机理、动态、稳定性的正确认识和发展趋势的预测是防治滑坡的基础。对滑坡性质的分析判断不准确，不是工程浩大造成浪费，就是工程措施不足而被破坏，甚至造成灾害。滑坡治理工程的设计应遵循以下原则：

（1）以人为本、防灾减灾；

（2）治理与避让相结合；

（3）技术可行、经济合理；

（4）先设计后施工；

（5）经济效益服从减灾效益、社会效益、环境效益。

1. 《建筑边坡工程技术规范》GB 50330—2013 中，滑坡防治设计应符合下列规定：

（1）在滑坡区或潜在滑坡区进行工程建设和滑坡整治时，应执行以防为主、防治结合、先治坡、后建房的原则。应结合滑坡特性采取治坡与治水相结合的措施，合理有效地整治滑坡。

（2）当滑坡体上有重要建（构）筑物时，滑坡防治应选择有利于减小坡体变形的方案，避免因滑体变形过大而危及建（构）筑物安全并保证其正常使用功能。

（3）滑坡防治方案除满足滑坡整治要求外，尚应考虑支护结构与相邻建（构）筑物基础关系，并满足建筑功能要求。在滑坡区进行工程建设时，建筑物基础宜采用桩基础或桩锚基础等方案，将垂直荷载或水平荷载直接传至稳定地层中。

（4）滑坡治理应考虑滑坡类型、成因、工程地质和水文地质条件、滑坡稳定性、工程重要性、坡上建（构）筑物和施工影响等因素，分析滑坡的有利和不利因素、发展趋势及危害性，选取支挡和排水、减载、反压、灌浆、植被等措施，综合治理。

2. 对滑坡工程应根据工程地质、水文地质、暴雨、洪水和防治方案等条件，采取有效的地表排水和地下排水措施。可采用在滑坡后缘外设置环形截水沟、滑坡体上设分级排水沟、裂隙封填以及坡面封闭等措施排放地表水，控制暴雨和洪水对滑体和滑面的侵蚀软化。需要时可采用设置地下横、纵向排水盲沟、廊道和水平排水孔等措施，拦截滑坡后缘地下渗水和排放深层地下水。

3. 当发生工程滑坡时宜在滑坡前缘被动区用土石回填，及时反压，以提高滑坡的稳定性。刷方减重应在滑坡的主滑段实施，严禁在滑坡的抗滑段减载。对滑带注浆条件和注浆效果较好的滑坡，可采用注浆法改善滑带的力学特性。注浆法宜与其他抗滑措施联合使用。

4. 滑坡整治时应根据滑坡稳定性、滑坡推力和岩土性状等因素，合理选用抗滑桩、预应力锚索桩、锚杆挡墙或重力式挡墙等抗滑结构。

5. 工程滑坡稳定安全系数应依据第4章相关内容进行确定；自然滑坡和工程古滑坡的稳定安全系数应按滑坡破坏后果严重性、稳定性状况和整治难度以及荷载组合等因素综合考虑，对破坏后果很严重的、难以处理的滑坡宜取 1.25，较易处理的滑坡可取 1.20；对破坏后果不严重的、难处理的滑坡宜取 1.10，较易处理的滑坡可取 1.05；对破坏后果严重的滑坡可取 1.15 左右。特殊荷载组合时，自然滑坡和工程占滑坡的稳定安全系数可根据现行有关标准和工程经验降低采用。

6. 滑坡计算应考虑滑坡自重、滑坡体上建（构）筑物等的附加荷载、地下水及洪水的静水压力和动水压力以及地震作用等的影响，取荷载效应的最不利组合值作为滑坡的设计控制值。

7. 滑面（带）的强度指标应考虑其岩土性状、滑坡稳定性、变形以及是否饱和等因素，根据试验值、反算值和经验值综合分析确定，但应与滑坡荷载组合和计算工况相对应。

8. 滑坡支挡设计应符合下列规定：

（1）抗滑支挡结构上滑坡推力的分布，可根据滑体性质和厚度等因素确定为三角形、矩形或梯形；

（2）滑坡支挡设计应保证滑体不从支挡结构顶越过和产生新的深层滑动。

6.4.2 滑坡防治的主要工程措施

滑坡防治工程的意义，在于预防和排除因滑坡的发生或重新活动而造成对该地区及其周围的民房、公共建筑物（河流、道路、堤坝、学校等）的危害。为了积极地制止或缓和滑坡的活动，以预防和排除其危害，不仅要查明滑坡发生的历史和现状，还要通过前述的调查，弄清滑坡发生的原因和机理，来制订整治的总体规划。滑坡整治工程大致分为减滑工程和抗滑工程两类。

减滑工程的目的在于改变滑坡的地形、土质、地下水等的状态，即改变其自然条件，而使滑坡运动得以停止或缓和。抗滑工程则在于利用抗滑构筑物来支挡滑坡运动的一部分或全部，使其附近及该地区内的设施及民房等免受其害。这类工程主要用来制止小规模滑坡或部分制止大规模滑坡，或者用来改变滑坡的运动方向。

滑坡防治工程的主要措施如图 6-12 所示。

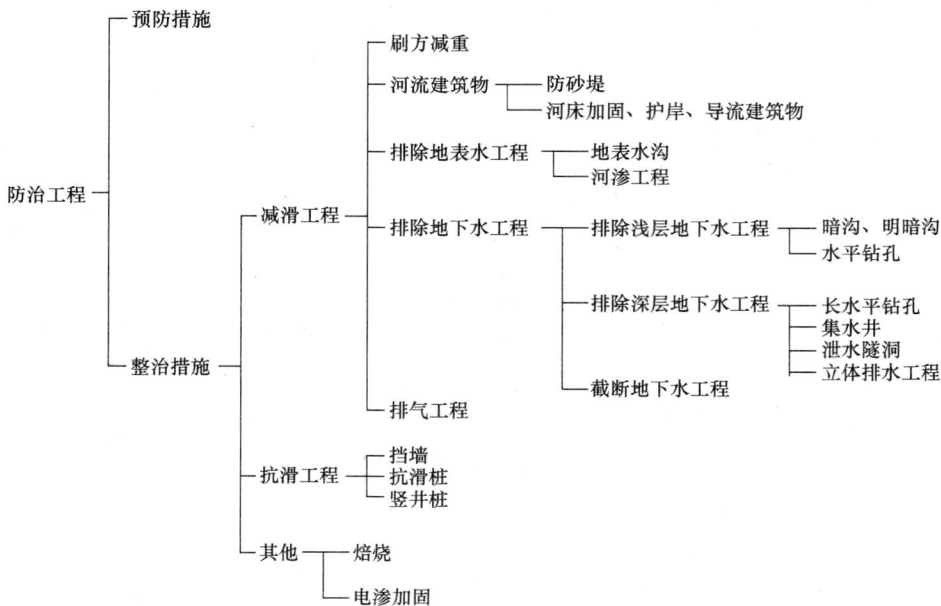

图 6-12　滑坡防治工程主要措施

1. 减滑工程

（1）刷方减重

这种工程措施是最有实效的方法之一，一般多用于中小规模的滑坡。

通过调查尽可能正确地掌握滑动规模、滑动面分布及其强度之后，按照稳定分析所要求的安全系数来清刷滑坡土体。刷方减重工程有全部清刷和部分清刷两种，通常使用后一种方法。

（2）河流构筑物

由于流水的浸蚀，使河床下切、沟岸遭受冲刷，就会损害滑坡土体的稳定，往往成为诱发沿滑坡的原因。特别是沟岸崩塌，有时连锁地诱发大规模的滑坡。

在这种情况下，应用防砂堤，河床加固、护岸、导流建筑物等来防止河床沟岸的浸蚀，有时甚至改移河道。

（3）排除地表水工程

由于雨水渗透再加上泉水、池沼等渠道的渗透，容易诱发滑坡，或使滑坡活动激化，所以一切滑坡地区的防治措施，都必须修建排除地表水的工程。

排除地表水工程可分为防止雨水渗透的工程和将地表水迅速汇集并排除到滑坡区外的渠道工程两类。构成滑坡区地表的地基，透水性有强有弱，为使整个地基都不透水，而将坡面全都覆盖起来，这对于大范围的滑坡区是困难的，而且妨碍农耕等的土地利用，所以在透水性特别强的地区，或在地表水特别丰富、渗透量也大的地区，可做这种防渗工程。为把滑坡区内的雨水迅速地汇集并排到滑坡区外，必须在滑坡区内布设排水沟网。

（4）排除地下水工程

排除地下水工程的目的是把分布于滑坡范围内的地下水，通过渗透系数大的地层排出，以降低滑动面附近的含水率或孔隙水压，而使土体趋于稳定。当地下水从滑坡区外流入滑坡区内的透水层时，应在流入滑坡区之前，就将地下水截断，而把地下水流量的一部分作为地表水排除。

地下水从滑坡区外流入的情况，也包括排除来自滑动面下基岩中的地下水。排除地下水工程分为排除浅层地下水和排除深层地下水两类。

（5）立体排水工程

当同时需要排除很多含水层的地下水时，打许多垂直钻孔，穿透各层而直到最深处的含水层，把各层的地下水，汇集到最深处的含水层，再用水平钻孔或排水隧洞等诱导排除到地表。它对排除浅层和深层的一切地下水都是有效的，但是应通过地下水测井、地下水连通等充分掌握含水层的分布，并且如果最深处的含水层位于滑动而以下相当深时，则应通过滑动面调查来确定该含水层地下水流量的增大是否会促进滑坡运动。

（6）截断地下水工程

当地下水从其他区域沿着明显的含水层大量地流入滑坡区时，应在滑坡区外设置地下截水墙将地下水在流入滑坡区前予以截断，并用水平钻孔诱导排除到地表。

2. 抗滑工程

（1）抗滑桩工程

抗滑桩工程主要有两种方法：

一种方法是通过打桩来加固地基，防止地基变形，或用来加固压缩区，使用的桩料有木材、混凝土、工字钢等。现在许多受滑坡危害地区的居民，为了自卫，也常采用这种方法。此外，为了防止比较软弱的基岩上薄层表土的小规模滑动或沿坡前线部位的小型崩坍，也常使用这种打桩工程。

另一种方法是在活动土体和稳定地基之间打入楔子，来阻止滑坡的滑动，有如一种大型的锁紧螺栓。近年来大口径掘进技术迅速发展，同时由于大型钢桩的使用，这种方法也就被大量采用。现在的抗滑桩大多采用工字钢或钢管，用钢管桩时，可用混凝土填入管内。

（2）挡墙、框架工程

为了防止小规模滑坡及防止大规模滑坡前缘发生再次滑动，可使用挡墙工程措施。在滑坡地区，一般说地基变形相当大，涌水也多，因此多数使用框架工程措施。框架有叠合框架、单倾斜框架、双倾斜框架等，使用的材料有木材、混凝土构件、钢筋混凝土构件、中空管等。

通过滑坡地段内的公路挡墙，一般都使用这类框架式挡墙。挡墙修建时常须进行开挖基础和切削斜坡，这样反而容易诱发滑坡，所以较多使用不易诱发滑坡的框架工程。此外，修建公路挡墙时，尽可能少做基础开挖，必要时设置补偿形挡墙（图 6-13），在挡墙与滑坡前缘土坡之间填土。

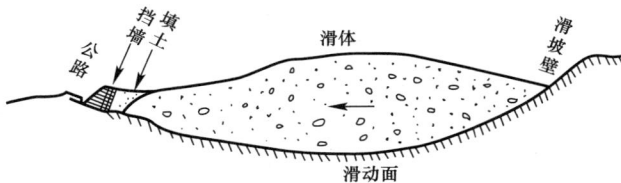

图 6-13 补偿型挡墙

3. 其他防治工程

（1）排除瓦斯工程措施

在火山性滑坡地带，由于火山气体的作用，使土体中孔隙压力增高，而发生滑坡。遇上这种情况时，向下倾斜钻孔，从高温的瓦斯带将瓦斯排除，降低其压力，使滑坡稳定。

（2）焙烧及电渗加固工程

同软弱地基的处治方法一样，是一种改良土质的工程措施，只用于非常小的滑坡，一般不用它。

6.5 危岩和崩塌防治设计

1. 防治工程措施分类

危岩和崩塌防治工程措施可以分为抑制工程和支撑工程。抑制工程的措施是，事前把雨水或其他引起崩坍的因素排除掉，以达到斜坡稳定的目的。支撑工程措施是利用建筑物防止斜坡崩坍、滑动。

2. 选择防治工程措施的一般流程

选择工程措施时，了解引起崩塌的主要原因和崩坍形态，另外考虑滑落削壁和住家的距离或周围住家的分布，然后根据施工条件和周围环境确定工程种类。一般来说，首先选择保持整个斜坡稳定的支撑工程，然后选择护坡之类抑制工程。

3. 排水工程

排水的目的是为防止斜坡崩塌把雨水或地下水排至区外，斜坡受地面水侵蚀，或者由于地下水的作用，土中孔隙水压上升，降低了地基强度，同时由于土壤含水量增加，相应地增加了地基重量，从而引起崩塌。

预先确定地下水径流是很困难的，在施工过程中发现有新的涌水时，应适当地修建排水工程。排水工程可分为地面排水土程和地下排水工程。

4. 挖土减载工程

挖土减载的目的是，切除不稳定土块或为了整个斜坡平衡，挖去地基部分土，以达到斜坡稳定。因为事先不容易弄清土质、地下水状况，所以在施工中必须根据土的硬软判断土质和涌水性质。

5. 植被护坡工程

修建植被护坡工程的目的是利用植被防止雨水冲刷，缓和地表温度变化，防止土壤冻结；利用根系紧缚表土，抑制崩塌，同时要求达到和周围环境相协调。

植被护坡工程是利用植物护坡，必须具备适宜的生育条件（气候、土壤等）。一般有：喷播草种护坡工程、铺席式植被工程、块式植被工程、袋式植被工程、挖坑种草护坡工程、格条式植草皮工程、条状草被护坡工程、草被护坡工程等。

6. 护面工程

护面的目的是防止斜坡发生风化、侵蚀、剥落、崩塌。该措施除单独使用外，也用来填充框格护坡工程。在涌水多的地方要充分采取排水措施。护面一般可分为铺石护面、混凝土块护面和混凝土护面。

7. 混凝土、砂浆喷涂工程

混凝土、砂浆喷涂工程的目的是用混凝土或砂浆覆盖坡面，隔绝与地面水、外界空气、雨水接触，以防止斜坡风化并受侵蚀。容易风化的岩性或泥岩，很难利用植被覆盖，在涌水不多的地方可采用该种工程。喷射法有干式喷射法和湿式喷射法两种。

8. 锚固工程

锚固工程的目的是把有节理、裂缝、层理的基岩或不稳定的表层土直接锚固在稳定地基上。一般来说，因为斜坡上下都有住家，不能采用挖土减载法时，而把锚固工程和混凝土框格护坡工程、混凝土护顶工程、混凝土挡土墙工程等结合起来使用，锚固工程还用来加固已有设施。

9. 滚石防护工程

滚石防护工程是用来预防发生滚石，或者防止崩塌滚石，以达到防灾的目的。滚石防护工程分滚石预防工程和滚石防护工程。前者是为了预防滚石发生，清除和固定滚石；后者是把落下来的滚石，在斜坡的中部、下部支托住。

《建筑边坡工程技术规范》GB 50330—2013 中对危岩和崩塌防治进行了说明：

1. 危岩类型的破坏特征可分为塌滑型、坠落型和倾倒型。

2. 危岩治理设计可采取工程类比法和理论计算法结合实施。危岩应根据危岩类型和破坏特征，按不同的计算模型进行计算。

3. 危岩治理应根据危岩类型、破坏特征、工程地质和水文地质条件等因素采取下列综合措施：

（1）可采用锚固技术对危岩进行加固处理；

（2）对危岩裂隙可进行封闭、注浆；

（3）悬挑的危岩、险石，宜即时清除；

（4）对崖腔、空洞等应进行撑顶和镶补；

（5）在崩塌区有水活动的地段，可设置拦截、疏导地表水和地下水的排水系统；

（6）可在崖脚设置拦石墙、落石槽和栏护网等遮挡、拦截构筑物。

4. 对破坏后危及重要建（构）筑物安全的危岩治理除满足上述各条要求外，对危岩边坡的整体支护尚应满足本规范的有关要求。

《公路路基设计规范》JTG D30—2015 中对崩塌地段路基防治措施进行规定说明：

1. 边坡或自然边坡比较平整、岩石表面风化易形成小块岩石呈零星坠落时，宜进行坡面防护，以防止风化发展，防止零星坠落。

2. 山坡或边坡坡面崩塌岩块的体积及数量不大，岩石的破碎程度不严重，可采用全部清除病放缓边坡。

3. 岩石严重破碎，经常发生落石路段，宜采用柔性防护系统或拦石墙与落石槽等拦截构造物。拦石墙与落石槽宜配合使用，设置位置可根据地形合理布置。落石槽的槽深和底宽通过现场调查或试验确定。拦石墙墙背应设缓冲层，墙背压力应考虑崩塌冲击荷载的影响。

4. 对在边坡上局部悬空的岩石，但岩体仍较完整，有可能成为危岩石，可视具体情况采用钢筋混凝土立柱、浆砌片石支顶或柔性防护系统。

5. 易引起崩塌的高边坡，宜采用边坡锚固。

6. 当崩塌体较大、发生频繁且距离路线较近而设拦截构造物有困难时，可采用明洞、棚洞等遮挡物构造处理。遮挡构造物应有足够的长度，洞顶应有缓冲层，并应考虑堆积石块荷载和冲击荷载的影响。

6.6 小结及学习指导

边坡设计要解决的根本问题是在边坡的稳定与经济之间选择一种合理的平衡，力求以最经济的途径使服务于工程建筑物的边坡满足稳定性和可靠性的要求。边坡工程的设计是一项较复杂的系统工程，从勘察、设计到施工、运营几个阶段是互有联系的一个整体，为取得良好的防治效果，必须要有一个系统的规划，统筹安排各个阶段的工作内容、方法、执行顺序、质量保证体系和安全措施等。

通过本章内容的学习，要求熟悉边坡工程设计的原则和基本要求，掌握边坡坡率坡形设计、边坡支护侧向岩土压力计算方法和锚杆（索）设计内容。了解滑坡、危岩和崩塌的防治方法及措施。其中，边坡的坡率坡形设计、边坡支护侧向岩土压力计算方法和边坡锚杆（索）设计内容是本章的重点及难点内容。

习题

6-1 简述边坡工程设计的基本原则和基本要求。

6-2 试述填方边坡、挖方边坡常用的坡率坡形设计。

6-3 简述边坡支护侧向岩土压力的计算方法。

6-4 简述锚杆（索）设计的主要内容及设计过程。

6-5 简述边坡工程防排水设计的主要内容。

6-6 简述边坡工程绿化及美化设计的主要原则。

6-7 简述滑坡防治设计的主要原则和工程措施。

6-8 试述危岩和崩塌防治设计的主要工程措施。

参 考 文 献

[1] 孔宪立，石振明主编. 工程地质学 [M]. 北京：中国建筑工业出版社，2001.

[2] E. Hoek, J. W. Bray. 岩石边坡工程（中译本）[M]. 北京：冶金工业出版社，1983.

[3] 廖国华主编. 边坡稳定 [M]. 北京：冶金工业出版社，1995.

[4] 曾廉. 崩塌与防治 [M]. 峨眉山：西南交通大学出版社，1990.

[5] 胡厚田. 崩塌与落石 [M]. 北京：中国铁道出版社，1989.

[6] 康志成，李焯芬，马蔼乃，罗锦添著. 中国泥石流研究 [M]. 北京：科学出版社，2004.

[7] 郑颖人等编著. 边坡与滑坡工程治理 [M]. 北京：人民交通出版社，2007.

[8] 赵其华，王兰生著. 边坡地质工程理论与实践 [M]. 成都：四川大学出版社，2000.

[9] 唐益群，周念清，王建秀，严学新编著. 软土环境工程地质学 [M]. 北京：人民交通出版社，2007.

[10] 徐卫亚著. 边坡及滑坡环境岩石力学与工程研究 [M]. 北京：中国环境科学出版社，2000.

[11] 姜德义，朱合华，杜云贵编. 边坡稳定分析与滑坡防治 [M]. 重庆：重庆大学出版社，2005.

[12] 王兰生. 意大利依伊昂水库滑坡考察. 中国地质灾害与防治，2007，Vol. 18. No. 3：145-148.

[13] 陈祖煜. 土质边坡稳定分析：原理·方法·程序 [M]. 北京：中国水利水电出版社，2003.

[14] 中华人民共和国国家标准：建筑边坡工程技术规范 GB 50330—2013 [S]. 北京：中国建筑工业出版社，2013.

[15] 张倬元，王士庆，王兰生，等. 工程地质分析原理 [M]. 北京：地质出版社，1994.

[16] 唐辉明等. 工程地质学基础 [M]. 北京：化学工业出版社，2008.

[17] 杨志法，尚彦军，刘英. 关于岩土工程类比法的研究 [J]. 工程地质学报，1997，5（4）.

[18] 周代荣，张丙先. 工程地质类比法在水库塌岸预测中的应用 [J]. 广东水利水电，2007.

[19] 高大钊，袁聚云. 土质学与土力学 [M]. 北京：人民交通出版社，2001.

[20] 白海涛. 边坡的变形和破坏类型分析 [J]. 科技信息，2008（12）：81-81.

[21] 顾婷. 赤平极射投影法在岩质边坡稳定性分析中的初步应用 [J]. 水利科技与经济，2010，16（004）：391-392.

[22] 吴绍强. 极射赤平投影法在岩质边坡稳定性分析中的应用 [J]. 西部探矿工程，2009，21（10）：117-118.

[23] 贾东远，阴可，李艳华. 岩石边坡稳定性分析方法 [J]. 地下空间，2004，24（2）：250-255.

[24] 王卫华，李夕兵. 离散元法及其在岩土工程中的应用综述 [J]. 岩土工程技术，2005，19（4）：177-181.

[25] 何满潮，黄润秋，王金安等. 工程地质数值法 [M]. 北京：科学出版社，2006.

[26] 石根华. 数值流形方法与非连续变形分析 [M]. 裴党民，译. 北京：清华大学出版社，1997.

[27] 邬爱清，丁秀丽，卢波，等. DDA方法块体稳定性验证及其在岩质边坡稳定性分析中的应用 [J]. 岩石力学与工程学报，2008，27（4）：664-672.

[28] Huang Y，Dai Z L，Zhang W J，Chen Z Y. Visual simulation of landslide fluidized movement based on smoothed particle hydrodynamics. Natural Hazards，2011，59（3）：1225-1238.

[29] 黄雨，郝亮，野々山栄人. SPH方法在岩土工程中的研究应用进展. 岩土工程学报，2008，30（2）：256-262.

[30] 胡卸文，黄润秋，施裕兵等. 唐家山滑坡堵江机制及堰塞坝溃坝模式分析 [J]. 岩石力学与工程学报，2009，01：181-189.

[31] Huang Y，Zhang W，Xu Q，et al. Run-out analysis of flow-like landslides triggered by the Ms 8.0 2008 Wenchuan earthquake using smoothed particle hydrodynamics [J]. Landslides，2012，9（2）：275-283.

[32] 黄润秋等. 汶川地震地质灾害研究 [M]. 北京：科学出版社，2009.

[33] 石振明，胡德富，张雷. 山区工程地质 [M]. 上海：同济大学出版社，1998.

[34] 李剑兰. 扶壁式挡土墙设计 [J]. 广东科技. 2006.

[35] 李英杰. 悬臂式挡土墙的设计 [J]. 基础工程设计. 2010.

[36] 谢俊辉. 悬臂式挡土墙设计与分析 [J]. 山西建筑. 2012.

[37] 中华人民共和国国家标准：GB 50739—2011 复合土钉墙基坑支护技术规范 [S]. 北京：中国计划出版社，2011.

[38] 黄求顺，张四平，胡岱文. 边坡工程 [M]. 重庆：重庆大学出版社，2003.

[39] 张同民. 土钉墙结构设计与施工. 西安：西安建筑科技大学，2004.

[40] 杨炯辉. 基坑土钉墙支护设计及施工技术 [J]. 建材发展导向，2011.

[41] 铁道部第二勘测设计院. 抗滑桩设计与计算 [M]. 北京：中国铁道出版社，1983.

[42] 俋磊，徐燕，代树林. 边坡工程 [M]. 北京：科学出版社，2010.

[43] 李海光. 新型支挡结构设计与工程实例 [M]. 北京：人民交通出版社，2003.

[44] 周培德，肖世国，夏雄. 边坡工程中抗滑桩合理桩间距的探讨 [J]. 岩土工程学报，2004（1）：1320135.

[45] 王士川，陈立新. 抗滑桩间距的下限解 [J]. 工业建筑，1997，27（10）32-36.

[46] 张季容，朱向荣. 简明建筑基础计算与设计手册 [M]. 北京：中国建筑工业出版社，1997.

[47] 杨天林主编. 基础工程 [M]. 北京：人民交通出版，1999.

[48] 许英姿，唐辉明. 滑坡治理中预应力锚索格构梁受力分析 [J]. 安全与环境工程，2002，9（3）：24-26.

[49] 唐辉明，许英姿，程新生. 滑坡治理工程中钢筋混凝土格构梁设计理论研究 [J]. 岩土力学，2004，25（11）：1683-1687.

[50] 中华人民共和国国家标准：GB 50010—2010 混凝土结构设计规范 [S]. 北京：中国建筑工业出版社，2010.

高等学校土木工程学科专业指导委员会规划教材（专业基础课）
（按高等学校土木工程本科指导性专业规范编写）

征订号	书　名	定价	作　者	备　注
V21081	高等学校土木工程本科指导性专业规范	21.00	高等学校土木工程学科专业指导委员会	
V20707	土木工程概论（赠送课件）	23.00	周新刚	土建学科专业"十二五"规划教材
V22994	土木工程制图（含习题集、赠送课件）	68.00	何培斌	土建学科专业"十二五"规划教材
V20628	土木工程测量（赠送课件）	45.00	王国辉	土建学科专业"十二五"规划教材
V21517	土木工程材料（赠送课件）	36.00	白宪臣	土建学科专业"十二五"规划教材
V20689	土木工程试验（含光盘）	32.00	宋　彧	土建学科专业"十二五"规划教材
V19954	理论力学（含光盘）	45.00	韦　林	土建学科专业"十二五"规划教材
V20630	材料力学（赠送课件）	35.00	曲淑英	土建学科专业"十二五"规划教材
V21529	结构力学（赠送课件）	45.00	祁　皑	土建学科专业"十二五"规划教材
V20619	流体力学（赠送课件）	28.00	张维佳	土建学科专业"十二五"规划教材
V23002	土力学（赠送课件）	39.00	王成华	土建学科专业"十二五"规划教材
V22611	基础工程（赠送课件）	45.00	张四平	土建学科专业"十二五"规划教材
V22992	工程地质（赠送课件）	35.00	王桂林	土建学科专业"十二五"规划教材
V22183	工程荷载与可靠度设计原理（赠送课件）	28.00	白国良	土建学科专业"十二五"规划教材
V23001	混凝土结构基本原理（赠送课件）	45.00	朱彦鹏	土建学科专业"十二五"规划教材
V20828	钢结构基本原理（赠送课件）	40.00	何若全	土建学科专业"十二五"规划教材
V20827	土木工程施工技术（赠送课件）	35.00	李慧民	土建学科专业"十二五"规划教材
V20666	土木工程施工组织（赠送课件）	25.00	赵　平	土建学科专业"十二五"规划教材
V20813	建设工程项目管理（赠送课件）	36.00	臧秀平	土建学科专业"十二五"规划教材
V21249	建设工程法规（赠送课件）	36.00	李永福	土建学科专业"十二五"规划教材
V20814	建设工程经济（赠送课件）	30.00	刘亚臣	土建学科专业"十二五"规划教材